文芸的書評集

文芸的書評集

目次

2000年～2009年

2010年〜2015年

沖縄関連　1988年〜2015年

まえがき

図書館や書店の棚のようにテーマや作家別ではなく、ここには書評が掲載された順序に書物がアトダンラムに並んでいる。一見、関係のない書物たちの連なりだが、逆にその書物たちが刊行された時代の状況は濃密に浮かび上がっているように思う。

文学的状況を考えた時、一九八〇年代は日本文学の様相が大きな変化を見せた時期であった。とくに女性作家の作品を通して見えてくるのは、長い男性中心の歴史のなかで形成されていった妻、母という女の役割への懐疑であり、恋人や愛人といった愛や性の対象とされた女性性への問い直しである。フェミニズム批評の隆盛と相俟って「産む性」という女の身体性からジェンダー、セクシュアリティが問題化されていった。

一九九〇年代になるとあらゆる二元論的な枠組みの設定が揺らぎはじめ「文学」自体だけでなく、「社会」自体も変化していった。その中でも「家族」の問題はどの時代においても大きな関心事である。本書に並ぶ数少ない男性作家たちの作品では、血縁の繋がりによる家族関係に重点が置かれているが、女性作家の作品では「血」を超えた家族の関係性が求められている。女性たちのライフスタイルの変化が、家族関係の在りようにも影響しているといえる。

さらに一九九〇年代に顕著になっているのはセクシュアリティの問題である。二〇一六年現在、レズビアン、ゲイ、バイセクシュアル、トランスジェンダーを表す「LGBT」という言葉は一般的になり、ある意味で社会に受け入れられている。女／男という性の問い直しは、自己／他者、人間／自然、人間／機械といった二項対立的思考を見直す契機ともなった。

長年、自明と考えられてきた世界への疑問の眼差しは、その世界を語り、表現する「言葉」への再考を促すことにもなった。一九五〇年代から詩を発表していた富岡多恵子をはじめ、九〇年代に新たな言語表現を目指していった津島佑子、笙野頼子、多和田葉子、山本昌代、川上弘美などの書物には、読者の読みの論理を揺さぶる言葉が満ち溢れている。もちろん男性作家の奥泉光、町田康、星野智幸などの書物にも新たな「日本語」構築への意思が見られる。

一方で、物の価値よりイメージが優先される日常が当たり前となった消費社会の浸透は、人と物との関係性を希薄化させたばかりでなく、存在そのものの希薄化を生んだ。ジェンダーの桎梏から自由になり個として存在することの歓びは反転し、21世紀には自由が不安の温床となり、女性性は再び男の欲望の対象として眼差されている。

編年体風にまとめていったからこそ見えてくる世界がある。一九八〇年から二〇一五年という短いスパンではあるけれど、本書で、目まぐるしく変転している思想、歴史認識、文学環境などに出会えることと思う。

最後に日本本土とは、歴史的にも文化的にも異なる空間である沖縄に関する書物を纏めて置いた。沖縄出身者と沖縄出身者ではない書き手たちとの交錯は、日本／沖縄を相対化する場となろう。

本書が新たな文芸書に触れるきっかけとなってくれればと思う。

著者

【凡例】

・各書評は発表時の順に配列した（沖縄に関する本の書評のみ最後の章にまとめた）。

・各書評文末の出典（例：中央公論社1979年5月刊／1981年2月号『国文学解釈と鑑賞』）は、当該書評本の出版社、刊行年月／書評発表年月日・号数、掲載紙誌の順を示す。

・振り仮名は難読と思われるものに付した。

・当該単行本の書名は短篇集の場合『太字（ボールド）』、長篇一本の場合は太字（ボールド）のみとした。

・短篇集の収録作各篇のタイトルは太字（ボールド）のみで「」なしとした。

・当該本以外の過去の作の書名は、単行本名は『』の細字とし、一短篇は「」の細字とした。

・雑誌、新聞名は『』で示した。

1980年～1989年

河野 多恵子『一年の牧歌』

　女性作家の描く〝女性〟について考える場合、戦前と戦後で著しい変化を見せたのは、女の〝性〟の意味に関してだと思われる。従来、女性の社会的性役割として最も重要視されたのは、子供を産み育てる〝母性〟であった。特に家族制度の厳しい社会においては、出産能力のない女性は、社会のマイナス存在として否定される傾向が強かった。それゆえに作品も〝母性〟を扱ったものが多かった。この女の〝性〟に対する把握が大きな転換をとげるのが戦後で、それも一九六〇年代に登場した女性作家たちによってであった。その最先端に位置していたのが河野多恵子である。

　河野多恵子の描く女性は『幼児狩り』、『美少女・蟹』、『骨の肉』、『回転扉』などに顕著であるが、マゾヒズム志向や男児嗜愛の性癖をもつ者が多い。さらにその女性たちは結核体験で子供を産めない身体である。河野多恵子はこのような女性たちを、普通の勤めをもち普通の日常生活を送る、大部分は結婚した女性として設定した。異常性癖をもつことも石女《うまずめ》であることも、結婚生活上何ら障害とならない、普通の日常生活に十分にありうる女の姿として表現したのだ。「家庭」もそのような性愛を行う実践の場として捉えられている。ここに女の〝性〟に対する認識の変化は明瞭である。

　たとえばサドマゾヒズムの性愛関係にあって、女性がマゾヒストである場合、それは本質的に女性の性が受動性をもつことの証しだと指摘されてきた。また、男との接触で「女であること」の快感を実感する性として、女の性は長い間、男に〝従属する性〟だと考えられてきた。だが河野多恵子は、女性がマゾヒストであることは男性の強請の結果ではなく、女性自身の色情《エロティシズム》の結果であって、男は逆に女の意向でサディストの立場を担わされるのだ、というサド・マゾ関係を多く描いた。さらに女のマゾヒストとしての快楽を、男から虐待を受ける肉体的な問題に止どめず、子供のかじりかけのどろどろになった西瓜を食べること（「幼児狩り」）や、男の食べ残した骨や貝殻をしゃぶる行為（「骨の肉」）のなかにも表現した。

河野多恵子は『谷崎文学と肯定の欲望』で、「マゾヒストにとっての主たる刺戟は、自己の一体意識の途方もなさを様々の象《かたち》で確認したいということ、つまり自己の反応」なのであると述べている。この言葉を作者の創作意識の表われと考えると、女性のマゾヒズムの快楽を描出するということは、自己（女）の〝性〟の在り様（本質）を、女の全意識・全感覚を通して描き出そうとする意図につながるといえよう。そして恐らく、快楽の達成が射精で終わる男性に対して、表に具体的に現われる象をもたない女性の〝性《エロス》〟の複雑性・多様性を表現する最もふさわしい方法としてマゾヒズムの快楽が選ばれたのであろう。「骨の肉」で男の食べ残しの骨をむさぼることに快感を覚える女性の味覚は、性愛時における男女の感覚の相違を、別の角度から照射したものと読むことができるのである。

河野多恵子は自己の性欲に主体的であろうとする女性主人公を設定して、その女性の性《セックス》に関する意識と感覚を鮮明に表現することで〝女の性《エロス》〟の本質に迫るのだ。たとえば**一年の牧歌**の作品の意図は、次のように語られている。

性体験もないわけではない自由な独身女性が一年間の「性の禁止」を強いられたとき、セックスはどう変るのか、そこにどういう発見があるかという側に主題を置いて、その女性の生活の中に一年間の禁欲という特殊な事情を滲《にじ》みこませたかったんです。ですから特殊な病気を書くのが目的ではないの。（「対談・女性における生と性」『波』１９８０・３）

一年の牧歌の主人公久野幸子も、まさに女の〝性〟に向き合う女性として造型されているのである。久野幸子は特殊な「性器結核」を患い、医師に一年間の性交行為の禁止を言い渡された、性経験もある三十歳過ぎの独身のOLである。幸子の病んだ結核は、交接によって相手に感染するものであった。退院後ひとりアパートで仕事もせず、男関係もなしに療養する一年間が幸子の「牧歌」と呼ばれている。時代は新幹線の開通した一九六〇年代半ばで、高度経済成長と共に暮しも豊かになり、閉塞的であった性の領域も公然と話題にされることが多くなった時期である。作者は性欲に対する限界状況を設定することで、一人の女性の男性との性交行為によらない〝性〟体験を捉えようとするのだが、それは〝性〟が自由となり始めた社会状況を逆照射することにもなっている。

幸子は、自分を見守る愛人もなく一人で病むという状態に悲惨さを感じてもいたのだか、「専らわが身に始まり、わが身の裡のみにある異常」で、誰にも関わりがないことを知ると、逆に「淋しい潔さ」の意識を抱き「大きな安らぎ」さえも覚えるのだ。幸子は、河野多恵子の描く多くの女性主人公に通底する「強い自我」の持ち主だといえよう。

さて、このような幸子に関わってくる男性が三人登場する。一人は長年の友人で特許事務所に勤める山野である。幸子の友人で既婚の瑞子が山野に惹かれ、自分の情熱を奮いたたせるために、幸子に対等に山野を争う関係になってくれることを頼む。病気の完治していない幸子に対等の状態はありえないが、瑞子のためにと文通という手段で山野に接近し、擬似三角関係に身を置く。長年の経験から山野には愛情を持ちえないと考えていた幸子は、瑞子の「希望に添って山野を競うふりをしてやるためではなくて、本気が混っていなくもなかった」と、手紙を書くことで自己の変化を認識する。山野との文通に自己の愛情の片鱗をみた幸子は、禁忌のもたらす作用に驚きもするが、距離をおいてその状態を楽しもうとも考える。現身の男を受け入れないという禁忌が逆に男に対する想像力を呼び醒まし、幸子の心理に微妙に働きかけたのである。

二人目の男は、同じアパートに住む製薬会社の若い社員春日である。抗生物質の副作用で異常をきたした幸子に、春日は適切な指示を与え親切に行動した。幸子は礼を兼ねて春日に近づく。数日後、春日の訪問を受けた幸子は突然春日の抱擁に会うが、謀られたのではなく「仕かけくらべが始まってしまった」と感じる。禁忌の意識が幸子を奔放にしているのだ。幸子の性交行為の禁止は自分自身のためばかりでなく、相手にも関係することだ。春日の仕かけにより自分に対する禁止が相手の禁止にもなっていることを認識した幸子は、この一年間の「禁欲」という状態に、自己の性の新しい自由な感覚を発見する。

交接のみならず、他の接触でいじましく紛らわせることもなしに——そう、一切の性愛を絶無として、一年の禁止を全うしたかった。憧れのように、彼女はそれを思い、願うのであった。その時、彼女は待たせている無数の男を感じ、彼等は彼女の肉体の孤独を引き受けた。活々とした欲望をもちつつ禁欲状態に置かれることが、女性においては性の萎縮を意味しない。かえって放恣な感覚をとき放つのだ。幸子は一年間の禁止を全うしようと春日に逆いながら亢奮し、あらゆる男性に対して性的である自己の存在と、その自分を待つ「無数の男」の実存を感受したのである。

幸子は「春日にまだまだ幾カ月も待たせなければならない無数の男たちと、彼女の肉体の孤独を引き受ける彼等とを共に求め」ながら、自分自身は「真剣に禁欲と惑溺を一つに求めて」いた。春日に激しく抗いながら、一瞬相手の動きに協力したりもする。春日を交接の一歩手前まで誘い、直前に拒否して自分はその状況で快感に達するのだ。ここに自己の〝性《セックス》〟に対して、自主的、主体的であろうとする幸子の意識の変化を読むことができる。

三人目の男は、隣家の精神薄弱者の次男こうじろうである。彼は幸子を、破談にされた婚約者の「うめ子さん」と間違えて接近する。幸子はこうじろうに好奇心をもち、自分がうめ子ではないことを証明するという口実のもとに、こうじろうを部屋に招く。幸子のこの行動は、自己の現在の性を恃《たの》みとしていることの表れである。幸子はこうじろうを挑発して危い緊張関係を創出するが、彼が切実に求めているのは「うめ子」という実体であった。こうじろうの性的衝動は不在の「うめ子」にだけ向けられて、幸子に関わることはない。だが幸子は、こうじろうからはっきりと性愛の快感を受けとるのだ。

欲動を起こすことなくこうじろうが去った後、自分一人の快楽を鎮めながら幸子は、男と直接関係することなしに、性愛時の快感を味わうことができる女の性の不思議な仕組みに気づかされる。すでに作者は『雙夢《そうむ》』において、体験的にも男を知らず男を見たことのない女でさえ、女のもつ本質的な感覚の優越性によって、性交時における性の歓びを知ることができると述べていた。こうじろうに対置した幸子には、性愛に関する女性の意識と感覚の優越性が具現されているのである。

禁止領域をもつ幸子は、交接可能でありながら社会的禁忌に縛られ自由な性行為を楽しむことのできない独身女性のメタファでもある。特殊な病気が、本質的に自由で自在である女の〝性〟のメカニズムを保障しているのでないことは明らかだろう。多くの男性との性的関係だけが、〝性〟の自由を表わすのではないという意味においても、ここには女の性の新しい発見がある。幸子は、性を禁止された状態で〝性〟の可能性とその自由性を獲得した女性なのである。

（新潮社　１９８０年３月刊／１９８６年５月号『國文學』）

三枝　和子『女たちは古代へ翔ぶ』

三枝和子はここ数年来、女性原理の根源を探って、古代ギリシア文化を独自の視点で読み返す試みを行っている。ギリシア神話やギリシア悲劇は、男性優位社会のオリュンポスの神々を賛美しているが、丹念に見ていくと、明らかにそこには、母権・女権社会の母なる神「大地女神ガイア」への信仰の痕跡を認めることができるという。

エッセイ集『さよなら男の時代』や長篇小説『崩壊告知』では、アイスキュロスの「オレスティア」三部作の「母より父が大事」という発想に着目して、父親の仇を討つためには母親殺しもやむをえないという形での、男の論理が成立していく過程を解明している。それはまた、男性原理の確立を図ろうとする男たちの悪戦苦闘の歴史であり、女権社会が男権に取って代わられる変遷の歴史でもあるのだ。

三枝氏はこの**女たちは古代へ翔ぶ**では、さらにヘシオドスの「神統記」やソポクレスの「コロノスのオイディプス」などの叙事詩や悲劇、ドドニやスパルタの遺跡をとりあげ、そこに原始母権社会の名ごりを見いだす。

作品は、三十代、四十代、六十代の日本人女性のギリシア遺蹟巡りと、古代ギリシアの文化を女性の立場から分析した解釈、男性社会の創出した結婚制度の歪み、を三本の柱としている。

三十代のルポライターは七年間同棲した男と別れてルポで自立するため、六十代の女医は古代ギリシアの医療技術への興味から、四十代主帰は十五年間看病した脳性マヒの子供が死亡した後の新たな出発として、ギリシアを訪れる。目的の異なる三人が、それぞれの意見や感想を語り合うことで、現代にも通底する古代の女性原理が明らかにされていく。

「トリピの裂け目」に関する考察には、三枝氏の独自な思想が感じられる。トリピの洞穴は、古代スパルタ人たちが、将来強い兵士や強い母親になれそうもない子供たちを遺棄した洞穴だと伝えられている。だが登場人物たちは、その洞穴を巨大な女性器に見立てて、子供を遺棄したというよりは、強い子供として生まれ変わるように生命の生誕の場所である大地（母胎）に返したのだ、ととらえる。

生命を生み出すガイアに関する発想は、人物たちがかかえている現実の問題をも逆照射する。ルポライターの女性は、不思議な性欲の衝動につき動かされて、若い男性を迎え入れる。その時、一個の女性の意識を超えて、「大地がすべての生類を産むように、誰の子供でもない子供を産みたい」という大きな母性原理に包まれた受胎を感知する。そして自分の子供という所有の意識そのものが男性原理の表われだと感得する。同じ観点に立つと、障害児もまた大地の子供であることになり、そうした子を産んだ主婦の罪の意識も消失する。

この作品には、作家三枝氏の直観力と研究者的な探求心とが相まって、女性原理の形態がみごとに提示されている。現代の事象にのみこだわる最近のフェミニズムの動きとは異なった、原理的な女性論ともなりえている。三枝氏の女性思想の奥行きの深さを感じさせるとともに、小説の多様な楽しみ方を教えてくれる一冊でもある。

（読売新聞社　１９８６年5月刊／１９８６年6月16日『週刊読書人』）

大庭　みな子『三面川《みおもてがわ》』

ここのところ大庭みな子は、一組の男女から派生した人間の動きを、生物の生命の流れに重ねて捉えてゆこうとする試みをつづけている。

人間を生きものの観点から把握しようとする方法は、『幽霊達の復活祭』などにも兆しがあり、『夢野』ではより明確にされた。それは、制度化された男女関係と、システム化された家庭関係の欺瞞を打破して、いまだ表現されていない新しい男女の関係と家族の関係を描出しようとする挑戦でもある。最近三年間の作品九篇を収めたこの『**三面川**』も、同じ試みの延長上にある。

ここでは、現代社会における男と女、夫と妻、親と子の関係、家族の問題といった人と人とのつながりを様々なヴァリエーションで表現して、人間が生き続けてきた背後にあるものへの鋭い洞察の眼が向けられている。

白い鳥には、息子たちに理解されない男親の心理が描かれるが、ここでは成人した子供を養う親の意識が、かえって親子関係を破壊するという指摘がおこなわれ、親子関係の新しい在り方が示唆されている。**銀杏**《ぎんなん》では、一人の女性が、それまで無縁の存在だと考えていた異母兄に偶然出会い、会話をかわすうちに自分の知らない父の姿を感じとって、血のつながりの不思議さに気づく。

表題作の**三面川**では、不本意に別れた男女の三十年ぶりの再会が、鮭が生まれた川に帰ってくるように男が女の元に引き寄せられた、と表現される。大庭氏のテーマの基本には、結婚制度や家族制度が滅びても、男と女が一緒になりたいという願望だけは永遠に消滅することがないという考えがあるが、それがここでは、鮭の本能と重ね合わされて語られているのである。

裂《きれ》では、継母との確執から異母弟二人を死に追いやった男のことを、その妻が娘に語り聞かせる。壬申の乱などの話を挿入して、古代から同じパターンを繰り返してきた人間の欲望と骨肉の争いに焦点があてられている。

銀杏、**三面川**、**裂**ではいずれも、自分の遠い祖先やそこに連なる人々の話を聞く若い女性が設定されている。その女性は、話を聞くことで自分をめぐる未知の人間関係に組み込まれていく。

作品集全体を通して、このように主人公を動かしてゆくものの正体は「大きな森」「重なり合ったもの」「黒い大きな森の影」「記憶」などと表現されているだけで具体的ではない。それは鮭が生まれた川へと帰ってゆく〝生物の記憶〟と重ね合わされている。

そこには、単にユングの概念では律しきれないような、生命の流れ全体に対する大庭氏独自の観念がある。

たとえばそれは、**トティラワティ・チトラワシタ**の中の、癌にかかったインドネシアの女性作家トーティの「私はクッキイを食べましたし、あなたはゴキブリを殺しましたし、癌が私を食べても仕方ありません」という言葉で簡潔に表現されている。

現代の女性作家の多くは、現在の男性中心社会の中で、女性自身の表現による女性像の獲得を目指して悪戦苦闘している。三枝和子は古代ギリシアの母性原理を応用した方法で、高橋たか子はカトリックの概念を導入した方法で、女性の視点による女性像の原型を呈示しようとする。

そして大庭みな子は、ヒトを生きもののレベルで捉えるという方法で、大きな生命の流れの中に置かれた他の生命と同等の女を造型する。ここからは、絶対的自我の確立を目指して文学表現を行なってきた近代文学の男性作家の方法に、十分に対抗できる女流文学独自の可能性が読みとれる。

（文藝春秋　1986年6月刊／1986年6月21日『図書新聞』）

津島佑子『夜の光に追われて』

津島佑子の文学世界では、実生活や体験を再構成する時に、神話や民話や物語のパラダイムを使うことが多い。血縁のつながりを前世と結びつけた『生き物の集まる家』や、現代の未婚の母の生きざまに山姥の生命力を重ねた『山を走る女』、近親相姦の神話を現代に甦らせた『火の河のほとりで』、親子・兄妹・男女の関係を伝説に託した『逢魔物語』など、津島佑子には〝物語〟への志向が流れ続けている。

広く古典の枠組みを小説に応用する方法は、大庭みな子の『啼く鳥の』や三枝和子の『隅田川原』や倉橋由美子の『シュンポシオン』など、津島佑子だけでなく、現代の女性作家に一般的である。

明治以降のいわゆる近代小説は、物語性を排除する方向で創られてきたといえよう。しかし、それは小説を狭い枠の中に閉じ込めてしまうという結果を生んだ。現在は、男の創った近代小説のパラダイムから離れるために、さまざまな試みが行われているのではないだろうか。その一つの試みを、この**夜の光に追われて**に見る。

この作品には、平安時代の女性の作者による女性の物語である「夜の寝覚」が応用されている。「夜の寝覚」は近年定本の形で出版されているけれども、現存するのはわずかで、膨大な分量が散佚している。欠落部分を補って、主人公寝覚の上の生涯を辿り直そうとするのは、「夜の寝覚」の読者に共通する欲求であるが、津島佑子はそれを小説の形で示したのである。

「夜の寝覚」は、心休まる時のない数奇な運命を予言された太政大臣の中君（寝覚の上）の苛酷な生涯を描いた物語である。

一方、**夜の光に追われて**では、二つの内容が交互に進行していく。一つは、浴槽での溺死という不慮の事故で愛児を喪った現代の女性作家「私」が、「夜の寝覚」の作者にあてて生と死の意味を問う手紙であり、もう一つは、「私」が欠落部分を補って辿り直した〝寝覚物語〟である。

現実に長男を喪ったばかりの作家が、その悲しみと祈りを表現する書として「夜の寝覚」を選んだのは、おそらくその女主人公の魅力的なキャラクターにある。

寝覚の上は、姉君の夫となるべき男君と偶然に出会い、妊娠し、出産するが、その子と別れさせられる。そこまではわが身の不遇を嘆く弱い女である。しかし、大量の欠落部分のあとでは、彼女は自己の境遇を率直に受けとめて、運命に対処していこうとする聡明さと強さを兼ね備えた女になっている。津島佑子は、特にこの欠落部分に注目して「私」の〝寝覚物語〟を創出した。

作中の〝寝覚物語〟の第三部では、夫の突然の死を契機に、この世における生身の人間の身体の限定性を知りつくした上で、此岸と彼岸を同時にとらえる視点を獲得した女が造型されるのである。寝覚の上は、死者を通して生を自覚する女性となるのだ。

津島佑子は子供の死や夫の死という、愛する者の死を体験して成熟する女の〝通過儀礼〟を描くことによって、わが子への〝鎮魂の書〟としたともいえようか。

「私」は〝手紙〟と〝寝覚物語〟を書き継ぎながら、死んだ子供が自分自身の中に生きていることを感知し、その子とともに生きている自分自身を発見していく。生と死が明確に区別されている現代に、生死のコレスポンダンスを甦らせるのである。

作品の最後で「私」は古典の世界に自由に入り込み、物語の人物たちと語り合う。近代小説という枠を超えて、この小説は開かれた空間へとあざやかに翔んでいるのである。

（講談社　１９８６年10月刊／１９８６年12月８日『週刊読書人』）

吉野　令子『風の捨て子』

いま、女性作家の多くは〝家族〟〝家庭〟をめぐる関係の再検討を行なっている。たとえば津島佑子は、婚姻外で生まれた子とその母という母子家庭に焦点をあてて、不在の父をも含めた親子関係の意味を問い続けているし、三枝和子は、生まれてくる子供にとって父母の存在とは何かという問題を提出して、現代における家族成立の根拠を問い直している。大庭みな子は、家族発生の起点となるカップルとしての夫婦の在り様から、家族の意味を照射している。そして富岡多恵子は、概念化した家族の虚構性を暴くことによって、家族の虚妄を摘出する。

吉野令子の短篇集『**風の捨て子**』も、これら現代女流文学の延長上にある。ここには、夫婦（婚姻）関係、親子関係、兄弟姉妹関係のすべてが欠落した少女が設定され、その少女の視点から、〝家族〟の真の意味が問われるのである。

友よには、父の郷里に住むことになった六歳の少女の、血縁と土着意識に支えられた共同体への嫌悪と、三十歳を過ぎた知恵遅れの女性に対して姉のような親近感を抱く意識が描かれている。**顕夢**では、生まれてすぐに両親に去られ、祖母と伯父に育てられた少女が、やがて成長し、男（子供の父親）に頼るという意識をもたずに自分の娘を出産する女性になる。そして母と娘の意識の落差や潜在的な家族拒否と家族渇望の問題が、一本足の鶏、三本足の鶏の比喩とともに語られている。

表題作の**風の捨て子**とその序章ともいうべき**天の魚**では、「孤児院」で育ち、現在は美容院に住み込んで働く少女の意識と生活を通して、血縁的な家族でも法律的な家族でもない〝疑似家族関係〟が描かれていく。

天の魚では、孤児院の少女の父を求める意識が、六歳年上の少年に対する憧れに姿を変え、少年は兄と父のダブルイメージで捉えられることになる。ここには一般の兄妹関係では見えてこない、制度を越えた兄妹（父娘）の関係が見据えられている。

風の捨て子は、「孤児院」から出て美容院で働く少女と、母親の生き方に賛同できずに家を出て、住み込みで働く若い見習い美容師との関わりを描く。両親を知らないまま「孤児院」で育ってきた少女には、家族に寄せる情愛や依存、嫌悪や憎悪といった感情が欠落している。だから少女は「血を分けたと思えるひと」を摑まえることで〝家族〟を認識するしかない。

「孤児院」とは、関係のないところに関係をつくってゆく場所である。そこにいる子供たちは、制度の背後にある家族関係の意味を考え、それを自分で創ってゆかなければならない。そうした意味では、この作品は、現代社会における家族の成立を、鮮やかにシミュレーション化していると言えよう。

文章表現のうえでは、私にはなじめない点もあったが、〝現代〟を考えるうえで一つの意欲作、問題作であることは疑えない。

（日本随筆家協会　１９８６年11月刊／１９８７年5月11日『週刊読書人』）

井上　光晴『地下水道』

先日、沖縄に帰った折に十数年ぶりでひめゆりの塔を訪れた。ひめゆりの乙女たちが自爆した洞窟は、以前は自由に出入りできたのだが、現在その周りには柵が張り巡らされている。一九七五年に皇太子夫妻が沖縄を訪問した際、洞窟に潜んでいた若者が、夫妻に火炎瓶を投げつけた。柵はそれ以来のものである。洞窟を見ていて、かつて〝地下〟とはレジスタンス運動の拠点であったことを改めて思った。

ポーランドの町に縦横に張り巡らされた下水道を利用して、ナチス・ドイツ軍に対するポーランド民衆の悲愴な闘争を描いたアンジェイ・ワイダ監督の映画「地下水道」は、あまりにも有名である。レジスタンスの抵抗は結果的には泥土と汚穢にまみれて終息してしまったけれども、迷路のような地下水道は抵抗の場として鮮明な印象を残した。地下水道のない沖縄では、洞窟がその代わりを担ったのであろう。

しかし、井上光晴のこの**地下水道**では、もはや地下は抵抗の場ではない。現実の生活の中で宙づりになってしまった人間達の、単に出口のない場所なのである。地下水道とは、閉塞した現代社会のメタファーなのだ。井上文学の根本は、光り輝く表の世界に対して、辺境、差別、心の闇といった地下世界を描くことにある。この作品でも、表では陽の目をみない人間達に焦点があてられている。

番匠新時は学生時代内ゲバ事件で無実の罪に問われ、二年余の拘置生活を送った。彼は「虚構の地下生活者」を名のる仲間たちとの新宿での生活を打ち切り、一人の個人として「本物の地下生活者」になろうとする。そして「どんなふうに生きていくか」を考えるために九州の虚空蔵山の山小屋にこもる。

大内薫は盗みの濡衣を着せられて職を失った後、閉鎖されたビルの地下室を根城にして街娼の警備や盗品を捌《さば》きしたたかに生きる女達のグループ「権八組」にくわわった。だがまともな生活を望んで脱走をはかる。

火振万作は仕事・家族など現実の生活に関わるすべてを放棄して「一人で自由に生きたい」と、放浪者の生活に入った。しかし、彼の意志に反して世間は彼を離さない。

無関係な三つの物語が交互に出現し、組織・集団・共同体などに絡《から》め取られていく人間の身動きできない状況が、多面的に捉えられていく。とくに組を脱走したあと用意周到に追跡をかわし、新しい生活を始めるはずであった大内薫は、最後にアパートの管理人の裏切りに合う。それは地下水道の中をぐるぐる回ってやっと地上に出られるかもしれないという所で、出口に鉄格子が嵌められていたワイダの映画のシーンと重なる。穏やかな陽の光のさす水面は見えるけれども、出口には冷酷な鉄格子がついているのだ。番匠も火振も逃れてきた場所で、また別の現実の壁につきあたる。人間の関係と現実は、おそらくそういうものである。

井上光晴の文学には、個人と集団の問題が基調としてある。すべての集団や組織に関する嫌悪感は顕著であるが、しかし集団が悪で、個人が必ずしも善とはならない。善か悪かは常に混沌としている。集団と個人の問題は、永遠に解決しないテーマなのだ。それは小説を、仕立てられたものとして完結しないという、井上文学独自の方法論にもみられる。詩・手紙・史話・落書・記録という様々な表現形式を導入して、人間の真実を描く井上光晴の筆の冴えが見事な作品である。

（岩波書店 1987年8月刊／1987年11月2日『週刊読書人』）

津島 佑子『真昼へ』

津島佑子の作品には、死んだものたちへの執拗なこだわりが描かれる。『レクイエム―犬と大人のために』では死んだ母親が現れ、『狐を孕む』では父親の霊が家に浮遊しており、『生き物の集まる家』では前世の人物が現世の人物と一体化する。

泣き声、**春夜**、**真昼へ**を収めたこの『**真昼へ**』も、夢と幻想を駆使した巧みな文章で、息子を喪った母親が現世を超越した空間に息子を発見していく過程を、正確に物語化した短篇集であるといえる。

この三篇には、二年前に男の子を亡くした「私」と「私」の母親が共通に登場する。「私」を語り手として、「私」と兄とのこと、「私」と母との生活、「私」と二人の子供との生活、といった家族にまつわる出来事がつづられていく。そこでは犬の死、兄の死、「私」の子供の死、という家族の死を中心として「私」の記憶がたぐられていく。

幼い頃に死んだ父親の話、十五歳で死んだ知恵遅れの兄の話、引っ越しの夜に死んだ犬の話は、津島佑子の実生活を反映して作品に繰り返し現れるモチーフだが、さらにこの作品集には、一九八五年に不慮の事故で亡くなった作家自身の九歳の息子の死が挿入されている。

さて、「私」は最も愛した兄の死以後、兄との思い出を自己の生存の根拠にしてきた人物として設定されている。だが「私」が思い込んできた兄との思い出は、同じように思い出を共有してきたはずの母の記憶との相違によってすべてが曖昧になる。

「私」は自分の記憶が自分の見た夢の記憶と紛れ合っていたという事実に気づくけれども、そうして紡ぎあげてきた〝記憶〟の中にそのまま生きていく決心をする。

作者はこの作品で、現実の人間も不確かな夢や記憶の上にしか存在していないという発想に立ち、かつて存在した人物を、現在によみがえらせた。

それはたとえば**泣き声**では、三十年前に死んだ息子といまだ共に生きていると感じている母親とその母親の意識を認める「私」であり、**春夜**では亡霊の息子を当然の存在と認め、息子を他人の眼から隠そうとする「私」や、十四年前に母を喪った「私」の友人に、あなたのお母さんは死んで消えたのではなく、あなたのそばにまだいる、と告げる母親などである。

作者は「夢」と「記憶」と「現実」が不可分な形にある夢という方法を通して、死者たちを現在によみがえらせるのだ。亡霊は、死者に執着する人間の精神や意識の強さが現出させたものであるけれども、あたかも幻想を信じて疑わない人間の心のありようが死者をよみがえらせるのだとでもいうように。それはまた現に生きている人間たちだけがこの世に存在しているのではなく、死者も共に生きているのだという作家の現実認識でもあろう。

いっぽう、今は亡き者と共に暮して記憶を共有した場所（家）を確認することによって死者をよみがえらせようとする方法も採られている。「私」の住んだ家の描写も克明になされているけれど、もちろんそれも客観的な家ではない。「私」の見た夢の記憶と錯綜した家なのである。「私」が死者たちを思い出す家は、一人の人間を取り巻く背後に存在している世界であり、一種の〝生き物の集まる家〟ともなっているということができる。

真昼へにおける、新築祝いに集まった部屋の中にいる母や親戚の人々を少女の「私」が木の上から眺めながら、兄と三十年後の大人になった私、私が産んだ四歳の女の子と赤ん坊のあなた（息子）をみつける場面にこのことは象徴的に示されている。少女の「私」なのか現在の「私」なのか曖昧になった「私」は、兄や私のいる場所に「あなた」を認める。

光にいちばん近い位置にいるあなたの小さい姿は、木の上からもよく見える。桃色に火照ってしまっている丸い頰。蒼みを帯びてよく光る丸い眼。私もその可愛さに笑いだす。そして涙もこぼれ落ちる。

まだ子どもの私が、あなたを見ることはできないはずではないか。なぜ、あなたを見て、泣いているのだろう。悲しいのではない。私は見るべきものを見て、安心さえしているのだから。

夢の手法は鮮やかな表象によって「あなた」の存在を喚起させる。赤ん坊の息子は現実の記憶とほとんど同様に具体的な感覚として「私」には実感されている。「あなた」は空想の産物ではなく実体となっているのだ。「私」の「家族」の中に「あなた」を発見すること。そこに作者の〝祈り〟と〝救い〟が重ね合わされている。

津島佑子は『夜の光に追われて』『夢の記憶』などで、子を亡くした母親の悲しみを書き続けてきた。この短篇集には、絶望の淵からよみがえった作者の強靭な精神の軌跡を読み取ることができるのである。

（新潮社　1988年4月刊／1988年7月2日『図書新聞』）

津島　佑子『夜の光に追われて』

津島佑子は実生活や体験を再構成する時に、神話や民話や物語のパラダイムを使うことが多い。『生き物の集まる家』では血縁のつながりを前世からの因縁、宿縁と結びつけ、『山を走る女』では現代の未婚の母の生き方に山姥の生命力を重ね合わせ、『火の河のほとりで』では近親相姦の神話を現代によみがえらせ、『逢魔物語』では肉親の関係の不可解さを伝説に託した。このように津島佑子の文学世界には、交錯する時間と空間が流れている。

この作品には、女性の作家による女性の物語である「夜の寝覚」が応用されている。「源氏物語」からほぼ百年後に書かれた「夜の寝覚」は、近年定本の形で出版されているけれども現存するのはわずかで、膨大な分量が散佚している。「物語」とは大量の異本や意図的な改作の存在が示しているように、読者に開かれたテクストである。特に「夜の寝覚」のような作品の欠落部分を補って女主人公寝覚の上の生涯を辿り直そうとするのは、「夜の寝覚」の読者に共通する欲求であろうが、津島佑子はそれを小説の形で示したのである。

「夜の寝覚」は、心休まる時のない数奇な運命を送る宿世であろう、と夢の中の天女に予言された太政大臣の中君（寝覚の上）の波乱と苦渋に満ちた生涯を描いた物語である。散佚部分を石埜敬子氏の「年立」（小学館　完訳日本の古典25）によって補いながら内容にふれてみる。

人柄の良さで誰からも愛され、太政大臣の愛娘として大事に育てられていた中君は、姉大君の婚約者関白家の長男権中納言との一夜の邂逅での懐妊、そして生まれた娘との別れ、意にそまぬ老左大将との結婚、結婚後に再び権中納言との間に男子を出産、というように苛酷な運命に翻弄される。老左大将との結婚生活は、左大将の寛大な愛に包まれて平穏であったが、左大将の死後、再び権中納言や他の男の接近、さらには帝の執心に合い、男たちとの関係に悩まされ続けることになる。このように「夜の寝覚」は、恋の宿世を中心に展開している。

いっぽう**夜の光に追われて**は、二つの内容から成立している。一つは愛児が浴槽で溺死するという不慮の事故に遭った現代の女性作家「私」が「夜の寝覚」の作者へあてて生と死の意味を問う「手紙」であり、もう一つは「私」が欠落部分を補って辿り直し、「夢」「雨」「息吹」の三部に構成した〝寝覚物語〟である。

この新しく構成された物語では、原作の中心テーマである「寝覚の上」の恋の煩悶が男君（権中納言）を対象とすることで単純化され、むしろ作家の視点は「子を宿すのに、儀式も、歌も、互いの顔も、正体さえも必要としないのが、女の体」という、女の身体性に移行している。ここでは出産により命を落とした中君の母や姉大君、子を喪った中君の乳母などがクローズアップされる。女性永遠のテーマである母と子の絆に焦点があてられていくのである。

「手紙」の部分では、子供の存在がいかに「私」の生命に輝きを与えていたか、妻子ある男と関係して世間的な苦痛を味わっていた「私」が決意の下に生んだその男との子供の存在によって、いかに苦痛を癒されてきたかが描かれる。母親にとっての子の意味は、物語の常套手段である対象の不在を通して問う、という方法で明確にされるのである。

ところで、男がそうであるように女も、人生の節目節目に未熟な自分から新しい別の自分に生まれかわる〝死と再生〟の儀式を繰り返して成長していく。女はもう一人の自分に出会い、新しい人格を獲得していく。作家による〝寝覚物語〟はまさにイニシエーションの物語である。

男君との出会いから妊娠、出産を体験した中君は、わが身の不遇を嘆くだけの弱い女であった。ところが大量の欠落部分のあとでは、自己の宿世を率直に受け止めて、運命に対処していこうとする聡明さと強さを兼ね備えた女に変化している。津島佑子は欠落部分にある「まさこ君」の誕生に注目した。

新しい生命をこの世にひとつ迎えるということは、ただ生命の数が増えるだけのことには終わらず、その生命と係りを持って生きるまわりの者たちの生命にも新しい息吹が吹きかかる、ということなのだろう。まさこがどんな前世を経て、この世に新しく生まれ変わってきたのか、は誰にも分からない。だが母である珠子も、まさこのおかげで新しい生命を、この世に生きながら与えられたような気がした。

女が出産（あるいは子供の死）を契機に強い母に転生するのは、〝女の一生〟ものの典型であるけれども、津島佑子もその定型を踏襲した。珠子（中君）は、〝母〟として再生したのだ。しかも心染まぬ夫であった左大将信輔を、まさこに対するその「清らかな愛」ゆえに血のつながりを超えた父と認める。珠子は信輔との男女の関係を超えた異次元の愛にもめざめていくのだ。「最後の手紙」では、信輔の死後、残された信輔の三人の娘の後見を立派に果たした母親であったと語られている。

「私」の〝死と再生〟のドラマは、珠子と同じ位相にある。最初の「手紙」で「私」は、生きていることの意味を見失い、すべての人の死を希むほどの絶望感にとらわれている。ここでは、愛する者をむざむざと死に至らしめてしまった「私」の悔恨が描かれる。「二通めの手紙」で、現実に起きているさまざまな死を見据えること、子供を喪った母親の話を聞くことを通して、「私」の悲しみが「私」だけのものではなく、母親全体の悲しみにつながっていることに思い至る。そして子供の誕生の際に「抱けるだけ抱いて、可愛がれるだけ可愛がって育てるといいよ」と言った男を、改めて子供の父親だったと認識する。

ある一人の子どもをこの世に迎え、成長を見守り、将来に夢を託し、そうして突然、その子どもをあの世に見送らなければならなくなった、そうした一筋の経験から知った喜び、戸惑い、悲しみの色を理解し合える人が、もう一人いてくれた、という安心感が、子どもの父親と会ったり、電話で声を聞いたりしていると、胸の底から湧いてくるのです。

子供の在った記憶を語ること、それが子供を甦らすことなのである。「私」は子供の遺骨を抱いて、一緒に暮らすことのなかった子供の父親と巡礼の旅に出る。長崎の記念堂、大浦天主堂、浦上の原爆資料館、天草と巡礼の旅を経て、「私」は死者たちと共に生きている人間の生のありようを納得する。そして茫然と泣き暮らしていた生活から脱却する。「私」はこの世における生身の人間の身体の限定性を知りつくした、此岸と彼岸を同時に捉える視点を獲得した女として再生するのである。

ところで、津島佑子はこれまで男（夫・父）に頼らずに子供を育てていく女性を主に描いてきたけれど、この作品では父親の必要性にもスポットがあてられている。「私」のつくった〝寝覚物語〟の父君は、姉に夫との仲を疑われ悲嘆にくれる珠子を、出家後もかばい続ける。信輔は男君との子を宿した珠子と結婚して、生まれた子を自分の子のように愛しむ。父君と信輔は、子の救済者として家族の中心に位置する父親として造型されている。

さて、「最後の手紙」では〝寝覚物語〟の書き手である「私」が、「私」のつくった物語世界に入り込み、物語の登場人物たちと出会う。千年の時空を超えて、この小説は開かれた空間へとあざやかに翔んでいくのである。

「私」は彼らに、テレビでみた「小さな赤ん坊の泣き顔を愛しいと思った瞬間に、心の闇が開かれ」て救いを感じたこと、「手紙」と〝寝覚物語〟を書き継ぎながら、死んだ子供が「私」の中に少しずつ甦ってきたこと、その子と共に生きている「私」自身を発見してきたことなどを話す。にもかかわらず生きてある限り、本当の救済に到達することなど人にはありえないことかもしれないとも語り合う。だが「私」は、「私」のつくった物語の登場人物たちが消えた後、「風」と「日の光」の中に「夜の寝覚」の作者の伝える救済の「暖かな息」を確かに感じとるのだ。**夜の光に追われて**の作者は、生と死が明確に区別されている現代に、生死のコレスポンダンスを甦らせたのである。

現実に長男を喪ったばかりの作家が、その悲しみと祈りを表現する書として「夜の寝覚」を選んだのは、おそらくその女主人公の魅力的なキャラクターにある。津島佑子は、子供との別れ、夫との別れという、愛する者との別離を体験して成熟する女のイニシエーションを描くことによって、わが子への〝鎮魂の物語〟を創りあげたといえよう。（講談社　1986年10月刊／1988年8月『國文學』）

円谷　真護『言挙《ことあ》げする女たち』

平安時代の豊かな女流文学の流れは、武家社会の成立によって断ち切られてしまった。女性は娘・妻・母という枠のなかに閉じ込められてしまった結果、〝女〟という自由な表現をも失ってしまったのである。女たちが自分の言葉で、文学・政治・社会、あらゆる面に対して語り始める事ができるようになったのは、やっと明治時代になってである。

本書には、明治維新から第二次大戦の終わるまでの時期に登場した文筆業(詩歌を除いた)に携わった女性三十五人が、取り上げられている。そしてここでは、そのような女性たちの新しい表現を「初めての」という言葉で語っている。

岸田俊子は平民出身の女官第一号であり、その後、自由民権・女権拡張の演説を行い、彼女の演説草稿『函入娘・婚姻之不完全』は「明治になって初めて、記録に値する女性が著した本」である。三宅花圃は初めて小説『藪の鶯』を書いた女性作家である。木村曙は初めての新聞小説『婦女の鑑』を執筆し、若松賤子は『小公子』を初めて翻訳し、小説『こわれ指環』で知られている清水紫琴は、女性最初のジャーナリストであり、自由民権運動に関わった福田英子の『妾《わらわ》の半生涯《はんせいがい》』は、明治になって最初の女性による自叙伝である、というように。

田村俊子・与謝野晶子・宮本百合子・吉屋信子・林芙美子・佐多稲子・芝木好子・管野須賀子・平塚らいてう・伊藤野枝・山川菊枝・高群逸枝・丸岡秀子など、有名な文学者、社会運動家、学者はもちろんのことだが、廃娼運動や足尾鉱毒事件をルポルタージュした松本英子に天皇制の国家権力に反対して刑務所で自殺した金子文子、国家振興のための殖産興業の旗印を信じて、製糸技術を自ら習得し発展に寄与した和田英など、女性史研究でも紹介の少ない人物にも焦点があてられている。

著者は、まえがきで「原則として、ある女性がどのような主張をかかげ、また問題意識をもって現われ、それがどのように展開したかを見ることに主眼を置いた」と述べている。その方法として、出発期前後の彼女たちの書いたものを解説することから、それぞれの「思想と文学」を紹介している。

その後の彼女たちの思想の変化や新しい展開を見せた部分については省かれているのだが、それは本書を読んだ読者が跡づけてゆくと面白いのではないだろうか。そういった意味では、彼女たちの生い立ちや人間関係についても触れられているので、入門書的な役割を十分果たしているといえよう。また、女性たちの様々な生き方を通して、生活習慣、風俗、明治憲法下での女の位置、社会制度なども理解できるように構成されている。これから、女性の思想・女性の文学について学ぼうと考えている多くの人々にとって、格好の案内書である。

（社会評論社　１９８９年3月刊／１９８９年7月夏号『新日本文学』）

ピーター・トラクテンバーグ／岸田　秀訳『カサノバ・コンプレックス』

中国や日本の後宮、イスラム社会のハーレムを例にあげるまでもなく、女性を何人も何百人も所有することは、古代から変わらぬ男の夢であり続けてきたようだ。西洋の俗謡に歌われた「男の人は一夫多妻《ポリガマス》（最近では一男多女）女の人は一夫一妻《モノガマス》」という表現には、自分の種を広めたいという男の願望が託されている。

十八世紀にベネチアに生まれたカサノバはローマ、パリ、ロンドン、ウィーンなど世界を駆け巡り、人妻から少女、貴婦人から女優や宿屋の娘まで、手当たりしだいに関係をもった。一人の女に縛られることなく常に女から女へと渡り歩く性は、それゆえに女一人に縛りつけるには大きすぎる愛と考えられ、男の原型とさえみなされてきた。手当たりしだいに女をものにできる男を、男の理想像としてきたわけである。

しかし、女に対する飽くなき欲望は、男の甲斐性の表現であり、男らしさの象徴なのであろうか。

自らをカサノバの再来と称する著者は、「一夜かぎりの情事をしたり、恋愛が不首尾に終わったり、結婚に失敗したりする経験を何度も繰り返す男、恋愛をしてもいつも長つづきしない男、性懲りもなく浮気をしたり、同時に何人もの女と関係をもったりする男、つまり私みたいな男」を、現代の「カサノバ」と呼ぶ。多くのカサノバにインタビューし、彼ら自身の行動とその意味とを分析したのが本書である。

カサノバの浮気や複数の女との関係には、存在の不安、寂しさ、空しさなどの満たされない不毛の精神が潜在しており、女遍歴はそこからの一時的な逃避なのだという。そこで著者は、強迫的欲望から女を次々と追い求め、手に入れては見捨てる症状を「カサノバ・コンプレックス」と名づけた。男の理想像と見られたカサノバを、麻薬中毒患者が麻薬を止められないのと同じように、セックスの相手を次々に求めずにはいられない強迫神経症者とみたのである。

カサノバに典型的に見られる行動（つまり症状）を、手当たりしだいに女漁りをするヒッター、寄ってくる女は拒まないドリフター、女を手玉にとるジャグラー、浮気が習慣化し、妻と愛人の間を律儀に往復するトムキャットなど六種類に分類しているが、どちらにしても女性蔑視的な風潮が生み出した一種の病気という。

彼らにとって女は、快楽と自己満足を与えてくれる道具、精神的な不安からの避難場所でしかない。女を自立した一個の人間とは認めず、取り替え可能な単なるモノとしか把握できないのだ。そこに顕在化しているのは、セックスとは男が女を犯すことであり、多くの女を犯すことこそ男らしいと誇る男性支配の社会に深く根ざした思想（病弊）である。日本でも光源氏に代表される「色好み」は、男の魅力に不可欠の要素とされてきたが、性差別文化の構造に慣らされた意識の産物と言えるかもしれない。
ともあれ、多くの男性にカサノバ・コンプレックスは内在している、と著者は言う。病気なのかそうでないのか、あなた自身のカサノバ度をはかる絶好の一冊である。

（飛鳥新社　１９８９年10月刊／１９８９年12月20日『ダ・カーポ』）

—1990年〜1994年—

蓮實 重彦『饗宴I』『饗宴II』

饗宴Iと**饗宴II**には、蓮實重彦が一九七六年から八九年までに行った対談が収められている。**饗宴II**は、八〇年に刊行された『事件の現場を』を底本とし、そこに新たに中村光夫、大岡昇平との対談をつけ加えた対談集である。「本を読むことは義務以上の何ものでもない」という発言から「本質的に小説が好き」という些細な発言の変化に、七〇年代から八〇年代の対象への距離の取り方の若干の変容はうかがえるが、思考の習慣的体系に依拠した読みを拒否する批評の根本姿勢は一貫している。

饗宴IIは蓮實重彦が七〇年代に提唱した、批評の形態を物語の深層にではなく「存在が過剰なる何ものかと荒唐無稽な遭遇を演じる徹底して表層的な体験」（『表層批評宣言』）に置くという批評形式をわかりやすく説明した対談集である。八〇年代の対談**饗宴I**は、構造主義、記号学、ポスト・モダンなど八〇年代の思想を語る一方、吉本隆明の方法や大江健三郎の作品を読むという対談を通して、蓮實批評の具体的な応用編になっている。

対談の妙味をどこにおくかという意識は、対談者によってそれぞれ異なると思うが、大きく言って二つの立場があるのではないだろうか。一つは語る言葉によって互いが触発され、流通している自己のイメージが崩壊してしまうことに楽しみを感じる対談のやり方であり、もう一つは対談者同士を戦わせ、変わらない自分の立場を再確認するための対談、いわゆる他流試合のような対談の方法だ。**饗宴I II**はもちろん後者に属する。

この対談集は吉本隆明、磯田光一、丸山圭三郎、柄谷行人、高橋源一郎などを相手に文化批判、文芸批判を展開して刺激的だが、インタビュアーも入れて延べ十九人の人物が登場するこの本に、女性はなぜか一人も含まれていない。七〇年代から八〇年代は、さまざまな分野で〝女性の時代〟と言われていたけれど、どうやらこの〝饗宴〟の場は、男性にのみ許されていたらしい。それは蓮實氏の批評の基盤が、「知識人」という階層が現実に存在するカトリックを中心とした保守的な世界、フランスであることとも関係しているように思える。

蓮實氏はパリに留学する前にフローベールの小説を読み、「そこに描かれている普遍的な人物像に国籍を超えて一体化しうるといった錯覚」とは全く異なる次元の「言葉と出会う体験」、つまり「言葉という環境への帰属意識が、社会に対する帰属、あるいは生活意識に対する帰属みたいなものから解放されたかたちで深化され得るものだ」(「批評にとって作品とは何か」)という実感を味わったという。作品の「裸に露呈された言葉の力」の受けとめ方、批評の仕方(言葉を一般概念で覆いかくす哲学的、歴史学的言説に対する徹底的な批判)が、蓮實氏の批評の基軸になっていくわけだが、それはさらにバルト、ドゥルーズ、フーコー、デリダという「同じ言語的環境を生きている人達」「説話論的な磁場の共有者たち」の著作を読むことによって、確信されていく。

蓮實氏は絶対的「読み手」「批評家」を解消して「とりあえず言葉と戯れる」体験を批評の軸にすえる。そこに表層と戯れることは表層をつきくずすことになるという倒錯性を秘めた戦略を認めはするけれども、戯れる「私」への絶対的な自信もまた確かに在ることに戸惑ってしまう。卑近な例で言えば、蓮實氏の考える知のレベルを共有できない作者、批評家を「ばか」呼ばわりする姿勢に、インド・ヨーロッパ語のもっている「ファシズム的言語」感覚から解放されていない「知識人」を見る。女性の排除は、そこ(中心はフランス)に影響された人間がもっている限界ではないだろうか。

蓮實氏の批評のもう一つの特徴は、実作者ではなく、あくまでも評者の立場にたつことである。佐々木幹郎との対談「問題としての《作者》」では、「作者とは何か」という問題よりも「どうして作者とは何かと考えなきゃいけない場に自分たちが置かれてしまったのか」という捉え返しこそが重要なのだと述べている。蓮實氏の膨大な映画論にも明らかだが、氏は映画を創ることにはほとんど興味を示さない。一人の観る人間の位置づけが重要なのだ。大岡昇平との対談「『地獄の黙示録』から」では、スクリーンから何を観たか、何が見えたかを語り、「制度」を超えてそれらをどう解釈するかが話し合われている。

そこにはまた細部にこだわる意識も明瞭である。氏の出発がフローベールであるからかもしれないが、細部から世界を見る視線には、ミニマリスト蓮實重彥の姿がかいま見られて、興味ぶかい。

(日本文芸社 1990年3月(Ⅰ)・5月(Ⅱ)刊/1990年7月16日『週刊読書人』)

エイミ・タン/小沢 瑞穂訳『ジョイ・ラック・クラブ』

この小説は、昨年アジア系の女性作家によってアメリカで発表され、大ベストセラーになった。ベストセラーになった理由は、常に古くて新しい問題である母と娘の確執とともに、中国語を話す母と英語しか話せない娘との関係を通して、民族のアイデンティティの意味が問われていたからであろう。一九四〇年代に中国からアメリカに移住した四人の母と、五〇年代にアメリカで生まれ、すっかりアメリカナイズされた娘たちとの葛藤は、そのまま民族の根拠を問うことに繋がっている。

日本軍の爆撃を受け、人間の死体が散乱していた中国桂林の絶望的な状況のなかで、外界の出来事を一切忘れて優雅にマージャンの卓を囲む女たちがいた。マージャンは絶望的にならないための、女たちの生きる知恵であった。そこでの話題は、幸運とその訪れを語ることに限定されていた。その集まりは、願いを語ることを唯一の喜びとしたため、いつしか「ジョイ（喜）・ラック（福）・クラブ」と呼ばれるようになっていた。

桂林の「ジョイ・ラック・クラブ」は日本軍の侵攻によって消滅してしまうが、戦争で家や家族や夫や娘たちを失いながらも、後ろを決して振り返らず、人は自分の望む者になれるとアメリカン・ドリームを信じた一人の母の手で、四九年、サンフランシスコに再び甦る。

「ジョイ・ラック・クラブ」に参加した四人の母たちは、自己主張は中国の美意識に反するとしながらも、言うべき真実は言わなければならないと考える。中国の「迷信」を頑なに守り続ける面もあるけれど、中国の古い因習と相容れなかった「真実の自分」をもって、自由の国アメリカに来たのだと も自負している。

母たちは、自分の夢や希望や願望を託す存在として、自分そっくりの女の子を産み、「アメリカの環境と中国人の性質」という最高の組み合わせで、娘を育てようとした。だが生まれた娘たちは英語しかしゃべらず、母親たちがアメリカに持ち込んだ真実や願いをまるで気にかけない。中国語で話しかける母親をじれったく思い、片言の英語で説明する母親を愚かだと思うようになる。

母たちは、娘たちによってまさにアメリカという異文化に遭遇させられてしまうのだ。

しかし、「アメリカ人となった娘」たちによって、断ち切られたかのように見えた「希望の繋がり」は、中国に置き去りにされた姉たちとアメリカで生まれた妹との感動的な出会いによって、四十年後、再び結びつく。

「わたしは中国人、それともアメリカ人」という民族の血に引き裂かれた問いは、母と娘の「不可思議な絆」の前で、全く無力である。娘は、民族・国家を超えて、母を受け継いでゆく対象として強固に存在しているのだ。

一九六〇年代のウーマン・リヴの運動には、母と娘の「血の絆」という幻想への、女たちの反乱という一面があった。それは民族や国家の問題を超えて、「個人」の存在理由を問うことでもあった。だが九〇年代は、「血の絆」に対する肯定的な明るさが、共感を呼ぶようである。

（角川書店　1990年5月刊／1990年8月22日『ダ・カーポ』）

フェイ・ウェルドン／森沢　麻里訳『魔女と呼ばれて』

「美しい女性は、日常生活において五割得をしている」というデータがあるそうだ。一説では八割ともいう。もっとも最近では女ばかりでなく、男でもそうであるようだ。

マイケル・ジャクソンは黒人の顔から白人の顔に変え、シェールはその肉体を若い体に変えた。美は常に人間世界の一つの価値としてあった。だから「人間は顔じゃない、ココロだよ」という言葉は、常に「持てる者」のセリフであったように思えてならない。神が創りだした美の造型からこぼれ落ちた者への、慰めの言葉として、それはあった。

本書は「人間はココロじゃない、顔だ」と、世の「ココロ」派の良識に真っ向から挑戦する。

主人公ルースは身長一八五センチ、体重は九十キロ。肩幅は広くがっしりしていて、腰は横にはり、足の筋肉も隆々としている。目は奥に引っ込んで、鼻は鉤鼻。長く突き出た顎には毛の生えたホクロが三つ。神から見放された見事な醜女である。母親でさえルースを産んだことを恥じ、「醜くて不細工なものを見るとぞっとする」と言い続けてきたのだ。しかし、フランケンシュタインが見掛けとは大違いの心優しい人物であったように、ルースも外見と性格は異なる。だが現実はその外見を重視する。

夫は、自分の不遇時代のルースとの結婚を、若気の過ちであったと後悔している。今は事業が軌道に乗り、ロマンス小説のベストセラー作家で、美しい小柄な金髪女性メアリ・フィッシャーとの愛欲生活にのめりこんでいる。夫に尽くしてきたルースは嫉妬と憎悪に苦しみ、主婦としての勤めがおろそかになっていく。夫は自分のことはたなにあげて、そんなルースに怒りを爆発させ、「女とは思えない、おまえは魔女だ」と怒鳴りつける。夫との間に矛盾を感じ続けていたルースは、その瞬間、魔女として目醒める。

魔女は「顔か、ココロか」悩まない。魔女には、何事も可能なのだ。神が心を説くなら、魔女はその心をカタチにしてみせる。

ルースはすべての男の称賛を得るために、自分の大改造を徹底的に行なう。それは神に対する挑戦でもあった。当代随一の整形外科医を動員して、頬と顎を削り、目を大きく、鼻を小さくし、体は引っ張ったり、締めたり、切り取ったりして、理想的な体形を創っていく。足も二十センチ近く切った。ルースは神に勝ち、華麗に甦る。手術を担当した外科医たちの間でさえ、ルースを自分のものにしようとして争いが起こるほどなのだ。目に見える具体的なものに、人間がいかに支配されているかを、作者はシニカルに表現する。

ルースは再び夫を手にいれる。夫とはたまに「寝てあげ」、そうでない時は、彼の目の前で「交わって見せる」。そして「何て気持ちがいい！」と、叫ぶのだ。復讐の心をもカタチにして見せるのである。「美醜は生まれつき」という言葉は、人間の不平等さをまさに端的に表している。「人間は顔じゃない、ココロだよ」という言葉の欺瞞性に、最も傷ついてきたのは女たちであったろう。ルースは「ココロ」神話のまやかしに一石を投じただけなのだ。

「外見よりも内面の充実を」という言葉はよく聞くけれど、社会の現実がその言葉を美辞麗句にしてしまった。現実において内面より外見が重視されていることを、人々は敏感に感じ取っているのだ。そうでなければ日本が世界に冠たる美顔整形手術のメッカであり、就職試験間際に整形手術を受ける者が多い現実を、説明できない。

ルースの圧倒的なパワーには遠く及ばないけれども、顔や体の一部分を整形し、ダイエットやエアロビクスやトレーニングで身体を改造し、さらに化粧で顔を磨き、美しく鍛えられた身体をDCブランドで包み、理想的な自己を創り上げていく。持たざる者は「外見か、内面か」と悩む前に、現状を変えていかなければならないのだ。

「ココロ」という曖昧なものではなく、カタチから入ることが人間の自信にもつながり、もしかしたら内面をも豊かにするかもしれない、ということが潜在的な人々の意識であるようだ。もちろん、完璧な外見を備えた自己の獲得は不可能かもしれない。しかし、おそらく「顔じゃない、ココロだよ」という男の発想は、カタチから入る女たちによって「顔も、ココロも」へと確実に変化している。

さらに、育てられない子どもは、裕福な家庭に売ったほうがよいとか、フェミニズムを標榜する女だけの共同生活においても、内部の位置関係を決定するのは美醜であるとか。魔女の眼から、世間を裁く視線もユニークである。

人間は、価値ある存在としてすべて平等に創られてきたわけではない。持たざる者は、自分の力で手に入れるしかない。現実の、ある状況から人間をひきだしていく圧倒的なパワーの前に、世の良識が吹き飛んでしまう、痛快な一冊である。（集英社　1990年4月刊／1990年10月号『So-en 装苑』）

金井　美恵子『**道化師の恋**』

金井美恵子の小説には〝引用のコラージュ〟といった趣がある。『文章教室』『タマや』『小春日和』そしてこの**道化師の恋**には、古今東西のテキストから様々な「引用」がなされている。その引用は、流行に乗り遅れまいとして最先端の文学用語を口にする中年の男性「現役作家」や、自己の教養の蘊蓄《うんちく》をさりげなく語る中年の「女流作家」、社会問題にも少し関心のある主婦たちの井戸端会議などを通して披瀝される。登場人物たちの身たけに合った知識で話される引用のほとんどは、いわゆる「教養」の範疇に属しており、現在いうところのクラシックなカルチュアであるといえる。

凡庸な登場人物たちの語る、他者の言葉や、考え方の引用によって現在の表層的世界を浮き彫りにする仕掛けは、最近の金井美恵子の好む方法であり、そこに作者の批評的精神も現れている。そこにはまた「文章」を「書く」、「書きたい」という表現行為・表現意識のありようを、過去の文学作品を通して見る、という発想もある。『文章教室』では「現役作家」とその作家が講師を勤めるカルチャーセンターに通って小説を書こうとする主婦を、『小春日和』では「女流作家」とその「作品」を、『タマや』では好きな「写真」について書かなければならないカメラマンを登場させ、人間の表現行為への意識を〝小説〟によって示した。「引用」は表現意識を重層化する働きを担っている。また各作品に登場する人物たちは目白界隈に住み、各作品を通して少しずつ関連しあって、「目白サーガ」ともいうべき場を形成している。

道化師の恋では、この目白サーガに「ありふれた政経の学生からありふれた新人作家」になった内田善彦が加わる。善彦は大学二年の時に、アメリカ遊学中にユダヤ人の大富豪と結婚してあっさり女優をやめた母の従姉の颯子と初めて出会い、母親より二つ年上だが「洗練された美しさ」の颯子と関係をもつ。その颯子が交通事故で死んだ後、善彦は「文芸雑誌の新人賞をもらおうと思って」颯子を素材にした小説『道化師の恋』を書き、それで新人賞候補になる。「新人作家」となった善彦の周りには「現役作家」や老画家、映画評論家、文芸評論家とその妻などが集まる。

ストーリーの軸は二作目に腐心する善彦と皆が語る元女優颯子なのだが、他の人物たちの家庭の出来事や、『タマや』『小春日和』に登場したカメラマン、女流作家による映画に関する話や、善彦の母のまわりの主婦たちのお喋りや、さらに善彦の母の二十四年間にわたる「今夜のメニュウ」やPTAの会報に書いたエッセイ（?）も挿入されて話はどんどん逸脱していく。これは小島信夫や後藤明生に連なるポスト・モダンの方法である。

ところで作者は「小説」の内容を事実かどうか詮索するのは「おばさんの読み方」で、「おばさん」というのは事実とフィクションの区別がつかないもののことだ、と善彦に語らせている。だが「おばさん的発想」で、小説も日常も捉えた方がとても刺激的な場合もある。小説中に頻出する「ジーン・アーサー」「小津安二郎の『秋刀魚の味』」などという具体的なものの「引用」は、事実によって「自己」を語ろうとする意識である。この小説自体がまさに「おばさん」的人物たちの日常認識の語りで構成されており、そこがまた面白さのゆえんでもある。

各章のタイトルも他からの引用であるが、その出典を探しあてようとするのも「おばさん」の楽しみであろう。**道化師の恋**は、〈おばさんのディスクール〉に精通した金井美恵子ならではの皮肉の利いた小説世界である。

（中央公論社　１９９０年９月刊／１９９０年11月５日『週刊読書人』）

中野美代子『ゼノンの時計』

現実や日常生活からの逃避なのか、それとも観念の遊戯にふける快感を知ったのか、ファンタジーや幻想小説がここ数年来ブームである。

『カニバリズム論』や『孫悟空の誕生―サルの民話学と「西遊記」』『仙界とポルノグラフィー』などで、ユニークな文学・文化論を展開している中国文学の学者である中野美代子氏が、その学識を駆使して幻想小説の領域にも参入してきた。もっとも中野氏の幻想への嗜好は、かなり古くからのものである。最初の小説集『契丹伝奇集』では、博学を遊び心でくるみ、アジア大陸の古今の時空を自在に飛んで、怪奇とロマンが横溢する幻想世界をみごとに出現させた。三篇が収録されたこの**ゼノンの時計**では、一転して時間は現代に限定され、場所も東京、北海道、香港、ニュージーランドと、観光名所に設定されている。

時間が現代であること、地名が身近であることが関係しているのだろうか。この小説集ではいくぶん幻想性が弱まっているように思う。そのぶん、道具立てや仕掛けの妙味が楽しめる仕組みになっている。

ゼノンの時計では、原始林が岸に迫った湖の岬に建てられた三階建ての西洋館という、昭和初年代のエキゾティシズム溢れる空間で、愛の神秘が問われている。この岬ではモンゴルの河畔で数年前に失踪した日本人の男とモンゴル人の妻、女流作家と連れの女性、役人を退職した夫と十八歳年下の妻、という三組のカップルが奇妙な静謐《せいひつ》を保ちながら暮らしている。時間が停止しているようなその場所に、旅行中の男性が訪れて館の均衡がくずれる。そして各自の「時」が動き、そこから殺人が起こる。

作中には女流作家が書いている「ゼノンの時計」という小説も挿入されていて、非現実感をたかめる働きをしている。

南半球綺想曲は、十億円のダイヤを狙う二組の国際的盗賊集団と、彼らのトラブルに巻き込まれたコン吉とタヌ子が、ダイヤを求めて盗賊と追いかけっこをする滑稽譚である。久生十蘭の大ファンである中野美代子氏が、十蘭の『黄金遁走曲』『魔都』などをパロディ化した〝ノンシャラン道中記〟といえる。

奇想天外な人物たちが登場し、荒唐無稽なストーリーが、饒舌な語りで展開されていく。エンディングは、札幌の雪祭りに、珍獣パンダとコアラが空から降ってくるカーニバル的狂騒となる。

ここでは漢字・カタカナ・ひらがな・英字の書き分けで、文章表現の視覚的効果をねらった作者の、文字に対するこだわりが楽しい。

海燕は、現実と対立する反世界を夢想する男のロマンを描いた作品である。自分とそっくりな中国人に出会った主人公は、現金輸送車を襲い三億円を奪取した後その中国人を殺し、その人物になりかわる。中国人となった主人公の逃避行は、架空の自己がたどる〝架空幻想旅行譚〟なのである。そしてここでの読みどころは真冬のオホーツク海、熱帯のニューギニアを描いた装飾的な描写である。

ゴシック様式にも似た文体に特色をもつ幻想小説集である。

（日本文芸社　1990年12月刊／1991年2月20日『ダ・カーポ』）

小浜　逸郎『男はどこにいるのか』

男はどこにいるのかという刺激的なタイトルをもつこの本は、「現在男性は、個体として、自らのジェンダー・アイデンティティ（自分を一つの性的存在として確認すること）を危うくさせられている」と考える著者の、その危機感をモチーフに「現代において男性が男性として生きるとはどういうことなのかという問題」に答えるために纏められたものである。

第一部「言説のなかの男」では、男の本質を、男のセクシュアリティを中心にして明らかにしていく。第二部「状況のなかの男」では、AVなどの「イメージのセックス」の氾濫や、家庭のなかで疎外されている父親像を通して、男のエロスがゆれている状況を明示していく。

私にとってこの本は、啓蒙的言語や政治的言説に絡めとられたフェミニズムの在りようを正確に捉えている著者の（それゆえにまた逆も浮き彫りになるという）、男の偏見がよく分かるという意味で、情報的に価値のある一冊であった。

たとえば男には「私が私であると了解しているその自己アイデンティティと、欲望し、またその欲望にしたがって行動する私との間には、まったく同一のものとは言い切れない距離のようなもの（略）、独特の差異感覚」が存在するという。つまり性器のアイデンティティと、人間としてのアイデンティティに引き裂かれているのが、男の性なのだという認識が示されるのだ。

それに対して女は「自分が女であることのアイデンティティの危機を経験することが相対的に少ない」、受胎、妊娠、出産、子育てという期間、男に向きあっていなくても、十分にエロス的な人生時間を送ることのできる性だと語られる。この女の特質に比べて、男のセクシュアリティは「短時間的なリズムと内的な疎外、汎対象的な欲望」を有し、しかも「女との濃密なエロス的時間を共有していないときの男というのは、自分が男であることを確認する手立て」すら持っていないという。「本当の意味で性的主題を特定の他者との生活として『個別化』することができない」のが男のエロスのあり方だと述べる。

この「男の始末の悪い性欲」（このような表現によって、著者は、男の性を正当化しようとしているように思われる）、つまり欲望そのものを独自の様態をもつ物語に仕立てあげたのが娼婦であり、レイプ、痴漢なのだという。現代社会は、この男の性欲に対して、ポルノグラフィーという他者を攻撃しない商品を生みだした。このような男の性欲の実態を知れば、女がフェミニズムを持ち出して、レイプによる女性への人格侵害と性の商品化を同一に批判するのは的外れだと論ずる。

著者は「エロス的関係が本来的な意味で成り立つ場合には、まさに相手の個別性や思惑そのものを媒介として融合することがめざされている」のだと語っているが、ここには女が男の偏頗《へんぱ》な性のかたちを知り、そこから派生的に生じてくる男のエロスを受け取ることが、暗黙のうちに期待されている。期待されていることを極端化すると、娼婦の在り方やレイプの在り方を認めることに繫がるのである。そういった意味で、ポルノグラフィー擁護の論はやはりおかしい。

このことは「『見る―見られる』という非対称構造が男女の関係の本質である」と捉え、非対称の文化構造が支配的になることができたのは、この男女の非対称性（性差の構造）に基づくのではないか、と語っている点にもみられる。

本質（著者によれば、ある現象のなかに常に顕現する共通の論理的骨格）的なかたちがあったから、今の世界ができたと考えるのは根本的な認識の錯誤である。「見る―見られる」の関係は、社会的な強者と弱者の関係であって、男女の本質とは全く無関係である。在日朝鮮人・韓国人に対する差別の構造を思い浮かべてみれば、その誤りは歴然としているだろう。

特に「哲学男と物語女」の章で、性差に基づく構造的要因を自明のこととして展開される、男に「犯罪者」や「哲学者」や「マニア」や「吃音者」が多いこと、女に「女性週刊誌の読者」が多いことの証明は、話題としては面白いけれど、男女の本質とはやはり無関係である。

ところでこの書物は著者の、男の性的存在の危機を憂える感情から成立したわけだが、男はいまだかつて性的存在であったことはなかった。「性的存在」という言葉は、現在、男においても女においても「女」を指す。「性の商品化」といわれる時も、自明のこととして「性」は女を指している。女はいつも〝見られる存在〟として、「男」を通過して「女」を考えてきた。七〇年代フェミニズムは男を排除する方向で動いていたけれど、現在のフェミニズムの動きは、男を引きずり込むかたちで行われている。男も女にやっと〝見られる存在〟になったのである。

そのことが小浜氏に「男の性の揺らぎ」「危機」として感知されたのであろうが、それは男の性の危機ではない。男が「女」を通過して「男」を考える状況が生まれたということだと思う。男が「女」を通過して「男」を考えた時、初めて両方の性がきちんと把握できるようになるのではなかろうか。そして男というものを規定する時に、無理やりに男の定義をつくるのではなく、「女でない性」を男とする、という発想の転換も必要であろう。もちろん私の考える女とは〝産む性〟である。

この著作の大きな錯誤は、「男はどこにいるのか」という問いが「男」に向けられたことにある。男を考える時に男を軸に立て、性衝動（射精したい欲求）だけから性を捉えようとし、男という発想だけで性を考えようとした、その前提が間違っていたのである。男を軸にして男を論ずることは、従来と同じ偏見に満ちた男の論理を導き出すことにしかならない。（エロスという言葉もプラトン、バタイユ、フロイトなどの〝男の言葉〟である）男の発見は、むしろ女の中から、女との相対化の中で検討していくのが最も自然なやり方であろう。

ギリシア以来、男は「男とは何か」と思考し続けてきた。「女とは何か」という問いは、フェミニズムの流れのなかで今やっと始まったばかりである。現在、性を考える時に女を軸にしなければ、性の解決点はどこにもない。

（草思社　１９９０年11月刊／１９９１年３月『群像』）

三枝　和子『恋愛小説の陥穽《かんせい》』

三枝和子は現代のもっとも尖鋭的な作家の一人であり、斬新な批評も書いている。この**恋愛小説の陥穽**は、二年間にわたって雑誌『ユリイカ』に連載したもので、ここで三枝氏は作家として女性の読者として、男性の描く「恋愛」に疑問を投げ掛けている。

三枝氏のいう「恋愛」とは、単なる好き嫌いの関係とは全く異なる。それは自我をもった男と女の対等な男女関係のことを示し、その関係性を表わしたのが「恋愛小説」である。

まず、漱石が俎上に乗せられる。漱石は、近代文学の男性作家の中では女性の自我の問題にも触れえた稀にみる作家と評価されている。だがその漱石さえ女の自我を嫌忌し、男のプライドを中心にしてしか「恋愛」を描けなかったと、漱石の過誤を指摘している。

また谷崎はフェミニストを自称していたが、その精神構造は根本的に女性蔑視であったと語る。そして上下関係でしか女性を見られない谷崎に、恋愛小説は不可能であった、と述べる。女性蔑視の作家として太宰、川端、荷風、秋声が、次々に裁断されていく。

近代以後の男性作家の書いた恋愛小説は、女性から見て、歪められた男と女の意識を反映しているのではないか。そのために女性自身の意識も歪められてきたのではないか。これまでの恋愛観は、男性の思考方法によってのみ捉えられてきたのではないか。この評論集は、自分もその弊害から逃れられないまま小説を書いてきたのではないか、という著者の反省が根底になっている。

その反省に立って、日本の文豪と言われる九人の男性作家の小説から感じとれる男性の恋愛に関する意識について、女性の立場から検討しているわけである。「恋愛小説の陥穽」とは、男性作家が自ずと陥っている、社会構造における男と女の位置と恋愛の意識の関係についての認識の誤りを指す。

しかしその錯誤に陥っていない作家もいる。三枝氏は、ホモセクシャルな嗜好をもっていたためか、女性作家の想定する恋愛に近い世界を示した三島由紀夫、男女の一対一の関係を超えた恋愛を描いた武田泰淳、自我の呪縛から完全に自由な女性を造型した石川淳、をあげる。

恋愛が制度への反逆であり反社会的な行為であり、激しい恋愛も輝かしい恋愛小説も、社会の規制が厳しい状況において生まれる、とはよく言われることだが、性に関する禁制が無くなってきた現代、恋愛や恋愛小説は可能なのだろうか。

そうした問題が「一〇〇パーセントの恋愛小説」と銘うたれた村上春樹の『ノルウェイの森』で問われる。三枝氏は、禁制の消滅は新しい恋愛の形態を生むだろうと語るが、その場合に必要な精神的結びつきの強さがこの作品にはなく、恋愛小説としてインパクトが弱いと言う。

この本は、普通の恋愛を求める読者には、その不可能性を思い知らせるだけかもしれない。けれど探求心のある読者には、通常の論理をくつがえす知の楽しみを与えてくれるだろう。

（青土社　1991年1月刊／1991年4月3日『ダ・カーポ』）

小川　洋子『妊娠カレンダー』『シュガータイム』

正常と異常の交錯した領域、非現実的なものと現実的なもののあわい、生と死の曖昧な境界線上、小川洋子の小説にはこういった日常生活に潜む「闇」の領域ともいうべき奇妙な幻想が内在している。「わたし」が六年以上も前に学生生活を送った学生寮にいとこが入ることになり、それを契機に再び寮との繋がりが復活することによって、「わたし」と経営者である先生との間に生まれる不思議な関係を描いた小説**ドミトリイ**。結婚を控え一人でいる「わたし」と宗教勧誘員父子との小さな関係を描いた**夕暮れの給食室と雨のプール**。この二編を収め、芥川賞受賞作品を表題とした短編集『**妊娠カレンダー**』にも、「わたし」と障害のある義母弟との交感、「わたし」の食欲へのこだわりを描いた長編**シュガータイム**にも、その幻想性は溢れている。

妊娠カレンダーでは、妊娠した姉のつわりによる拒食とその後の過食が、ともに暮らす妹「わたし」の視点で描かれる。

突然つわりになった姉は、少量のクロワッサンとそれを飲み込むためのスポーツドリンクしか受けつけなくなる。高校生の頃から神経症的であった姉はにおいを極度に嫌い「病院の無菌室みたいな所」で「内臓を全部引っ張り出して、つるつるになるまで真水で洗い流」したい、とまで言う。「わたし」は姉を刺激しないために、家中からにおいを発する物と食べ物を排除する。

「青白く透き通って」いる姉の身体を妹は愛おしく思う。だが三ヵ月以上続いたつわりは唐突に終わり、今度は四六時中食べ物を口にしないではいられない姉が出現する。姉は「わたしの中の『妊娠』が求めてる」といい、様々な食べ物を求める。姉は妹の作ったグレープフルーツのジャムを気に入り、毎日それを要求する。姉の過剰な要求が妹にも浸透したかのように妹は、染色体を破壊するＰＷＨという毒性物質が含まれているらしいグレープフルーツのジャムを姉に食べさせ「破壊された赤ん坊」を夢見るようになる。

できたてのジャムを鍋から掬って食べる姉の過剰な食感覚や妊娠の経過は、すべて「怯えるように微かに震えているジャム」を見ながら「ＰＷＨは、胎児の染色体も破壊するのかしら」と思う妹の〈観察日記〉というかたちで表現されている。このことからも明らかなように二人の異常さは見きわめ難いのである。

また不透明で濃密なもの、生命力溢れるエネルギーに対する嫌悪感・違和感も小川洋子の作品の特色である。人間を変性させてしまうほどの過剰さは、**ドミトリイ**では寮の建物とそこに住む内部の人間をも犯す巨大な蜜蜂の巣が作り出す蜜として、**夕暮れの給食室と雨のプール**では何千という料理を生み出す学校の給食室として、**シュガータイム**では「ユダヤ人の死体の脂で作った石けん」を思わせる披露宴会場の巨大なアイスクリームとして示されている。

その一方で、小川洋子の愛読する村上春樹の作品世界に繋がる「時間の流れから沈澱したみたいにひそやか」（**妊娠カレンダー**）な場所、人間に対する親しさ、いとおしさ、愛着の念も深い。その「ひそやか」なものに対する親和感は、ある意味で生命から見放されたともいえる〈病んだ〉人間の身体を通して表現される。特に**ドミトリイ**の寮を経営している先生のように両手と片足のない身体や、**シュガータイム**の弟のように小人の身体は、その欠落の大きさゆえに外部世界にとっては過剰であり異和でもあるのだが、小川洋子は必要な物・人に囲まれて「すべてがしんと静止した濁りのない場所」（**ドミトリイ**）「無垢な場所」（**シュガータイム**）でひっそりと棲息している者たちとして描く。そこは閉じた空間のように見えるけれど、小川洋子のセンシティヴな文章は、彼らが世界と親和しているのだと確かに感じさせるのである。

先生も弟も、そして三歳の息子を連れた宗教勧誘員の男も、**シュガータイム**の「不能」の大学院生吉田さんも、ある欠落を持つゆえにそれぞれが大きな物語を背負っているキャラクターであるはずなのだが、小川洋子は彼らの物語を明らかにしない。

先生が語るのは忽然と消えてしまった数学の得意な寮生のことであり、男が語るのは泳ぎが苦手だったことと給食室のにおいと食べ物に圧迫された子供の頃のことだけなのである。そして弟と吉田さんは、自分のことについてほとんど何も語らない。彼らは「黙って遠くを見るような静かな目をして」「真夜中の月のようにひっそりと」自分と「含まれあっている」者を容認するだけなのだ。

ある感覚を共有できる者たちだけの、この閉じたように見える世界は、しかし彼らのストーリーを読者がイメージし自由に紡ぎだせる、という可能性も秘めている。小川洋子は今後大いに期待を抱かせる作家である。

（『妊娠カレンダー』文藝春秋　1991年2月刊、『シュガータイム』中央公論社　1991年2月刊／1991年4月15日『週刊読書人』）

秋山　駿『地下室の手記』

《―私は、この私だ！　この私というものは、私だ！　しかし、果してそうだろうか、この私は私だろうか？　私というものが、果していったいそれは何であるのか、私は知らない。現実に、それが

何であり、それは本来いかなるものであったかを、私は知らない》

この著作は**地下室の手記**というタイトルからも明らかなように、自分が自分に向き合って「自分」のなかを覗く、ドストエフスキーの『地下生活者の手記』の主人公に倣った、思索的エッセイである。一人の人間が自分だけに向き合って、頭の中だけであらゆることを考え、精神の根源を凝視した自己省察の記録である。

秋山駿は、一九六〇年に評論「小林秀雄」でデビューして以来、一貫して「私とは何か」を問い続けてきた。その「私」とは『舗石の思想』に顕著だが、「石ころ」と「自分」とどちらが存在価値があるのだろうか、と問う「私」である。

この本に収められているのはその自分の内部を見つづけてきた著者の、五四年から七〇年までの日記風ノートである。「第二」から「第七」のノートまであり、そこでコツコツと書かれていく「私」は微妙に変化しているけれど、「第一のノート」で執拗に追求し記されている《この世の中に生存の根拠をもち得ぬ無用の人間》である「私」、という把握は変わらない。

秋山駿は昭和五年生まれの、最後の戦中世代である。自己を無用の者と考えるのは、この世代の特徴なのかもしれない。

秋山駿はこの本のあとがきでも、《私の生なぞ》《道端に転がっている石ころの一つのように、平凡、かつもっとも普通のものである》と語っているが、しかし、書くことは自分の言葉を発見することでもあった。

《私は十九歳の頃からノートを書き始めた》。《これまでの六十年の人生のなかで、生に対して、私がただ一度だけ真剣に必死になったことがあるとすれば、それはこのノートを書くという行為であり、書いている時期のことだ》と述べているのだ。秋山駿にとって「ノート」は《私の存在を発見する》

唯一の手段だったのである。

「石ころ」である「私」による「思索」というノートの方法は、その文芸批評にも投影されている。

秋山駿の批評は、江藤淳のように政治思想と文学の関わりを明示するわけでもない。吉本隆明のように様々な文学の読みを情報として与えてくれるわけでもない。けれど、政治と文学の二元論とも、社会思想や宗教とも無関係な、一つの「石ころ」に過ぎない「自分」を通して世界を語る、という独自の批評のスタイルを提示したのである。**地下室の手記**には、著者がどのような日常生活を送っているかも綴られている。「他者」の言葉で語ることを拒否し、生活者としての自分自身の思索と表現で、自由な思想を表していく精神の軌跡を認めることができるのだ。しかし、「自己」というものが軽視される傾向にある現在、ある意味において著者もこの本も希有の存在であるかもしれない。

（日本文芸社　1991年5月刊／1991年7月3日『ダ・カーポ』）

佐伯　一麦《かずみ》『ア・ルース・ボーイ』

激戦の三島由紀夫賞を受賞した**ア・ルース・ボーイ**は、幼時のトラウマから脱出して男としてのセクシュアルアイデンティティを獲得していく、男の自立の物語である。

主人公の「ぼく」がエリート高校を中退して、「ぼく」の子どもでない子どもを産んだ中学時代のガールフレンド幹と、その赤ん坊を養う決意をしたのは十七歳。「ぼく」がそのような選択を決意するに至った経緯は、五歳の時、近所の青年に性的ないたずらをされたことに端を発している。暴行の癒しを求めた母に拒絶され、「ぼく」は自分のアイデンティティを喪失する。

五歳で「ぼく」を見失った「ぼく」は、自殺の衝動にかられたり、姉と母の衣類を身に纏い、女装して「女の自分」が「男の自分」に可愛がられる空想に快感を覚えて「透明な精液を漏らし」続けたりする。その行為を母親に見られた後、母との関係は決定的に決裂する。だがその時「人から望まれない恥ずかしい生存」だと自己を確認した「ぼく」は、それをバネに自分の力で生きたいと思うようになる。

自分の生きる道を一生懸命に模索し、高校の学資も自分で稼ぐ「ぼく」は、大学進学一辺倒の学校生活に疑問をもち、教師にも反抗的になって、「だらしのないやつ（ルース・フィッシュ）」とあだ名される。高校や大学に意味を見出せなくなったそんな「ぼく」の前に現れたのが、幹と赤ん坊だった。無意識に男としてのアイデンティティを「父」と「夫」に仮構した「ぼく」は、二人を引き受け、学校を蹴る。

二人を養うために働き始めた電気工事の労働のなかで、以上のようなストーリーが「ぼく」の内的独白を通して語られる。

肉体労働は「ぼく」に「男」としての自信を回復させていく。家からも出る。赤ん坊の病気をきっかけに突然「ぼく」の生活から二人が消える、という出来事も起こるが、二人は「ぼく」の十八歳の誕生日に再び現れる。この場面は、ある意味で唐突だが、「ぼく」の最後の通過儀礼（男の機能達成）のために設定されたのだろう。「ぼく」は幹を通して初めて女性との肉体の交わりを成し、夫として父親としての自分を確認するのだ。だから役割を終えた二人はさわやかに「ぼく」のもとを去っていく。

かつての高校に仕事にきた十八歳の「ぼく」は、ルースのもう一つの意味、普通に考えられているレールから脱出した自由な存在「ルース・ボーイ」として、自己を位置づけるのである。

この作品は、精神的外傷を克服してゆく男の自己形成の物語としてはとてもよくまとまっている、と思う。

この小説のもう一つの魅力は、労働者に焦点をあてて実際の電気工事という仕事を書く、その労働の描写にある。前作『ショート・サーキット』同様、労働は圧倒的リアリティをもって迫ってくる。芥川賞を受賞した辺見庸の「自動起床装置」にも通底するが、労働に対するひたむきで、けなげな一途さは、青春小説として確かにさわやかな印象を与える。

しかし女の立場から読むと、高校を辞める、家を出る、女と子どもを引き受ける、労働をやる、という通過儀礼によって到達する主人公の「男」の目標は古風に感じられてしかたがない。父・夫という世間で言われている男の役割を果たすことが、男のアイデンティティを確立させるというのでは、あまりにも男中心の観念ではないだろうか。父や夫の意味にこだわり、男の観念を覆えそうと悪戦苦闘している津島佑子や三枝和子の小説の試みに比較して、パターン的であるような気もする。

（新潮社 1991年6月刊／1991年8月26日『週刊読書人』）

笠井 潔、加藤 典洋、竹田 青嗣『村上春樹をめぐる冒険』

二十一世紀を読み解くキーワードは〈村上春樹〉だ。

文学作品と時代の思想的背景との関わりを探った、この対話篇に登場する気鋭の文芸評論家笠井潔、加藤典洋、竹田青嗣は、そのように規定する。微妙な差はあるけれども三者とも一九八九年で二十世紀は終わり、一九九〇年から二十一世紀が始まっているという観点に立つ。

二十世紀の精神を、「自分の内部に確かな手触りをもった実質がどこか根本的に壊れてしまっているという空虚感あるいは喪失感、スカスカした感じ、宙ぶらりんな感じ」（笠井）と特徴づけ、この二十世紀の精神をもっとも的確に把握していた作家として、八〇年代の村上春樹が捉えられている。『ノルウェイの森』のヒットは〈村上春樹〉を論じてきた者に、一種の恥ずかしさ・テレの意識を生じさせた一方で、際立った賛否両論も起こった。社会的「事件」とまでなった〈村上春樹〉を語ることが「現代をどのように観じるかについての、ひとつの試金石と考えてよいのではなかろうか」（竹田）というのが、この本のモチーフであろう。

そういった意味でこの対話篇は、村上春樹の小説を通して批評家の立場が問われているのでもある。「人の褌《ふんどし》で相撲をとる」恥ずかしさ（加藤）に十分堪えながら、「政治」の言葉でも、「他人」の言葉でもなく、作品が「自分のなかのどういう現実感にひびき合っているのだろうか」（加藤）と問う姿勢が、まずある。「自分」の言葉で語ろうとする三者の誠実さがこの鼎談を支えている。

第一部「村上春樹を読む」では、村上春樹の小説が与えたインパクトと各自の評価の基準が示される。竹田青嗣は『世界の終りとハードボイルド・ワンダーランド』を、社会が大きな転換点を見せた八〇年代に「システム社会という社会像」を自覚的に表現した小説として評価する。

笠井潔は、団塊の世代、全共闘世代と呼ばれる作家たちが達成できなかった、一九七〇年代前後に体験した「なにか決定的なもの」を「迷いつつも言葉にしようと努めている一種の全共闘小説」として『風の歌を聴け』を新鮮に受け止めている。

加藤典洋は反社会的な感情だけではもはや現代社会を捉えることは不可能である、という立場から「世界に味方する形で世界と戦う」「回路」「道すじ」を『ノルウェイの森』に確かな手応えとして感じるという。

三者に共通しているのは村上春樹が一貫して「六〇年代末の自分に固有な経験の意味を、手放さないでいる」（加藤）という認識である。一九四八年生れの笠井潔と加藤典洋、四七年生れの竹田青嗣が、四九年早生れの〈村上春樹〉を語ることの意味は、また全共闘世代の成果（？）が二十一世紀にどう展開するかにも関わっているようだ。

第二部「『世界の終り』をめぐって」では、文学に固有な「この私」を捨象した八〇年代の中心的批評「外部」を展開した柄谷行人と蓮實重彥に対する批判が、小説と思想の間隙を突いていて面白い。

（河出書房新社　1991年6月刊／1991年9月18日『ダ・カーポ』）

三枝　和子『響子愛染《ひびきこあいぜん》』

季節が巡るたびに、花や蝶が宙空から生まれ出る自然の摂理、その摂理のままに生まれた自然の化身としての女が、この小説の主人公響子である。

自然と呼応する響子の魅力は四年前の『響子微笑《みしょう》』でも、生き生きと描かれていた。そこでは十一歳の響子が自然の女神となり、同年代の少年や少女たちを惹きつけ君臨していた。この**響子愛染**では、結婚して一年足らずで実家に戻ってきた二十歳の響子を、男を誘惑する性、男の性欲《オス》を呼び起こす（発情させる）女《メス》として設定している。

三枝和子は、女が一人の男の所有物になること（結婚制度）から自由であるためには、女の性が多くの男に開かれていることが必要だという発想をもっている。『鬼どもの夜は深い』の日佐子や『崩壊告知』のくみ子や『光る沼にいた女』の富子のように、複数の男と関わることによって、女は男の所有観念を消滅させるのだ。響子もその女たちの流れにつらなり、自分を求める男の性欲を感受して、その性欲を引き受け、しかし特定の関係は拒否しようとする。

もっともそのような女の自由は、現代の大都会には現実に存在するのかもしれない。だから作者は、響子が自由であることを強調するために、中国山系の褶曲《しゅうきょく》の切れ目に出来た細長い盆地の村、昔ながらの身分にこだわり、言い伝えや様々な噂が澱む、いまだ神話的世界観の残る村を設定し、その場所に響子を置く。自然の子である響子は、共同体の秩序やエートスを無視し、自己の思いのままに行動するまがまがしい存在として、その力を発揮するのだ。

そして、自然の摂理に従って男の性欲を引き受けた女は、自然の摂理に従って孕む。父も母も生まれない「父母未生以前」の世界から生まれた自然の子である響子の愛染（男女の愛の相）は、死者を孕み、山を孕むという神話《ミトス》のメタファで描かれる。そこには聖処女の受胎がイメージされている。

響子を受胎させる彦多は、父親が不明だということで、その出生から村の秩序を乱す、やはりまがしい存在とされていた男である。彦多の兇兆は、異母姉顕子との恋愛、顕子の堕胎とそれによる精神障害、狂った顕子を犯そうとした中学生を制止しようとした兄の死をひきおこす。

彦多は山の懐に抱かれて響子と性交した後、雷にうたれて即死する。彦多は村の「業」と「因縁」に絡めとられて村を出て遍歴する貴種流離の人物として造型されているが、それは聖なる子供（だれの子どもでもない子ども）の受胎に繋がる聖婚（一夜孕み）を成立させるための物語の要請である。むしろ彦多は響子を受胎させるという役割が終われば消滅するしかないオスの性の様相を表している。

響子は、村という自然のトポグラフィに支えられた女であることは言うまでもない。神話的な場に置かれた、生き生きとした現実の女、そのアンビバレンツな風景が、この小説の魅力だ。三枝和子が開拓しつつある新しい世界である。

（新潮社 1991年8月刊／1991年11月号『新潮』）

山下 悦子『マザコン文学論』

本書は女性史の専門家である山下氏が、近代日本文学の有名な小説を取り上げ、そこにある男性作家の深層心理を読み解こうとした労作である。

山下氏は、徳富蘆花『不如帰《ほととぎす》』、島崎藤村『家』、森鷗外『半日』、谷崎潤一郎『母を恋ふる記』、有島武郎『小さき者へ』、小林多喜二『党生活者』、太宰治『思い出』など「自伝的要素の強い私小説」を選び、その中に隠されている「作家の無意識や慣習的行為」を探り出すことで、日本の「『家』の内実」「時代的共通項」を明らかにしようとする。

山下氏の試みは「明治以降の『家』が封建的、家父長制的な抑圧構造をもち、女は家長たる男に隷属していた」と捉え、女は常に「家」の被害者であったとみる一部フェミニズムの評論家に対する異議申し立てでもある。山下氏は日本の「家」の構造を明らかにするために、「母―息子関係」に注目する。小説に表現された母―息子関係の在りように、現実の作家の親子関係を重ね合わせる形で論を展開していく。

そして「封建的な『家』を支える原動力」は息子を支配しようとする「母親のエゴ、女のエゴ」であったと捉え、妻に「母」を求める夫の意識も含めて「心地好いまどろみのなかにいつまでも浸っている、あるいは浸っていたい」「乳幼児期の母―息子関係」が、日本の「家」の内実だと見る。日本の「家」は「母」を軸に存在していたという観点だ。そこから日本の文学の伝統は、「母」に固着して自立できない男を描いた「マザコン文学」、という結論が導き出されるのである。

この論全体を通して山下氏が指摘しているのは、西洋的な家父長制の概念をそのまま適用して日本の「家」制度を論じることの誤りにある。それは納得できるのだが、近代文学研究者の立場から見ると、さまざまな作品の中からいくつかの作品を選んで引用する、その引用の方法がやや荒っぽい感じもする。

例えば有島武郎の『小さき者へ』を、病気で妻を亡った有島の実生活が投影された「有島にとっての家族観―父親像や『母』とは何かが赤裸々に書き記され」た「自伝的小説」と見做す。主人公「私」を有島と同一視し、「有島たる『私』の『主夫』ぶりがうかがえて興味深い」と書く。

「マザコン息子」を生み出す「母」の例として岡本かの子の『母子叙情』が引用されているが、そこに登場する「かの女」「一郎」を「岡本かの子の分身」「息子太郎」と規定する。有名な「今に二人で巴里に行きましょうね、シャンゼリゼーで馬車に乗りましょうねえ」という「かの女」の言葉を捉え、「何もわからない息子へ語りかけねばならない『かの女』たるかの子の哀しみを表現」したと述べる。一平の放蕩で不遇であったかの子の生活が反映されていると捉えるのだ。また「年上の情感を美しく湛えた知識婦人」と表されている部分を取上げ、かの子の作品にはそのように「自分を表現するようなナルシシズムが充満している」と批判する。しかし『母子叙情』の「かの女」と岡本一平がエッセイなどで表した「家人」とは似ても似つかない。かの子をモデルにしてもそのイメージは大きく異なるのである。

文学作品を取り上げていく場合、作品を短絡的に作家の実生活と結び付けてしまう方法は、亡くなった前田愛が強く批判したやり方である。「自伝」や「私小説」が最もフィクション性の強い作品であるという認識は、現在の文学研究では自明のことである。フィクションである小説を取り上げるなら、細心の注意が必要だと思われる。

山下氏は、「現在の情報産業社会」における「家」の内実を、続編で展開する予定であるらしいが、続編に期待したい。

（新曜社　1991年10月刊／1992年1月6日『週刊読書人』）

ダナ・ハラウェイ他／巽 孝之編著『サイボーグ・フェミニズム』

「サイボーグ・フェミニズム」という言葉からまず思い浮かぶのは、ウィリアム・ギブスン『ニューロマンサー』のヒロイン、モリイである。モリイは、ランボーのように鍛えられた肉体でありながら色白のなめらかな肌とほっそりと白い指をもつ、たくましい女性である。SFでは、『レンズマン』から『スター・ウォーズ』まで、強い男が弱い女を守るという「西欧近代家父長制」的論理が根強い。男が地球・惑星を守り、支配しているという構造にもそのことは明瞭に示されている。しかしモリイは、冷静・沈着、時には非情にもなれる「用心棒」という設定で、「男」を守るのだ。しかも性《セックス》は完璧に「女」なのである。

『ニューロマンサー』には、人工器官を埋め込んだり、人工ホルモンで肉体をパワーアップしたりした様々な人間たちが登場する。そこには職業に適するように、あるいは自分の好みのままに身体を替えることのできる社会が出現している。テクノロジーの発達に危機感を抱くフェミニストは多いけれど、モリイは、テクノロジーの発展によって「性差《ジェンダー》」の壁を越えた「女」という見方も成り立つだろう。テクノロジーは「女らしさ」「男らしさ」のカテゴリーを消滅させる可能性を秘めているのである。

一九四八年、ウィーナーは生物と機械には制御と通信に関する類似性があると指摘した『サイバネティックス』を発表し、自然界と人工界をつなぐ共通の〝言語システム〟の可能性を語った。『ニューロマンサー』で展開されているコンピュータ・ネットワークと人体のインターフェイス（共生系）は、そのSF的達成である。そこはもう「生命／非生命」「自然／文化」などという二項対立的世界観では律しきれない、人間と機械の境界線が曖昧となった世界なのだ。

サイボーグとはサイバネティック・オーガニズムの略で、機械と人間の有機的複合体のことである。生命科学は、性転換を男性のみならず女性にも適応可能にしつつあり、人工子宮実現の可能性も現実のものとなりつつあるようだ。一九九〇年代のコンピュータ、バイオなどハイテクノロジーの凄まじい進歩は、生物学的性差の解体をも示唆して、フィクションではない世紀末の現実世界を予見させる。一九八〇年代後半ブームになった『ニューロマンサー』に代表されるサイバーパンクSFは、まさにテクノロジーの発達とシンクロナイズしたフィクションだった。しかしそこにはハイテクノロジーが、「人間」の定義そのものを根底から変えていく「現実」変容の認識が語られていた。それは「社会」や「文化」もこれまでとは確実に違ったものになりつつある未来を予見していたのである。

サイボーグ・フェミニズムの基本的骨子であるアメリカの生物学者ダナ・ハラウェイの「サイボーグ宣言」は、八〇年代のサイバネティックスとハイテクノロジーが高度に発達した社会との密接な関係の上に構築された論文である。ハラウェイはまず「サイボーグは、脱性差時代の世界《ポスト・ジェンダー・ワールド》の産物である」と断定する。つまり「サイボーグ」を「性差」の消滅した世界に立ち現れてくる新しい「存在」と規定するのだ。ハラウェイの語る「サイボーグ」とは、機械と人間のハイブリッドによって生まれた〝いまだ存在しない存在のイメージ〟である。そして「サイボーグとは、解体と再構築をくりかえすポストモダンな集合的・個人的主体《セルフ》のかたち」であると言う。それは体系的な論理を拒否するという意味で、デリダのディコンストラクションに通底している。

レトリックを駆使したハラウェイの〝サイボーグ的言説〟（ここで翻訳の善し悪しは問うまい）には、全体性、統一性を志向する西欧的認識論・世界観、キリスト教的・フロイト的家父長制原理(Patriarchy)の消滅が目論まれている。「サイボーグ」は、階級とジェンダーをなくすことを信条としているハラウェイの「戦略」なのである。

西欧科学は、自然との一体化という思想のもとで、自然／文化、人間／機械、男性／女性などの二項対立をつくりあげてきた。しかし「科学」「人類の進歩」という言説は、二十世紀に入って、人種・国籍・宗教・階級・年齢・能力・性差、すべての面で根源的に問い直されてきた。その一つの大きな原動力になったのがフェミニズムであろう。そして今、多くのフェミニストはハイテク文化によってさらに典型的な二元論がエスカレートしているとみなす。ところが逆に、ハラウェイは、ハイテクは階級・人種・性差の本質を根本的に変革するものであり、二元論を解体する装置になりうる、と宣言する。

その根拠としてハラウェイは、二十世紀後半までにアメリカの科学文化が果たした三つの重大な境界解体を指摘する。一つが人間と生物の間の境界解体である。人間を自然の一部だと考える日本人にはなじみの観念だが、自然を人間に支配されるべきものと考える西欧的認識においては、衝撃的な発想の転換点であった。人間と自然との相互関係性を目指すエコロジカル・フェミニズムの生まれるゆえんでもある。

二つ目はハイテクノロジーの出現が、生物（人間・有機体）と機械の境界を曖昧にしたことである。

彼女はこれを「自然と人工の差異」「精神と肉体」つまり「これまで機械と生物の間に適用されてきた差異のすべてを、ことごとく曖昧化してしまった」状況の誕生と見る。これまで「自然」とみなされてきた「ものの根拠」のすべてが消滅する可能性が立ち現れてきたと考えるのである。それはあらゆる起源神話の崩壊をも暗示している。

もちろん機械の台頭を、機械に支配される人間の未来というＳＦ的悪夢を呼び醒ますものとして嫌悪するフェミニストもいる。それに対して、人類《マン》の危機は、それこそ女性にとって好都合ではないか、これまで人間《マン》とみなされなかった女は、まさに「サイボーグ（存在しなかったもの）」であるという意味において、サイボーグと連帯できると語るのである。（もっとも彼女のユーモアも、人類という言葉に男も女も含まれる日本語では伝わりにくい面もある）。機械が神になると考えるより、西欧の歴史や文化を覆す存在と見る認識を披露するのだ。しかも当然だが、機械自体は女を支配も差別もしない。さらにサイボーグの自己再生性《リジェネレーション》に注目して、「復活というメタファー」「産む性という神話」からも女性を解放すると述べる。確かに自分自身を再生すれば産む必要はなくなる。

三つ目の境界解体としてあげられているのはハイテクによって、物理的なものと物理的でないものの差異の不確定性が露呈した点である。集積回路《アイシー》を駆使したマイクロエレクトロニクスの媒介により、境界領域はたえず侵犯され、再融合されるようになった。つまりここで、統一された主体という概念が消滅する。人間は「動物や機械と親族関係を結ぶ」ことのできる「炸裂した主体」となる。テクノロジーは、西欧的主体の神話をも解体するのだ。

アン・マキャフリイ『歌う船』やジェイムズ・ティプトリー・ジュニア『接続された女』など、一九六〇・七〇年代のサイボーグＳＦが展開していたのは、「男女はもちろん、人間や人工物、種族の成員と個人的主体、ないしは個人的肉体といった区分が不確定になっていく」ゆらぐアイデンティティ・イメージだった（もっとも当時の作者が性差に敏感であったかは別問題だ。本書第三章「なぜジェンダーを呼び戻すのか？」という論文で、性転換したアメリカの作家ジェシカ・アマンダ・サーモンスンはマキャフリイの『歌う船』を取り上げ、制御装置により機械システムを意のままに動かすことのできるサイボーグ宇宙船となった女性ヘルヴァが、いつまでも既成のジェンダーにかかわっていることに疑問を呈している）。ハイテクはそれを現実のものとする。女性にとってサイボーグは「男根ロゴス中心主義《ファロゴサントリスム》」からの解放も意味する。

　もちろんハラウェイは現実のハイテク社会を容認しているわけではない。現在の高度情報化社会が「情報工学」によって支配されている状況を、家庭、市場、有給職場、国家、学校、医院、教会の七つの環境に触れて辛辣に皮肉っている。しかしとりあえず今は、人間の肉体を再構成するのに欠かせない手段である情報伝達技術とバイオテクノロジーの瀰漫《びまん》したハイテク社会を逆手にとるのが有効だという認識だ。人間《マン》（男）／機械（女）のボーダーレスな状況に注目して、そこに「女」を考える新しい論点を見ていく、という戦略であり方法である。

　ハラウェイのサイボーグイメージでとりわけ魅力的なのは、主体の位置を人間ではなく、常に再生しているサイボーグに置いた点である。サイボーグとは、主体と客体の境界線がいつも問題視されるような「場」にある、ゆらぐ「主体」である。フェミニズム理論に関していえば、そのような「主体」の想定によって、フェミニズムがどうしても抜け出せなかった「女」「男」という二元論の迷路から自由になれるのだ。そして起源神話と無縁なサイボーグは「普遍の統一理論」ともまた無縁である。

　フェミニズムの大きな流れであるマルクス主義フェミニズムとラディカル・フェミニズムには、一方が「労働」を特権化し、一方が全体化を促進する（ラディカル＝根源的という言葉自体にその志向が組み込まれている）という、全体の統一的な理論を構築する「家父長制」の論理とシンクロナイズする面を否定できない、と彼女はいう。「サイボーグ」はこれまでのフェミニズムが解消し得なかった問題を解決する糸口として提示されているのだ。ハラウェイの宣言は「フェミニズム」から「サイボーグ」へ、と読むことができる。

人間の意識が機械のなかに入っていくヴァーチャル・リアリティ（仮想環境）は、現在VRゲームとして商品化され、日本でも日常の風景となっている。この「宣言」が発表されたのは一九八五年だが、今ようやく、日本の環境とつながったといえよう。

ところで第二章は、SFの代表作家サミュエル・ディレイニーの論文「読むことの機能について、ダナ・ハラウェイ『サイボーグ宣言』を中心に」である。それに「サイボーグ・フェミニズム」と命名して、この本全体のタイトルにしたのは訳者巽孝之であるが、「サイボーグ・フェミニズム」という言葉は閉じた体系を連想させる。ハラウェイは体系を無化したいのだ。ディレイニーが着目しているのも「有機／無機」のボーダーレス構造である。巽孝之の考えたこのタイトルは、二人の意図とは少しズレているのではないだろうか。

しかし、「女神よりはサイボーグになりたい」、それが世紀末の現在を読み解く魅惑的なメッセージであることは確かだろう。

（トレヴィル　1991年5月刊／1992年2月号『新潮』）

上野千鶴子、小倉千加子、富岡多恵子『男流文学論』

本書は、今もっとも威勢のいいフェミニスト作家富岡多恵子、社会学者上野千鶴子、心理学者小倉千加子が「かしまし三人娘」に徹して、吉行淳之介、島尾敏雄、谷崎潤一郎、小島信夫、村上春樹、三島由紀夫を論じた、刺激的な鼎談である。

三人は、かつて「女流」という言葉は差別用語だ、と主張した。その三人が「男流」という差別用語(?)を用いて、武士が刀の試し斬りに「斬捨御免」と町人を斬ったように、男性作家の文学を読んでいく。**男流文学論**というタイトルの示す深いアイロニー。

富岡多恵子は作家が「書くこと」「創作すること」の必然性から、上野千鶴子は小説の発表された時代と現代の社会状況の落差から、小倉千加子は作家のパーソナリティから、それぞれの作品を分析する。

吉行淳之介の小説は、通俗的な小市民のささやかな性を描写しただけであり、島尾敏雄の『死の棘』は「平凡な男の保身」を描いた小説であり、谷崎潤一郎はカテゴリーの女をしか描けなかった作家であり、村上春樹の『ノルウェイの森』は他者(女も男も含めた)の欠落した小説であり、三島由紀夫は本質的にホモセクシャルの書けなかった作家と見なす。小島信夫の『抱擁家族』だけが、男の幼児性を見据えた作品だと評価されている。

三者に共通しているのは富岡・上野・小倉という固有の「読み手」における小説のリアリティを、どう語るかにある。その「読み手」のリアリティが、三者の年齢や体験の相違から導き出されているのも興味深い。女と男の捉え方、男女の関係概念のズレに、三者の感性の違いが反映されている。

女のルサンチマン(恨み)を語っただけ、という批評をかわすためでもないだろうが、取り上げた小説の当時の時評や批評も上げられている。必要なものは抜粋されていて資料としても面白いけれど、それらの論に対する批判がまた小気味よい。

ところでこの鼎談の刺激的なもう一つの面は、批判がある意味で評価に繋がるのではないかという点にある。それはとくに吉行淳之介の作品評価に大きく関わる。吉行淳之介には「女という動物を基本的に、自分とは違う生き物、人間じゃない生き物として描くという態度」（上野）が指摘でき、小説には女性嫌悪が溢れているという。

しかし吉行淳之介が「女性蔑視の思想」を小説の方法として捉えているとしたら、彼女たちに嫌悪を起こさせる小説表現はそのまま創作の勝利にならないだろうか。徹底したウーマン・ヘイティングを方法とした小説を読まされることで、逆に「男」を発見する。批判が評価になるという奇妙な矛盾。そういった意味で男性作家の小説の面白さを逆に気づかせてくれる。そのことは村上春樹の『ノルウェイの森』の「他者欠落」の方法をめぐる批評にも表れている。

もっとも、そうした小説の読みの危うさが、魅力的なのでもある。それがまた一種の「読み」の芸になっているところが楽しい。

（筑摩書房　1992年1月刊／1992年4月1日『ダ・カーポ』）

河野　多恵子『炎々の記』

妖しみを誘発するような蠟燭の炎、郷愁を誘うかのような焚火の炎。その燃える相によって人に温かみと安らぎを与える火は、また一方ですべてを滅ぼし人を恐怖へ陥れる力をも秘めている。変幻する火のエネルギーが、人を惹きつけ魅惑するのだろうか。火への恐怖とあこがれは、人の心を支配する原初的感覚であるのかもしれない。この短編集の表題作**炎々の記**の魅力は、さまざまな火のイメージを通して火を官能のメタファとして表現したことにある。

主人公瑞子の名は、類焼で二度も家を焼かれた丙年生まれの祖父が、同じ丙年生まれの孫の火難を避ける意図で名づけた。水は火を超える、と。しかし、丙年生まれという運命は変えられないもののように、瑞子は多くの火難に出遭う。幼い頃の近所の火事、生家が焼失した大空襲、ガラス器による絨毯の焦げ、アイロンによる机の焦げ、塵芥を燃やした火の飛火、借家の隣家の火事、夜行特急の火災、小屋を立てた離島の火山の噴火など、直接・間接的に瑞子の生は火に彩られた人生であった。

消防庁への電話の掛け間違いや、金星蝕を見ての火災の予感（ここは期待と言ってもよいだろう）などは、火を恐れながらも火に惹きつけられている瑞子の潜在意識を表している。火難に遭いやすい生まれという俗信への強いこだわりが、火難に会うかもしれないという予感を育て、火縁を繋ぎ止めているようにも見えてくる。

幼い日に目撃した火事は、瑞子に死の恐怖を植え付けたけれど、激しい戦慄はまた激しい愉悦を呼び醒ますものでもある。瑞子は何千という灯籠の燃えたつような光景に感激し、真っ赤な噴火の高く吹き溢れる火景に胸が華やぐ。瑞子は灯籠の幻想的な火、熔岩の圧倒的な火を、火の官能として感受する。この火へのエロティシズムは、不安や恐れが愉悦と結びつく河野多恵子の〈観念的マゾヒズム〉の世界に通底する。

小説の冒頭には〈火縁〉を描いた泉鏡花の「火の用心の事」の一節が置かれ、最後には火葬場の火に触れた坂上弘の『故人』が引用されている。ここには火と重なる瑞子の〈生と性〉のエロスが象徴的に表現されているのである。

河野多恵子は『最後の時』『血と貝殻』などで、説明不可能な〈こだわり〉や〈予兆〉〈予感〉という感覚を、ある年齢の日本人の女性が持っている心の襞として繰り返し描いてきた。この短編集もその系譜に連なり**あの出来事**、**その前後**、**予告の日**など、日常の些細な出来事に〈予兆〉を見出す感性が捉えられている。

日常生活の瑣事を綿密な観察によって叙述する文章のなかに、〈予感〉という主観世界を挿入して現実・非現実のあわいを浮き彫りにする河野多恵子の方法は、さらに鋭く研ぎ澄まされている。


（講談社　1992年5月刊／1992年8月号『新潮』）

中上 健次『軽蔑』

幅一メートル足らずの鏡張りのカウンターで、男の眼や四方を取り囲んだ鏡に肌、乳房、腰を映して踊るトップレスの踊り子たちは、男たちの情欲を煽る現代の天女である。月に帰った天女かぐや姫の心の在りようが地上とはまったく異質であったように、現代の天界トップレス・バーでの男女の愛も、肉体を介しない鏡の空間のみで可能であるらしい。鏡の世界での天女たちの眼の輝き、頰の微笑み、唇の動きは、地上に降りるとおぞましい物でも見るような〈世間〉の視線にさらされる〈異形の者たち〉となる。

この小説は、天界から重く澱んだ地上に降りてきた天女の、地上の男との一途な愛の成就を願った、現代版かぐや姫の恋愛結婚物語である。

新宿のトップレス・バーのナンバーワンダンサー真知子は、新宿歌舞伎町で多くの女がいて遊び暮す、ヤクザにも顔の効くカズさんに惚れた。カズさんの心の奥にある裂け易く折れ易いものに感応した真知子は、ショーの合間の立ったままの初めての交情を清らかで高貴な王子様との夢物語のように感じる。この澱んだ地上に、自分を引き止めることができるのはカズさんしかいないと思う。

自分の情欲と心はカズさんのものだと考える真知子だが「大人の男と女の恋愛なのだから愛し合う事も五分と五分、先行きに波風が待ち受け、たとえ難破するはめになっても五分と五分」とも思う、自立的な女性でもある。男に養われてきたのではなく、文字通り自分の女の体を資本に千五百万の金を貯めてきた女でもある。

中上健次は一貫して自分の性に忠実で、自分だけの力で生きていく人物を肯定的に描いてきた。そこでは言葉で繋がる男女関係よりも、欲情し合う肉体の関係に人間の純粋さを見ていた。純情一途でありながら、性に対するタブーが少ない真知子は、まさに中上的人物像である。

博打のトラブルで新宿に居られなくなったカズさんは、真知子を故郷に連れて帰り嫁にしようとする。だが、旧家で資産もある家の一人息子の相手に素性も分からない女との結婚は当然反対される。惚れて惚れられた男女の間に様々な夾雑物が入り込む。

逃げて、呼び戻されて正式に結婚しても「東京なら、歌舞伎町なら、五分と五分の男と女なのに、ここではカズさんは旧家の跡取りの箱入り息子だし、真知子は、歌舞伎町で男に股間を開いて見せて踊っていた女」という印は消えない。結婚しても〈普通の女〉ではないという視線に常にさらされるのだ。そのうちカズさんは高利貸しの奸計に陥り、バクチで身を持ち崩し、自殺してしまう。

現代の〈かぐや姫〉も生身の男との交流を断たれ、鏡の天界に再び戻っていくことになる。

中上健次は差別された者や、権力の側にない人物の視点で常に物語を紡ぎだしてきた。中上文学の魅力は底辺で生きる人たちの眼で語られる語りの構造にある。**軽蔑**では、風俗営業の女真知子に視点を置く作者の語り口が新鮮である。

(朝日新聞社　1992年7月刊／1992年8月19日『ダ・カーポ』)

野中 柊《ひいらぎ》『チョコレット・オーガズム』

野中柊の魅力は、アメリカを舞台に〈差別〉というとても深刻な問題を、現代的な口調で書くことだ。**チョコレット・オーガズム**の面白さも、「地方豪族の娘」でキャリア志向の女vs「母子家庭の娘」でケッコン志向の女、という少女コミックのシチュエーションを踏まえながら、そこに男女差別・人種差別の問題をさりげなく絡ませたところだろう。

マユキは日本で修士号を修得した後、アメリカの大学院で博士号を取り、将来はアメリカの大学で教職に就きたいと頑張っている女性だ。そんなマユキのもとへ少女マンガのヒロインのように美しいヒカルが、「おムコ」捜しにやって来た。ヒカルは日本で「いいオトコ」を捕まえる競争をするより、アメリカで「淋しい思いをしている」日本人エリート留学生をターゲットにした方が、確率が高いと考えたのだ。このヒカルの思惑が成り立つのは、アメリカ人女性と日本人男性のカップルが成立しにくいという前提がある。

事実「トーダイ」を出てアメリカの大学院に留学している「セタガヤの家つき一人息子」カズヒコでさえ、すぐにヒカルに夢中になり、結婚を申し込む。日本に留学しているマユキの恋人カールとは大違いだ。カールは一年の滞在で、「ねえ、ねえ、聞いてよ。アタシ、また女の子に身を捧げられちゃったの。もう、モテモテね。困っちゃう」というオンナ・コトバを流暢に喋るほどに、日本人女性との付き合いが多い。野中柊の小説には、日本人女性とアメリカ人男性の組み合わせはあるけれど、その逆はない。ヒカルもカズヒコと付き合いながら色とりどりのパステル・カラーのコンドームを持ち、様々な国籍・人種のエリート留学生と関係している。

ヒカルの自由さは、男性で白人であるカールの裏返しになっている。おそらく「日本人・女」というマイナスの要素が二つ掛け合わされてプラスに転化しているのだ。その点カズヒコに白人女性の恋人がいないという設定は、白人女性に対する日本人男性のコンプレックスを示している。男女差に人種差という優劣の問題が絡むと、人種が優位に立つという構図だ。この優劣の二重構造を野中柊はマンガチックに軽く書いてしまう。重いテーマを軽く書く、というユニークな批評意識。

もう一編の収録作品**なつやすみ**には、共に連れ子のいる再婚家庭で、白人の妹による日本人の姉への露骨な差別が描かれている。シンデレラ以来の継姉妹苛めのパターンを応用したからか、ここでの優劣構造の表現はやや重苦しい。しかし、この家庭の背後にある「アジア女性のカタログ販売」という「結婚」の形は、「白人」の「アジア人」差別を表す小説の仕掛けとして面白い。母が「カタログ」だったことを知った少女の悲しみと疎外感はとても良く分かる。

野中柊の小説の楽しさは、優劣関係を逆手にとるキャラクターたちのアイロニカルな会話にあるが、逆に暗さや惨めさを追求していくというオーソドックスな表現においても力を感じさせる。

（福武書店　１９９３年４月刊／１９９３年５月号『海燕』）

山本　道子『微睡《まどろ》む女』

ひとの神経が病んでいく要因はどこにあるのだろうか。山本道子の**微睡む女**は、病みながらもその状況を明晰に捉えようとする女性の意識が見事に表現されている。

語り手の「わたし」は、建築に関する新聞のあらゆる記事を切り抜く仕事を自宅で行っている三十歳過ぎの女性である。感情抜きでコンピュータのように記事を読み取り、一瞬のうちに項目別に分類する。「わたし」はこの感情を押さえた仕事を気に入っており、自分の能力に誇りさえ持っている。しかもこの能力は他者との関係における不可解さや違和の「感情」を内部に蓄積する、という方向にも向けられている。「微睡む」とは、他者との葛藤を避けて「その日暮らしの平穏無事」を希う「わたし」の生き方である。だが「わたし」の微睡みは、他の女性と夫との間に生まれた赤ん坊の出現によって覚醒を余儀なくされる。意識の瓦解によるその覚醒は、堆積されていた「感情」に次第に侵され、妄想や幻覚という建築物を構築する「わたし」の心の在りようとして表現されている。

夢と現実が越境し合っていく「わたし」の意識の変容の直接的な原因は、赤ん坊の出現だが、その深層にはさまざまな要因が絡んでいる。「わたし」(絵真)と夫翔太は、共に再婚同士である。「わたし」の離婚の原因は、夫が他の女性との間に子供を儲けたことだ。翔太の場合は妻ナナの自殺である。「わたし」は翔太との結婚生活を始めた時「先妻を引き継いだ女」という意識にとらえられた。神経を病んでいく状況のなかで「わたし」はナナの存在を強く感知し、その幻影に同化していく。そこには共に子供を生めなかった女性というつながりがある。

子供を生めない身体の「わたし」にとって、子供は、親しい人々を不可知な存在にしてしまう奇妙な異物として認識されている。

翔太と霜月萩乃との間に生まれたアヤノは、周囲の関係を変えてしまう。萩乃は不能である夫栄介がアヤノを自分の子として育てていく意思を見せると、親でもない夫が親らしく振る舞うのを「気持の悪いひと」だと感じ、離婚を決意する。翔太は「わたし」ともども萩乃もアヤノも引き受け一緒に暮らすことを提案し、自分たちの住まいを二世帯住宅に改築しようとする。「わたし」には夫が奇妙な人間として映ってくる。ざらざらした不快感を感じながらも、その奇妙さに引きずられて夫を手伝ってしまう「わたし」。こうしてアヤノは「わたし」を抑鬱状態に陥れてしまう。

もっともこれらのことは、アヤノが意志して行っているのではない。男たちは、子供や女を排除しない方向で動いているともいえるのだが、「わたし」にはそれが気味悪さとしてしか感じられない。翔太と萩乃とアヤノという〈家族〉に対して、ナナと同じように「消滅」させられる人間の側に自分を分類したのである。それがナナとの同化となって表れているのだ。

ところでこの小説の特色は、神経を病んだ「わたし」の視点からすべてが語られていることだ。もちろん会話でそれぞれの人物の心理は説明されているけれど、「わたし」は常にある一人の人物と対話するだけである。読者である私にとって、この小説に登場する人間たちがどこか歪んで見えるのはその視点のせいであるのだろう。「わたし」を除いて、他の人物たちは普通の意識を持つ者たちであるのかもしれない。しかしどこか異様さを感じさせるのだ。「わたし」を統括する作者の距離が周到に計られているからだと言えるだろう。

さて、山本道子の小説の面白さは、幻想的なイメージのなかにある不気味さの現出である。「わたし」がナナの幻覚を初めて見る場面はとても印象的だ。そこでは金魚の泳ぐ水槽の前で翔太とナナが佇んでいる。そこから「わたし」の妄想は急展開していくのだが、藤棚の下の花の房につつまれた翔太の美しい幻影から、「わたし」の病の進行にともなって、取り散らかされた部屋の中の幻覚というふうに猥雑さを増してくる。また自分自身である「絵真」を頭上から見ている「わたし」という場面は、主人公の分裂していく状況を的確にイメージしている。

山本道子は『ひとの樹』などでも、夫との平穏な〈微睡み〉の生活が突き崩されて行く妻の不安を、妄想と現実のあわいに鮮やかに表現している。**微睡む女**では、幻覚の質はさらに鋭く研ぎ澄まされている。

（新潮社　１９９３年11月刊／１９９３年11月号『波』）

筒井　康隆『パプリカ』

筒井康隆は、使用してはいけない語句がふえていく状況、つまり「ことば狩り」が行われている現状に抗議して「断筆宣言」を出した。作家とは〈ことば〉を自由に扱って表現する者のことである。その〈ことば〉が、差別撤廃・人権擁護という名目で奪われていってしまう。それは作家の存在の根拠を剝奪してしまうことにつながる。

しかし〈ことば〉が管理されていく状況は、作家だけの問題ではない。ことばは、人間の思想や意識や感情を表現する根拠でもあるからだ。「断筆宣言」は、ことばを使うすべての者に課せられた問題提起と言ってよい。

そういうわけで**パプリカ**は、筒井康隆の最後の長編小説となるかもしれない。この近未来小説には、科学技術の発達によって、人間の〈こころ〉が剝奪され破壊される様相がスリリングに表現されている。

ＰＴ《サイコセラピー》機器の発明は、サイコセラピー（精神治療）に画期的な変革をもたらした。この機器によって、セラピストは患者の夢に直接アクセスして治療することが可能になった。さらに夢を画像化することもできるのだ。精神医学研究所の千葉敦子は、ＰＴ機器が解禁になる前から夢探偵《サイコセラピスト》「パプリカ」として患者の治療にあたり、伝説的な功績を残していた。彼女は美人で行動力がありエロティックで、しかも機器の開発者である天才科学者時田浩作と共に、ノーベル医学・生理学賞の候補にもなっている知性的な女性である。

物語の前半は、敦子に導かれて精神分析のお勉強がしっかりできる理論編ともいえる。後半は、時田の開発した「互いの脳に互いの夢内容を伝達する」新しい小型PT機器「DCミニ」をめぐる反対勢力どの攻防戦で、敦子が『ニューロマンサー』のモリイさながらの活躍をみせる。

だが「DCミニ」は、発明者の思惑を大きく逸脱していく。受信者と発信者ではコントロールできない無意識同士の連結が始まり、混沌とした世界が創られてゆくのだ。人間の〈こころの闇〉が創り出した〈夢〉が物質化し、現実を侵蝕する。夢や妄想が呼びよせた妖魔や悪鬼が現実を跋扈《ばっこ》し始める。間違いなく今年度ナンバーワンの面白い小説だ。

(中央公論社　1993年9月刊／1993年12月号『鳩よ!』)

水田　宗子《のりこ》『物語と反物語の風景』

水田宗子氏は『ヒロインからヒーローへ』『フェミニズムの彼方』などで、男性作家中心主義の文学批評の価値観を、女性作家の文学と対置させることで相対化してきた。折々に発表した論を十一章と一つの付論にまとめたこの**物語と反物語の風景**もそこに連なる。近代から現代に至る女性作家の表現の軌跡を、〈自己語り〉と〈物語〉というキーコンセプトで辿り〈女のディスコース〉の内実を明らかにしようと意図している。さらにここにはポール・ド・マン、ジャック・デリダ、クリステヴァ、ラカンなどの批評理論を取り入れながら、日本文学に適応できるフェミニズム批評理論を提示したいという思いも読み取れる。

公的に流通する表現のシステムから疎外、除外されてきた二十世紀の日本の女性文学は、〈自己〉という私的な領域にのみ表現の根拠を置いてきた、と水田氏はとらえる。男性の文学とは異なる、つまり「規範となるテキスト」も「拠るべき表現の思想」もないところで、女性は「自らの身体と身体感覚」を自己表現の核にして、女の文学を創り出してきたという。そんな女たちの表現の航跡は、男たちがつくりあげてきた「子宮というメタフォア」「生殖というディスコース」、そしてこの二つの概念ががっちり組み合わされた〈女という制度〉との闘いであった、と指摘する。

そのような近代女性文学の特徴を表している〈自己語り〉とは、「他者としての男との関係をはじめとして、〈女らしさ〉の文化の枠組みをはみだす個性的な女である〈私〉とその内面を、リアリズムの方法で表現する自伝的な小説」である。これは「父権社会のディスコースによってつくりだされた物語」に対しては「反物語」となる。もう一つの特徴を示す〈物語〉とは、ここでは「女性ジャンルとしての〈物語〉の方法の再生」を指す。長いこと「書く主体」として存在したことがなかった女性は、男性のディスコースによるメタフォア化されたジェンダーを再生産するテキスト、物語の享受者でしかなかった。そのような物語を通して女性は「自己」を認識してきた。しかし近代文学において物語がマージナルな存在として周縁に置かれると、同じくマージナルな存在であった女性は物語と手を組み、それを「自らの内面を記号化から解放する物語」として再生させる手段とした。〈自己語り〉も〈物語〉もともに「男と女のマスターストーリーの破壊と、性差の文化の装置としての物語の解体」「性差の文化を支えてきた性幻想の解体」を目指す〈女のエクリチュール〉となる。

以上のように規定した〈自己語り〉と〈物語〉をグランドセオリーとして近代の女性文学を読むと、宮本百合子の『伸子』では共同体的語りの視点を回避したことで、固有の生としての伸子が浮上し、いっぽう円地文子の『女坂』では物語の枠組みを全面に押し出すことで逆に女の自我が浮かび上がっているという。「〈異類〉としての自己認識」の章では、宮本・円地の他に岡本かの子、林芙美子から多和田葉子までの女性作家たちの小説を取り上げ、従来の物語をディコンストラクトしながら様々な「女性のナラティブ」を試みている様相が明らかにされている。

そして従来の物語を最も過激にディコンストラクトしている作家として大庭みな子と富岡多恵子が挙げられている。「霧と森の世界」「共生と循環」の章では、小説と物語、〈自己語り〉と物語が互いに越境しあって、二項対立的性差に依拠しない物語が創出されている大庭みな子の小説が分析されている。「動物の葬礼と参列者」の章では、初期の小説からすでに現実からも、作者の自伝的内面からも異化された〈物語〉を成立させるナラティブを獲得していながら、そのナラティブを解体し続けていく富岡多恵子の営為が明らかにされている。

現在は、「言葉」や「主体」という文学の基盤そのものが問われている時代である。ここには概念や定義を疑いながら「概念」や「定義」を提出していくというアクロバット的な創作行為と批評行為のせめぎあいがある。小説・批評ともに〈男のディスコース〉に変わる〈女のディスコース〉の可能性を予感させて刺激的である。

他にテクノロジーの発達によって変容を余儀なくされている〈女の身体〉の問題や、〈老い〉の問題、さらに男性作家の小説についても言及されていて盛り沢山の内容である。フェミニズム批評をリードしてきた水田氏の面目躍如といったところである。

文学批評に女の視点が導入されるようになって、男中心の読みに変革を迫ったフェミニズム批評の果たした役割は大きい。でも敢えて疑問を呈してみたい。女性作家の文学について何かを語ろうとするとき、あまりにも自明のこととなってしまった感のある〈抑圧された表現主体である女〉というイメージがとても気になる。その言葉そのものが〈制度〉になっているように感じることさえある。個々の作家や作品を論じている部分はとても納得ができるのだけれど、グランドセオリーを打ち出そうとする総論的な部分では、女性作家の自己表現獲得の軌跡が、同じように男性作家の表現獲得の苦闘と重なって読めてしまうのだ。

「女性は公的な〈書きことば〉の流通システムから排除されて、打ち明け話や噂話、手紙や日記といった、〈話しことば〉による私的な表現の回路しか持つことができなかった」と、水田氏は指摘する。だが日本の近代文学に関する限り、そもそもその出発から「公的な〈書きことば〉」などなかったのではないだろうか。日本の近代文学においては男性もまた規範となる〈私〉を持たず、「内面を描く」ことで〈自己〉を発見していったのではなかったのか。「書く行為」と「書かれたもの」の乖離は、書き手につねに付き纏うジレンマであろう。そういう点においては女も男も変わらなかったのではないだろうか。文学に女固有の特徴的な表現などなく、表現者個々人の特徴的な表現があるばかりだと思えてくるのは、私だけの読みの問題なのだろうか。

（田畑書店　１９９３年12月刊／１９９４年４月号『群像』）

小谷　真理『女性状無意識』

本書は、女性ＳＦとフェミニズム批評をハイブリッドしたユニークなフェミニズム文学批評論集である。難解なダナ・ハラウェイの『サイボーグ・フェミニズム』理論を応用した女性論と文学論がこんなに楽しく読めていいのだろうか、と思ってしまうほどに軽快で明るい。

パンク・フェミニスト小谷真理は、常に読者を挑発する言説を展開し続けている。この第一評論集の批評言語も〈書き言葉〉／〈話し言葉〉をハイブリッドした過激なものだ。しかしフロイトからラカン、クリステヴァ、ジャーディンにいたる現代思想のおびただしい批評空間の中に、女性SFに惹かれた彼女自身の生の声が錯綜して響いてくる語り口は心地好い。

全体は、母娘の関係性をヘテロセクシュアリティ／ホモセクシュアリティの構造から分析した「セクシュアリティ」と、SF世界のエイリアンの実体に迫った「他者たち」、本論の中心タームである「女性的なもの《ガイネーシス》」＝文明や男性社会の外部にあると考えられた自然、他者、母親、無意識、狂気などの内実を解き明した「ガイネーシス」の三部から成る。

これまでの文学批評で取り上げられることの少なかったSF、しかもその中の女性SFジャンルを設定して、家父長的文明基盤が創り上げた「女性的なもの」を浮き彫りにした功績は大きい。ル・グウィンの『闇の左手』における「両性具有」、オクテイヴィア・バトラーの三部作『ゼノジェネシス』における「種」、マージ・ピアシイ『彼と彼女とゴーレムと』における「テクノロジー」に関する解釈は、ハイテク時代の現代を読み解く上で、フェミニズム批評の意味を超えて魅力的である。

とくにハイテク時代の女性状無意識《テクノガイネーシス》をキーコンセプトにした、「日米やおいカルチャー」の分析には蒙を啓かれた。《未知の言説空間》《テクノガイネーシス》を幻視する小谷真理の論理は、ときに飛翔しながら逸脱するけれど、とにかく過激で元気で面白い。

SFファンも、フェミニズム批評や現代文学理論の最先端に関心のある者も、それぞれの興味にしたがって未知なるものに出会えるヒントと情報に満ち満ちている。「ハイテク時代を生きているわたしたち」の必読の書といえる。

（勁草書房　1994年1月刊／1994年5月号『鳩よ！』）

村田　喜代子『蕨野行《わらびのこう》』

この作品には姥捨て、棄老という習慣のある苛酷な世界が描かれている。しかし読後は、不思議な夢の空間を浮遊した感覚が残る。その感覚は、おそらく独特な語りの方法に拠ると思われる。

物語は「お姑《ババ》よい／永ぇあいだ凍っていた空がようやく溶けて、日の光が射して参りたるよ」、「ヌイよい／残り雪の馬が現われるなら、男ン衆の表仕事《オモテシゴト》の季節がきたるなり」と、姑レンと嫁ヌイの語り掛けで展開される。会話文も地の文も、現代の私たちに理解可能な限りでの新しい〈方言〉で表現されている。ここには深沢七郎の『楢山節考』とはまたひと味違った語りの文体が生み出されている。『鍋の中』で、雨の中を走って帰ってくるおばあさんの姿がいつまでたっても遥か彼方を漂っている「白いひらひら」に見えるという最後のシーンは、ゆったりとした時間を表現していて、とても印象的であった。

蕨野行では独特の〈方言〉を駆使した語り自体が、読者にゆったりとした時間を体感させる。その語りの方法は、現代小説として伝説というジャンルが甦る可能性も示している。

さて、村では六十歳になると男も女も「里より半里の、深代川《ジンダイガワ》の源流をたどるワラビ野の丘」で暮らさなければならない。貧しい村が選択した口減らしの方法である。彼らはワラビ衆と呼ばれ、名前も消滅する。村々を巡り頼まれ仕事をして食べ物を得るが、里にいる間は誰とも口をきいてはならないという掟もある。体の自由が利かなくなると里に降りることもできず、また里に飢饉が起きると仕事もなくなる。「里と境界を異にした野」は、「冥府」と化すわけである。

しかし一方で、ワラビ野をふくむ山全体は、里で捨てられた者たちを別のかたちで生かす場でもある。飢饉のため婚家にも実家にも居られなくなった何人かの嫁が、山姥として逞しく生き長らえている事実も語られている。

ワラビ衆となったレンは「命によりて生き行くか死に行くか、岐れ道は我が内に有るなり」と、他の八人と協力して新たな生活の糧を探る。野草を摘み、鳥や獣や魚を捕る工夫もなされ、里とは微妙に異なる各自の役割も生まれる。男三人、女六人の共同生活は常に飢えにさらされ対立も起こるけれど、そこには死への暗いイメージは少ない。男女の関係も子供たちの気ままな戯れの様相を呈していて、明るい。

冬を迎え、食物も減りやがて一人、二人と死んでゆく。小説の最後は、レンがかげろうのように透けた体を眺め「このまま里へ帰るやち」「ヌイの腹へ入りぬるか」とつぶやきながら、ヌイの胎内を目指して一心に歩いて行く場面で終わっている。棄老伝説はここで転生の物語に変化している。小説全体の明るさは、作者のこの生命観にあるのだろう。

さらに姑が嫁の胎内に宿り女の子として転生するという設定には、祖母・女孫と連なる女系の流れに嫁をも導入することで、女の命の深いつながりが表現されている。

ところで、沖縄の方言では童のことをワラビと言う。この小説の題名を「わらべのこう」と読むと、口減らしのために生まれてくることを拒否された赤子や水子たち、夭折した子供たちの物語と読むこともできそうである。表紙に使われている智内兄助《ちないきょうすけ》の絵『天象　橋懸り　秋草』は、飛翔する少女たちの連なりを描いて美しいが、それは中有をさすらう子供たちの姿とも見える。

女同士のつながりを表す相聞という形式は、その奥に生と死の循環をも見事に浮かび上がらせているのである。

（文藝春秋　1994年4月刊／1994年6月17日『週刊読書人』）

多田　尋子《ひろこ》『**仮の約束**』

結婚が女性にとっての、人生の最終的な目標にならなくなって久しい。一九七〇年代の大庭みな子や津島佑子の小説に表現された、従来の結婚制度に対する否定の声は、最近の小説ではあまり聞かれなくなったように思う。もちろん戸籍の扱いを巡っては、現実問題として多くの論議が現在もなされている。けれど小説に関する限り〈結婚問題〉が、積極的な嫌悪感をもって語られることは少なくなった。結婚はもはや女の生き方における自由選択の一つの項目に過ぎない。

女の結婚観の変化は、そのまま女の男との関係の変容にも繋がっている。九〇年代前半、男たちの顰蹙《ひんしゅく》をかった〈男性五段活用〉―ミツグクン（未然形）・アッシークン（連用形）・ホンメイクン（終止形）・ネッシークン（連体形）・ダークホースクン（仮定形）・トパーズクン（命令形）―は様々なヴァリエーションを生みながら女たちの間で流行した。その状況をフェミニズム的に表わせば「選ばれる女から選ぶ女の時代へ」という言辞になろうか。

多田尋子の短編集『**仮の約束**』には、そんな女たちの変容がとらえられている。しかもこの小説集では、複数の男性と性関係を経ることが、理想の結婚に繋がるのだという結婚観も読み取れる。

巣ごもりの記枝は、大学のサークルの先輩で現在は官庁に勤める武にあこがれていた。コンパで武と話す機会を得、そのまま誘われる形で初めての性体験を持ち、これまでの思いを満足させる。両親の離婚と再婚を経験してきた彼女は結婚をためらっているが、武は早い結婚を望む。記枝は卒業後ひとまず働くことにするが、三年目に入って武とは全くタイプの違う岩崎と関係してしまう。関係はずるずると続くが、記枝は「武を裏切っているという気持はあまりなかった。武にふさわしくない部分が記枝のなかにあって、それを岩崎に切り取ってもらっている」と、考えていた。

記枝は両親につながる自分の中にある奔放な性を自覚しており、その性癖が結婚生活を破綻させるかもしれないという予感があった。岩崎との関係は、その破綻の原因になるかもしれない可能性の処理だと考えているのだ。それは「あまりにも早く理想の相手に出会いすぎた」という、若い女性の屈折した心理の表現でもある。小説の最後は、岩崎の妻の神経に変調が起こって岩崎と別れた記枝が、武と赤ん坊に囲まれた平穏な家庭で過ごす描写で終わっている。

この小説は、レディースコミックなどで取り上げられる現代女性の生態をアレンジしてみせた、という感じがしないでもない。岩崎夫婦を自分の「そばを通りすぎただけの他人たち」と考える記枝は、〈男性活用〉を経て理想の結婚形態を選択したいと思うしたたかな現代女性の一つの姿といえようか。

そんな関係の窯子は、結婚を二人の男女の深い信頼で結びついた絆であると、あまりにも絶対化して考えているので、自分は結婚に向かないと思っている女性だ。

二十五歳の窯子には大学時代から「元気がなくなったときとかひとりが淋しいときとかに温めあえる」性フレンドの小野がいた。小野の求婚を断り、卒業後は学生時代の夏期講座で知り合った大学教師の竹内と半同棲生活を送る。五十歳の竹内は、優秀な医者である妻を関西に置いて、自分は東京の大学に勤めている。竹内は家事一切を担当し、仕事も手伝ってくれる。竹内夫婦に自分が割り込んでも揺るがない信頼関係を夢想している窯子は、一人で生きていく上での「逃げ場、安息所、隠れ家」として竹内を気にいっているのだ。

窯子は竹内と生活を共にしながら小野との関係を続け、さらに彼女を慕う大学の後輩江藤を部屋に呼び、食事を作ってやったりもする。窯子は、「みんなちがう。しかしみんななくてはならない男たちだ」と思っているけれど、その本質は意外と古風である。それは「すぐれた人間こそ家庭にはいるべきだ」という結婚観にも表れており、複数の男と関係したいと思う女は結婚に適していないと考える面にも示されている。つまりその窯子の心理は、本質的に一途になれる相手を求める心の裏返しといえるからだ。

仮の約束には「女というものは誰でも同じ」で、母親と暮らせる女性であればいいと考えている男と結婚した女性の結婚生活の状況と、二十年後に初めて心惹かれる男性に出会った心境が描かれている。

末子の夫は十九年間単身赴任であった。夫は身軽な赴任生活を楽しんでいて、姑と二人暮らしの末子が「妻であるというのは戸籍の上」のことでしかなかった。姑を看とり、四十二歳になった末子は何かの役に立ちたいと思い、見舞う人のいない重症患者の話し相手と介護を行うボランティアに参加する。そして末期癌の患者高木の面倒を看ているうちに惹かれていくが、その頃に夫が本社勤務になり自宅に戻ってくる。夫から心の離れている末子は夫の嫉妬をうまくかわしながら、高木を献身的に看護する。高木もそんな末子と「焼けつくように結婚したい」と思う。そして、現実的に結婚が不可能である二人は〈仮の約束〉として「婚約」する。

この小説では、結婚しているというだけで精神的にも肉体的にも妻を思い通りに扱おうとする夫を嫌悪し、身体的に女を受け入れることができなくなった男に親和感をもつ女性が描かれている。**そんな関係**には「女を圧倒することのできないやさしさがほんとうの男らしさだ」との表現もある。この小説集で、女たちは様々な男のタイプから、やさしくて弱々しそうな男を最終的に選んでいる。女たちは男に守られるという結婚制度の桎梏《しっこく》からやっと自由になったようである。

だがしかし、疑問もある。理想の男性に巡り会った時、二人の関係を〈結婚〉という形態に結びつけようとする点だ。男と女の最終的な理想関係は、何も〈結婚〉ばかりではないと思うのだが。

（講談社　１９９４年６月刊／１９９４年８月号『群像』）

1995年〜1999年

津村節子『黒い潮《うしお》』

江戸時代、吉原の遊女であることと、「鳥も通わぬ」と歌われた八丈島の娘に生まれることでは、どちらが幸せだったのだろう。

貧困と飢餓に喘ぐ村の娘が吉原に売られ苛酷な生活を送った、というストーリーは遊女物語の定番である。流人の島、という八丈島のイメージも。しかし、私たちはどれほどエキゾチックな吉原や八丈島ではなく、生身の人間が生きていた吉原や八丈を知っているだろうか。

流人は島で牢につながれるのでも、労役を科せられるのでもない。自由に歩きまわることができる。だが八丈は火山灰地で耕地が少なく、台風も多い。台風は塩害や旱魃を起こし、害虫を発生させ、飢饉を生む。飢饉による多数の死者が、島の生活を維持するのに必要とされるような悲惨な島で、流人は自活しなければならない。遠島そのものが刑罰なのである。

この小説は十三歳の時に吉原に売られ、十五歳の時に見世につけ火をして、八丈島遠島になった遊女初菊の波瀾万丈の物語である。吉原での怠惰な生活が染みついた初菊は、島でも男を相手に糧を得るしかない。男から得た食料で、食事や身の回りの世話をさせる他の女流人を雇う身にもなったけれど、望郷の念は深い。二十年の歳月が流れ、島抜けへとストーリーは展開していく。

もっとも、小説のもう一人の主人公は、見世の格式、遊女たちの暮らし、四季折々の行事といった吉原の文化であり、綿密な資料や記録から描かれる八丈島の歴史や風土であるかもしれない。間引かれる男児に比べて大事にされる女児。貢租となる黄紬八丈絹の織り手である女たちは、南の島なのに色が白くて、髪もつややかで長い。その状況は「御出世といふは女に限りて」と謳われた吉原と、なんと似ていることか。

日本の過去の負の制度である吉原と八丈の実態が、記録のはざまに浮かぶ二つの世界を生きた女によって生き生きと伝わってくる。（河出書房新社　1995年5月刊／1995年6月25日『サンデー毎日』）

アダム・ザミーンザド／筒井　正明訳『サイラス・サイラス（上・下）』

オウム真理教事件によって、にわかに宗教に目覚めた人も多いのではないだろうか。そんな人に、とっておきのオススメの一冊である。

今世紀の生んだ希代の悪党かつ聖者サイラス・サイラスの自伝として設定されたこの小説はキリスト教・ヒンズー教・回教・仏教・カルトと、現在の宗教的世界をへめぐったスピリチュアルな冒険譚である。

サイラスは、一九五四年一月一日にインドの「下層階級でも最底辺、汲み取り人」の「チューダ＝不可触賤民」として生まれた。悪と不運の申し子と見なされた彼は、父や母や叔母や兄や姉に対するレイプや虐殺という数々の事件と、虎に食われ再生する神秘体験などを経て「宇宙の根源、存在の根底」に迫る。彼の体験は彼の生まれた二十世紀後半、ベトナム、インド、パキスタン（バングラデッシュ）、南アフリカなど、世界各地の大量虐殺の歴史と表裏をなす〈現代の黙示録〉としても編まれている。

サイラスはインドからパキスタン、アメリカ、イギリスへと旅をする。それぞれの国の宗教家や思想家、活動家に出会うその旅は、一種の宗教修行のような様相を呈している。そこでは世界宗教／土着宗教、差別／被差別、人類／生物、男／女、親／子、善／悪、死／生、犯罪／慈善という対立項が、交錯しつつ反転し、次第に始源的なものへと回帰していく。その源の姿は男と女の生物学的性（セックス）の相違を積極的に取り入れているヒンズー教的世界に収斂《しゅうれん》されていく、とパキスタン生まれの作家ザミーンザドは考えているようだ。

男性作家の小説ではあるけれど、最も虐げられた者を「選ばれたもの」に反転させ〈男性優位〉の発想をすべて逆転して見せる手際は、女の私にも快感だが、男性もきっと〈目から鱗が落ちる〉のではないかと思う。

某教団の報道にさらされた頭で読むと、興味も一層わいてくるし、二巻の長さが悦楽に転化するだろう。

（トレヴィル　1995年5月刊／1995年8月13日『サンデー毎日』）

金井　景子『真夜中の彼女たち』

「もし何かをみなければ『書く』などということと無縁にいきたかもしれない、ここに取り上げる表現者の多くはそうしたひとびとである」と、書き始められるこの書物は、樋口一葉、羽仁もと子、相馬黒光、野上弥生子、富井於菟《おと》、与謝野晶子、山川登美子、林芙美子、壺井栄、幸田文など、「書くことを通して自分が『みたもの』の正体を粘り強く探りあてようとする貪欲なひとびと」の視点を共有しつつ、その「正体」を探りあてようとする。もっとも金井景子氏の文章には貪欲というイメージはない。生活や人生に密着して「彼女たち」の生に分け入る評論ではなく、表現を旅する「紀行文」

として論が組み立てられているからであろう。とても読みやすく、旅にすんなり同行できた。

さて、私が心ひかれた女性は正岡子規の「看護」を続けた妹、律である。功なり名を遂げた者の背後に、その人物を助けた者の存在があることはよく聞く。六年半、寝たきりの子規の包帯を取り替え、排泄の補助などを黙々とこなした律は、しかし兄の有名な『仰臥漫録』には「同感同情ノ無キ木石ノ如キ女也」「到底配偶者トシテ世ニ立ツ能ハザルナリ」「癇癪持ナリ　強情ナリ　気ガ利カヌナリ」と書かれる。この辛辣な評は子規が「団子を食ひたいな」とねだっているにも関わらず、律がそれを無視したことによるらしい。次の日の日記には「モシ一日ニテモ彼（律・引用者注）ナクバ一家ノ車ハ其運転ヲトメルト同時ニ余ハ殆ド生キテ居ラレザル也」とあって、思わず笑ってしまう。

金井氏は、子規を文字通り「看た」けれども「書かなかった女・律」を「書く女」の起点に置いて、『仰臥漫録』を引用しながら代わりに「律」を書く。金井氏の筆致には病人の甘えと我儘を糾弾する口調がほとんどない。その結果、子規はお釈迦様の掌で動く孫悟空という新しい像になり、兄の死後、三十四歳で職業学校に通い、さらに先生になった律は泰然自若たる女性として鮮やかに捉えられていく。

抑圧された彼女たち、ルサンチマンから表現に向かった彼女たち、というコンセプトを金井氏は意識的に排除しているようだ。小説家として大成した野上弥生子や、独自の生活教育を目指し自由学園を創設した羽仁もと子など、多才な人材を輩出した明治女学校という場で「人生の男女共学」を学んだ者たちは当然に元気で前向きである。しかし、父の厳しい躾《しつけ》に応え、母の死後は父に仕え、弟を看護し、結婚後は夫の家業をも全面的に支えた「家刀自《いえとじ》」幸田文にも強いルサンチマンはなかったように書かれている。もちろんエッセイを書く過程で浮き彫りになった「家の中で働くことの喜びや誇り」の背後にある「疎外感や欠落感」をちゃんと押さえた上で、「不幸」を「不幸」とみなさず自分の生と受け止めて真摯に対峙する強さとして評価している。

タイトル「真夜中の彼女たち」は、絶望、逆境、置き去りにされた場所の比喩である「暗闇」を、プラスイメージとして積極的に生き抜こうと語るル＝グウィンの言葉から採られた。「闇」に光るまなざしを、気負わず素直に受けとろうとする金井氏の姿勢には、とても好感がもてた。本書の内容とは直接関係ないかもしれないけれど、読み終わってみて金井氏の〈豊かな〉家族関係がその背後に感じられた。ここで取り上げられた表現者たちを描くとき、何気ない衣食住のディテールが素描されているからだろうか。論者の生活史も垣間見えるようで面白かった。

またこの書は「彼女たち」の生きた時代を浮き彫りにする様々な資料やデータがふんだんに挿入されていて、現代の私たちを見直す貴重な資料を読む楽しみもある。


（筑摩書房　1995年6月刊／1995年9月22日『週刊読書人』）

三枝　和子『うそりやま考』

戦後五十年というわけで、テレビ・新聞・雑誌、多くのメディアが「戦後」を特集した。私もこの夏は、戦前・戦中・戦後と映像による「戦争」にどっぷり浸っていた。元陸・海軍の士官、将校クラスの戦略に関する発言もあって、いかに杜撰《ずさん》な指揮の下での戦争であったかを改めて思い知らされた。そして、豪華な調度の部屋できちっとした背広を着て話す彼らは現在も有力な地位にあるらしい。そこには戦後を要領よく生き延びた人々の顔も写し出されていた。**うそりやま考**は、そのような人々とは対極にある人々の戦争語りである。

下北半島の霊場の一つ、死んだものの魂が集う場所と言われる「うそりやま」で、百歳になる憑依のおばあたちが語る戦争悲劇譚。それは特攻隊員の死、フィリピン諸島での餓死と病死、学童集団疎開船の沈没による溺死、空襲による爆死、焼夷弾による焼死、沖縄戦での犬死と自決、原爆死、進駐軍とのトラブルによる死と、おびただしい無残な死の世界である。

おばあたちはそれぞれの死を自分の体験として見、そして聞く。しかもおばあたちは馬や犬という戦争の巻き添えで死んだ多くの生きものの死も、人の死と等価に感じる。死は徹底的に無意味に描かれているけれど、死者の無念さも、おばあたちは感受している。戦争という無意味な行為のツケを最も深く負わされたのが、無意味な「死者」を生んだ彼女（おばあ）たちなのだから。

今年七十歳になる義母は、戦争で息子や娘、家族を失ったわけではないが、この小説を読んでいる間じゅう「うん、うん」とうなずき泣いていた。「そのとおりだった、そのとおりだった」と言うだけで、後は言葉がなかった。三枝和子は戦争の悲惨さをことさら言挙げしないけれど、語れなかった者たちの声は、確かに戦後生まれの私にも鮮やかに響いてきた。この小説は、死者に生かされて現在を生き延びている私たち自身の鎮魂の書でもある。

（新潮社　1995年7月刊／1995年9月24日『サンデー毎日』）

出久根　達郎『面一本《めんいっぽん》』
清水　義範『家族の時代』
山本　文緒『群青の夜の羽毛布』

　家、家族、家庭、ファミリー、ホームなど、現在、日本語で表記できる〈家族〉を指す言葉は多様である。それだけ「家族」を的確に定義するのは難しいのだ。五十歳以上の男性に「ご家族は何人ですか」と尋ねると、自分を含まない妻や子供の数を答える者も多いという。そのような男性にとって、家族は自分が養うべき者たちということになる。「夫婦は家族か」という論議もある。私自身は、夫婦を家族というのには抵抗がある。夫婦に親子関係が介入して初めて、家族と呼び得る人間関係が生ずると思っているから。もっとも結婚という制度は、「創造家族」（「生殖家族」「生む家族」とも言う）の形成を期待して作られているので、〈夫婦〉は〈家族〉の起源、と言えなくもない。

　しかも最近では、養子縁組、試験管ベビー、代理母による出産と、親子関係も複雑になってきており、どのような関係を〈親子〉と規定するのか、という難問も提起され始めている。ここ数年来の家族をめぐる盛んな論議も、拡散しつつある〈家族〉概念に起因しているのであろう。

　家族という言葉と同様に使われる言葉に「家庭」がある。家族が母子などの構成メンバーを指すのに対して、「家庭」は家族が共に生活する場所、容れ物というニュアンスが強い。しかし私たちが「私の家庭」を語る時、頭の中で容れ物と家族は合体しているのではないだろうか。

　容れ物の危機が、家族崩壊の危機を招く！　私たちがそんな事態に直面したのは、あのバブル期であった。都心の土地を売って大金を手にした家族の話や、長年住み慣れた家と場所を追われた家族の話題が日常茶飯にあった。出久根達郎『面一本《めんいっぽん》』はそんなバブル最盛期の一九八七年を背景に、地上げ屋の暗躍に敢然と立ち向かう、早稲田の古本屋さん藤尾家版痛快家族小説である。

藤尾家は明治二十年代から古本屋を営んでいる。けれど、なぜか全員、本は好きだが商売気がなく、生活はまあ食べていける程度。家は、一階が六坪の店と、四畳半の茶の間、八十代の祖父母の寝室兼居間となる六畳間、それにトイレと台所、二階は三十代の若夫婦の居間六畳と寝室八畳、屋根裏の六畳が六十代の両親の寝室、という構図だ。延べ坪二十三坪に店があって、さらにそこに大人六人が住んでいることになる。

藤尾家のある西早稲田四丁目は架空の場所だが、都電の走る早稲田界隈は今でも個人商店が多い場所である。地域の強い繋がりが残っているところで、〈家族〉の生活は地域と密着している。たとえば藤尾家には内風呂がないので、銭湯との付き合いは欠かせない。ところが地上げ屋は、近所の銭湯をまず攻略した。八十七歳の祖母が足をひねって、寝たり起きたりの状態になった時には、タクシーで風呂に通うしかなかったのである。

地上げ屋は銭湯を潰《つぶ》した後、次に八百屋、魚屋と、日常生活に必要な商売を潰していく。小さな地域共同体を成立させている場を消滅させることで、〈家族〉を追い出していくのだ。理不尽な地上げ屋の攻勢に果敢に立ち向かうのが、古本屋に嫁いだばかりの若苗である。剣道で鍛えた前向きの姿勢で、試練を明るく乗り越える若苗の奮闘ぶりは読んで楽しんで頂くとして、藤尾家の家庭問題を見てみよう。

生活と商売が一致している藤尾家にとって住居の移動は、死活問題である。タクシーで通う銭湯より内風呂がいいし、用足しが日に十数回に及ぶが、紙オムツを嫌がる祖母には専用のトイレを作ってあげたい。やがて生まれてくる子供のための部屋も欲しい。広い家への思いは限りないけれど、取り敢えず若苗夫婦は、現在の場所にとどまることを決める。

たとえ土地が高く売れたとしても、引っ越し先で商売がうまくゆくとは限らない。また誰しも長年住み慣れた場所には愛着がある。金が万能の世の中では、明治二十年代からの「家族の歴史」も無意味なものとして処理されてしまう。若苗夫婦はそんな風潮に、庶民として否をとなえるのだ。家族が好きな場所で一緒に、好きな生活を営む。そんな庶民のささやかな家庭を、潰してはいけない。合理化から生き残った都電への愛着にも、彼らのそんな願いが聞こえてくる。

清水義範**家族の時代**は、親の所有する土地と財産を、自分たちの物だと考える子供たちに家族の意味を問わせる、栗田家版家庭小説である。ここには七十七歳の父と七十三歳の母、三人の子供の家族、親を早くに失い母と姉妹のように育った六十八歳の母のいとこが、登場する。

長男は、父が一代で興した会社を引き継いだ。四十八歳で、四十一歳の妻と二人の娘がおり、新宿区内の分譲マンションに住む。父の土地を担保に新事業に手を出そうとする。

長女は四十六歳で、建築工務店を経営する五十二歳の夫と、一女一男がいる。板橋区内の会社の二階が自宅である。早くに両親を亡くした夫は、妻の両親の老後の生活設計に関心を持っている。

次女は四十四歳で、信用金庫に勤める同い年の夫と、二人の息子がいる。墨田区にある公団の賃貸アパートにおり、一戸建てに住むのが夢だ。夫婦で金の計算ばかりしている。

まあ、平均的な東京の家族の三形態が揃っているわけだが、平均と違う所は新宿区内に八十三坪の両親の自宅と、二つのアパートがあることだろう。

物語の発端は、四十九年連れ添った母と離婚するという、父の宣言から始まる。親子の騒動を経て、そこには病気で十二年間入院していた妻に代わって栗田家を支え、自身は独身のまま過ごして来たいとこへも相応の財産を与えたいという、父の深謀遠慮があったことが明らかになる。妻と偽装離婚して、いとこと偽装結婚する。夫婦になれば贈与税を払わなくて済む。節税対策を兼ねた父の作戦である。小説中に展開される次女夫婦の、財産が十億あるとして、離婚、再婚すると、三千三百万円の節税になる、などの様々な財産分与ケースを想定した税金計算は、持てない者のひがみではないけれど、とても笑える。両親の離婚に反対していた子供たちも、その意図を知って大賛成。それこそ現金なものである。

祖母名義の土地に住んでいた筆者の友人も、祖母が死んだ時、土地を売らなければ相続税が払えないからと、祖母の養女になった。家族の関係を書き替えた税金対策は、バブル期にはよく行われていた。法的な親子関係は変わるが、家族関係が切れるわけではないので、平気で行われるのであろう。

しかし父親の名案は、いとこに拒否される。この小説のもう一つのポイントは、〈家族〉の源である〈夫婦〉の関係をどう捉えるか、という点にある。形式上、離婚届を出した後、妻と一緒に暮らしながら、なぜか夫は一抹の寂しさを感じる。親子と異なり、夫婦はもともと赤の他人。「戸籍上で夫婦だからこそ、一組の男女が生涯お互いをかけがえのない伴侶と思って暮らしていける」のだと、独身のいとこに諭され、夫婦の意味を痛感する。容れ物に夫婦という形式・感情がプラスされて夫婦の絆は生まれるのだ。お金の損得に換算できない関わり、それが家族のつながりの基本なのだと。

面一本も**家族の時代**も新聞連載のせいか、家族の関係を面白く、肯定的に捉えている。二著とも金の損得を優先させる、最近の日本人へのユーモア溢れる警鐘の書でもある。それに対して、山本文緒**群青の夜の羽毛布**は、最近問題になっている〈虐待〉を基盤に、〈家族〉関係に潜む救いようのない暗部を抉り出す。前二冊を読んだ後では、いくぶん気が滅入る。けれどここでも、歪んだ家族愛の中でひたすら求められているのは「肌のぬくもり」を感じさせる「癒しの場」としての家庭である。

毬谷家は東京郊外の「丘の上の一軒家」である。そこに住む美しい母と娘二人。はかなげな上の娘に惹かれた若者。というとロマンチックなイメージを期待するけれど、その家で展開されているのは家族愛という名の下の、家族虐待である。映画「サイコ」シリーズに見られる、子供を肉体的にも精神的にも支配するコワーイ母親が、この小説でも家族に対する暴君として君臨している。

母は父を無能呼ばわりし、家族を愛し、家族のために必死で働きながらマイホームを建てた夫を「毎月黙って家のローンと生活費を持ってくるお人好しな人間」としか見做さない。長女にも「あんたなんか産まなければ良かった」「私は男の子がほしかった」「女の子なんかいらなかった」と、子供の頃から言い続けてきた。殴るのも「あなたのためよ」が、大義名分だった。その結果、父は部屋に閉じ籠もって名実ともに「無能者」になり、長女は十五歳から生理がなくなり、二十四歳の今は一人では乗り物に乗れず、他人ともうまく喋れない。血の繋がっている子が親の面倒を見るのは当然だ、と語る母の呪縛に搦《から》めとられた長女は、働けないなら、家のローンを肩代わりする若い男を誘惑しなさい、という命令にも従う。

他人ならば決して口にしない、酷い言葉を投げつけ、他人ならば決してやらない恐ろしいことが平気で行われるのも、また家庭であった。サイコミステリー調の展開で、母親に虐待されている娘は、それでも「幸せな家庭」を夢見ている。

家族とは、家庭とは、何かつくづく不可思議なものだと思う。

（『面一本』講談社　1995年10月刊、『家族の時代』読売新聞社　1995年5月刊、『群青の夜の羽毛布』幻冬舎　1995年11月刊／1995年12月17日『サンデー毎日』）

佐藤 愛子『虹は消えた』

一途な恋——傷つくまいと、あらかじめ自分をガードしてしまう現代の若者には死語であるかもしれない言葉だ。二十歳の馬主の娘麻見と、十九歳の牧場の下ッ端牧童カズオとの、がむしゃらでありながらひたむき、という恋の形も現代では見失われている。東京のお嬢さんと北海道の牧童との、一目惚れから始まって結ばれなかったシチュエーションも。二人は十年後に出会い、同じようにかつての恋を再現する。

現在、麻見は医者の夫を持ち、女優としても自立している。カズオはよく尽くしてくれる妻に二人の子供があり、牧場も任されている。純愛であった初恋も、再燃すると不倫と呼ばれる年齢だ。声にできない言葉の重みを知りつくした今も、二人には熟した「大人の恋」がうまくできない。不倫と純愛のはざまで揺れる恋。それはまるで十代の恋のようにぎこちない。相手に対する思いはそれほど強かった。

二人の一途な恋を際立たせるのは、何人もの男を虜にしてきた麻見の母、往年の大スターで魔性の女である環の恋愛だ。牧童頭として将来を嘱望されていた沼田を誘惑して、家族も仕事も友人も失わせてしまう。六十三歳になった環は、沼田の面影に惹かれ十六歳の息子にもちょっかいを出す始末。でも愛子センセイは環にも優しい。性愛遊戯のはざまにある環の恋を、自分の欲望に忠実なあかしと見なしているのだから。

恋は醒《さ》めた視線でカッコよく、不倫は後くされなしに、現代のそんな風潮に、愛子センセイは一途な愛の神話をぶつける。ホンモノの恋を蘇らせる。都会の女のひとすじだが我儘な思い。北海道の自然で動物と共に生きる男の武骨さ。現代にはまれな恋愛美学が、この小説には溢れている。
新聞広告に七十二歳、最後の恋愛小説とあったけれど、ウソですよね、愛子センセイ。これからもどんどん書き続けて、たくさんの「虹」を読者に見せてください。

（角川書店　1995年11月刊／1996年2月11日『サンデー毎日』）

髙樹のぶ子『億夜』

女と男を結びつけるものは何だろうか。女にとっての男の魅力はどこにあるのだろうか。友情や兄弟の絆で結ばれていた男同士の間に、彼らが愛する一人の女が出現することによって、関係は微妙に変形していく。髙樹のぶ子はそんな人と人とが結ばれる関係の不可思議さを問い続ける。選んだ者、選ばれた者、選ばれなかった者、それぞれが傷ついた心を抱えながら生きる時の経過を、登場人物は異なるけれど作家自身が三部作と呼ぶ『その細き道』を起点に、『時を青く染めて』**億夜**を通して描いていく。

もっとも、男二人に女一人という三角関係の構図は、漱石の『こころ』に代表されるように恋愛小説の常套ではある。漱石の小説が女性の意識を無視して最終的に男の友情を選ぶのに対して、髙樹のぶ子の小説では本質的に女が男を選択するかたちになっている。しかもその女たちが選ぶのは、いわゆる社会的に前途有望な男というわけではない。貧しさとか弱さとか、何か共通の体験や感覚、どちらかというとマイナスの面を共有する男を選ぶのである。さらに『その細き道』でも『時を青く染めて』でも、〈強い〉男は深い愛情を示す行為として好きな女性を安易には抱かないという、男のストイシズムを持っているけれど、生身の女を前にして「耐える」という男の愛の証は、男の傲岸さとしか見なされていない。女は、理性的で正義感に溢れる一人でも生きられる男ではなく、女の支えをどこかで必要としている男を選ぶ。ヒロインは男性の登場人物たちから「母性」溢れる女性と見倣されているけれど、それは〈強い男〉の女性版ともいえる。

さて**億夜**での三角関係は、兄の婚約者に弟が絡む構図である。兄竹雄は弟光也を愛しながらも社会生活から逃げ出した「弱虫」と見ており、「落ちこぼれ」が種の分布を広げたり種の分化を進めたりする、と考える弟の価値観とは真っ向から対立している。人生の設計図をしっかり引いて歩む竹雄にすべてを任せ切っていた沙織は、山の中の一軒屋で昆虫を相手に一人で暮らす光也に出会って「体の沼底」で触手がふれ合ったと感じる。そして激情のままに二人は結ばれていく。しかし光也は三角関係の桎梏から逃れるようにマレーシア旅行の後、自殺する。

理由も告げず死んだ者の刻印は、漱石の『こころ』のように生きている者にはとても重い。光也の死後、沙織は故郷に戻り、腎臓の人工透析を受ける死と隣り合せに生きている保と結婚した。竹雄も結婚し子供も生まれ、社会的には出世したが家庭生活はうまくいっていない。二人は光也の死に呪縛されてきたといえるわけだが、物語は光也の死から二十五年を経た現在を軸に、光也の自殺の意味をめぐって展開する。旅行先からの兄へ送った手紙と、沙織に残したマレー語で「この中に言葉あり」と書かれた「蜉蝣《かげろう》の箱」が、解明の鍵となり、二人に新しい出口を示すのは死者に近い保である。

光也の手紙には、マレーの山で現世の生から自由な昆虫になって飛翔した夢を見たと書かれていた。最後に空に向かって飛びたとうとするかのように窓辺で死んだ保は、光也の手紙の言葉を体現して、残された者に孤独をひらく回路を示した。再生をあらわす昆虫のイメージが、最もはかなく弱く見える蜉蝣に象徴されている。自殺者や病者は弱者としてではなく、次の生命をになう者として捉えられている。差別的に感じられる表現もあるけれど、作者の願いと思われる時をつなぐ生者と死者の交感は、確かに伝わってくる。

（講談社　1995年10月刊／1996年2月16日『週刊読書人』）

冥王まさ子『南十字星の息子』

冥王まさ子の小説を読むと、なぜかもどかしさが残る。主人公の女性たちは、日本の社会の中でレベル以上の知識と行動力をもちながら、なぜかそれを周りの人間関係、とくに家族の関係に生かせない。日常を、自分を、生かしたいと思いながら「女」としても「母」としても中途半端なままになってしまうのである。デビュー作の『ある女のグリンプス』から、『雪むかえ』、『天馬空を行く』など、そこに描かれるのは現実から飛翔したいと願いながら果たせない女性たちの、いらだちと空無感といえるだろう。

冥王まさ子は十七歳の時にアメリカの高校に留学している。一九三九年生まれであることを思えば、早い時期の留学生といえる。その後、日本の大学で英文学を専攻し、イエール大学で学んだこともある。彼女の小説には、日本的現実にも、アメリカ的現実にも馴染めない女の悲しみが溢れている。しかし一方で、〈私はこんなことをしているべき人間ではない〉、と言うようなある種の傲慢さも感じられる。日本とアメリカ、日本語と英語、自分と家族、さらに留学生に選ばれた知性と理性を備えながら感情的でもある冥王まさ子のヒロインたちは、様々なはざまにあって生真面目にすべてを完璧にこなそうとする（その意識が時に傲慢に見えるのだが）存在である。それは戦後日本の変容していく価値観や道徳観の波に最初にもまれ、その波をうまく乗りこなせなかった世代の痛みを伴った傲慢さではある。

さて、〈はざま〉にあることの価値を見出せないままの生は、自己とも他者とも軋轢《あつれき》を生む。しかしこの小説ではそこからの前向きな選択が見られる。

未央子は四十六歳。建築家として有名だが母親べったりのマザコン夫巌と、高校一年の長男邑人《ユージン》、小学六年の次男都夢《トム》の家族がいる。彼女は短大で文学を教え、論文も書いているけれど、夫は「おれが食わせてやるから創造的な仕事をしろ」と、現在の未央子の仕事を認めていない。夫の言う「創造」に反論できない未央子は、しかし「自分が自分として息をするため」の仕事を手放せない。だから彼女は自分の時間を様々にやりくりして家庭と仕事を両立させようとする。それはまるで強迫観念のようになっている。何を考えているか分からない長男、学校で問題児扱いされている次男、それに夫との険悪な関係。朝、寝床から起きるまでの十分間が、未央子にとって「現実の何にも釘づけにされていない」視点で、「自分を希望の中に宙吊り」にして「救済物語のただ中にいる」という夢想に浸れる貴重な時間なのである。

何かになることを望みながら達成できない母親、思い通りにならない妻や子供たちに見切りをつけ仕事に没頭する父親、親の願望に反抗する自己主張の強い子供たち。各自が家族の関係を変えなければ、と思いながらも最後のひと押しができない。そんな家族関係に変容をもたらすのがオーストラリアから短期のホームステイでやって来た十六歳の少年エマニュエルである。

彼の内面が語られることはほとんどないけれど、未央子はなぜかエマニュエルとは魂の奥底まで理解し合えると感じる。「南十字星」が未央子にくれた「息子」は、家族との関係もきちっと果たしながら自立した個人（インディヴィデュアル）を体現しており、未央子はそこに彼女が理想とする「もう一人の自己」の可能性を感知したのであろう。エマニュエルが触媒になって、家族の関係も微妙に変容する。最後に老いた母のために家を出て別居するという夫に対して、形式だけの〈家族〉を解体するべく未央子は離婚を宣言し、長男もそれを支持する。

南十字星の息子は、様々なはざまを抱えた矛盾した存在である自己に向き合い、周りや自己と家族の視線から自由になって、やっと自らの生きたい方向にむかおうと決意する女の物語となっている。それが冥王まさ子の最後の小説になってしまったのは、それにしても惜しまれる。

(河出書房新社　1995年11月刊/1996年3月9日『図書新聞』)

奥泉 光『「吾輩は猫である」殺人事件』

吾輩は猫である。名前はまだ無い。吾輩はいま上海に居る——この書き出しからも推察できるように、「**吾輩は猫である**」**殺人事件**はあの有名な漱石の『吾輩は猫である』のパロディーである。漱石の猫は水甕に落ちて死ぬ。ところがここでは、主人の苦沙弥先生が何者かに殺され、死んだはずの猫は時空を超えて上海に現れる。猫の出現と密室殺人事件の謎を追って、物語は展開する。

二十世紀前半、亜細亜の利権を狙った列強諸国が暗躍した魔都上海には、また諸国の猫も集《つど》っていた。損吻《そんぶん》に飼われていた虎君、仏蘭西《フランス》の伯爵、独逸《ドイツ》の将軍、露西亜《ロシア》のマダム、それに英吉利《イギリス》のホームズとワトソンの諸猫が一堂に会して、近来類を見ぬ甚だ極悪非道の犯人像にせまる。自国の文化・思想、民族(猫族?)意識を織り込みながらの推理合戦は、洒脱な機知に富んだ文明論にもなっている。

いま哲学がブームだというが、猫の視点による哲学解釈は諧謔性に溢れていて笑える。

小説の後半は、迷亭《めいてい》、独仙《どくせん》、寒月《かんげつ》、東風《とうふう》、多々良《たたら》など、漱石の作中人物たちに怪人ラスプチンの密使や英吉利の武器商人も登場して、猫と人間が入り乱れた冒険譚となる。世界征服の野望に、苦沙弥先生の死と猫出現が絡む意外な結末。文学と哲学が越境し、探偵小説と冒険小説をミックスしたこの作品は、一つの型にこだわらずに小説を書いてきた奥泉光氏の面目躍如たるものがある。しかも、漱石の『吾輩は猫である』に登場した猫の幽霊を、奥泉氏は時間・空間を超越した存在として科学的に提示しようとする。そこで話は二十世紀の宇宙理論を決定づけたアインシュタインにも及ぶ。評者の混沌無明の頭脳では、その論議の真偽を定かにできないけれど、その遊び精神は楽しめる。

さて、もう一つのお楽しみは漱石文体を模倣した漢語の頻出する文章だ。読者としては宮沢賢治風、川端康成風の文章も読んでみたくなってしまう。まさに文学と戯れることの快楽を与えてくれるのだ。

（新潮社　1996年1月刊／1996年3月17日『サンデー毎日』）

梅原　稜子『海の回廊』

人と生まれた土地との関係は複雑である。旧《ふる》い人間関係の残る先祖伝来の土地を捨てた者も、土地を追われた者も、いつしか土地の縁に引きつけられている、というようなことがある。それは土地の力というべきものだろうか。

この小説の発端となる舞台は高知との県境にある南愛媛の、葉牡丹の芯のようにうずくまった盆地の村である。村の中心を四万十川の上支流に当たる大川が流れる。梅雨の頃になると、稚鰻の群れが川の堰に白く鰻柱を立てる自然の豊かな空間である。村では端午の節句を五月御霊会《ごがつごりょうえ》と言い、特別の禍《わざわい》が起こると伝えられてきた。大きな力を持ちながらも非業の死をとげた歴史上の人物を対象にした御霊信仰が、色濃く残っている場所なのでもある。

物語は御霊会の日に事故死した、主人公である姉妹の父の死の意味と、姉妹の恋愛と結婚が交錯しながら展開する。並外れた「姉好き」の妹は姉の後を追うように、姉が離婚した男と恋愛し、姉が離婚後つき合って別れた男と結婚する。姉妹の関係は、兄弟と結婚した母の過去と二重写しになっている。このちょっと不可思議な人間関係も、御霊となった姉妹の父の采配だと思えば納得はいく。

いっぽう村には、人間の男に恋したかわうそが、女人に化身して幸せな結婚を送るけれど、戒めを破ったために別れなければならなかった「かわうそ伝説」があった。そこに情痴関係のもつれから夫が妻を殺した、主人公と関わる家の秘事が重ねられる。かわうそは姿を消したが、二人はいつまでも愛し続けた、という形をとって伝説は再生している。小説の最後で姉と離婚した男は、再び結婚を意思する。それは新たな結婚譚の始まりといえる。

土地の信仰と深く関わったロマンあふれる小説だ。さらに魅力を一つ。愛媛生まれの作者による四国山地と伊予灘や豊後水道の描写は、細密画のように素晴らしい。山と海を巡る回廊の旅を堪能できる。

（新潮社　１９９６年2月刊／１９９６年4月14日『サンデー毎日』）

レノア・テア／吉田 利子訳 **『記憶を消す子供たち』**

アニー・デュプレー 写真＝リュシアン・ルグラ／北代 美和子訳 **『黒いヴェール 写真の父母をわたしは知らない』**

稲葉 真弓 『森の時代』

記憶は人間にとって、大いなる謎である。人は自分の記憶をどこまで辿れるのだろうか。一般的には三、四歳頃までといわれているが、三島由紀夫のように自分の出生の体験を鮮明に覚えていると発言する者もいる。心理学の領域では現在、出生体験記憶の真偽は多様に論議されているという。それはともかくとして子供も大人も、人間は愉快なことは比較的覚えているが、不愉快なことは忘れてしまう傾向があるらしい。

フロイトによると、幼児期に強い精神的な外傷（トラウマ）をともなう体験をした子供たちは、身を守るためにその出来事を忘れるという。しかも想起不能なまでに無意識の世界に抑圧された記憶は、その喪失とは裏腹に神経症をはじめ様々な精神障害を起こす原因になると語っている。

精神分析はこの抑圧された記憶を掘り起こし、患者がその出来事と向き合うことで障害を乗り越えさせるのを目的としているといってもよいだろう。もっとも、最近では抑圧された記憶が一生を通じてその人間の行動や思考に影響を与えるとは、よくいわれていることである。自己防衛としての記憶の抑圧は、健常者の心理をも決定づけているのである。

レノア・テアの**記憶を消す子供たち**は、子供の頃に殺人、性的虐待、近親者の死などによる心的障害（トラウマ）を受けた人物たちの七つの奇怪な実話をもとに、人間の精神構造と記憶のメカニズムを明らかにする。著者はカリフォルニア大学の精神医学研究所の精神医学臨床教授で、トラウマと記憶を専門に研究している。

けれどこの本は決して小難しい学術書ではない。恐ろしい体験をした人々には不謹慎といわれるかもしれないが、七つの実話を分析する彼女の手際は名探偵さながらで、ミステリーを読むような緊迫感とスリルに溢れている。私は一気に読了してしまった。

とくに最初の「二〇年前の殺人の目撃者」の女性の話はとても興味深かった。彼女は八歳の時に父親が殺人を犯すのを目撃したが、その記憶をなくし、それが二十年後に突然よみがえったのだ。

検察側は女性の話を真実として裁判を開く。レノア・テアは、父親を訴追する検事側の証人として、「抑圧された記憶」のメカニズムについて語ることを要請される。レノアの役割は女性の証言（記憶）の正しさを鑑定するのではない。なぜ記憶は消えたのか。なぜ記憶はよみがえったのか。果たしてその記憶は真実なのか。女性の証言には触れずに、結果として女性の記憶が納得できるものだという科学的根拠を、陪審員に説明するのである。

トラウマ体験を繰り返した子供は記憶を失いやすいこと、抑圧された記憶がよみがえる条件として生家を出たあとの安らぎが必要なこと、などが多くの資料をもとに解説される。現段階におけるトラウマ体験と「記憶」の意味について、素人にもとてもよく分かる。

最も困難な課題はよみがえった記憶の信憑性を証することであった。よみがえった記憶では、体験した細部の記憶は正確だが、時に男と女を間違えたり、いない人物（幻）を登場させたりという大きな矛盾を含むことが多いという。スペースシャトル、チャレンジャーの爆発事故を目撃した子供たちの追跡調査では、一年後も事件の記憶は鮮明に残っていたが、宇宙飛行士は他の惑星で生きているというような非現実的なことを語る子供も出てきたらしい。願望が記憶を変形させてしまうのだ。レノアは正確な事実が重要なのではなく、変容した記憶の中からも「真実」を見つけだすことが重要だと語る。冷静な視点から浮かび上がる二十年後の真実は圧巻で、このエピソードだけでも十分に読みごたえがある。

一方、偽の記憶の問題にも論及されている。アメリカでは治療過程で精神分析医に性的虐待を受けたという訴えが急増しているという。ここでは二人の医師を性的虐待で訴えた十歳の少女のケースが取り上げられている。偽記憶には極端な想像による記憶、まったく歪められた記憶、嘘、あるいは誤った印象によるものがあり、外部の人間に示唆されたものが多いという。昨今話題になっているマインドコントロールの一種といえるだろう。少女の場合は医師を訴えるためにつくった母親のビデオが、逆に母親によるマインドコントロールの実態を明らかにしたが、偽記憶を証明するのはとても難しいようだ。

ほかに自分が誰なのかまったく分からなくなった記憶喪失の女性の話や、残虐な殺人事件を繰り返しテーマにする作家の意識と記憶の関係についても言及されている。つまり自分とは何者かを理解する際にも、記憶は必要なのだ。「私は誰なのか」と自問するとき、記憶を手がかりに辿ってみるほかないのである。レノアは「個人的な記憶の探索はつねに孤独な旅だ」と最後に語っている。

アニー・デュプレーの**黒いヴェール**は、ゴダールやアラン・レネの映画にも出演している彼女の自伝小説といえるが、いわゆる自伝小説とひと味違うのは、失われた記憶を追いながら「自分とは何者なのか」が語られていく点だろう。まさに孤独な記憶探索の書なのである。

アニーが八歳の頃に、一家は郊外の真新しい一軒家に越した。新築のやっつけ仕事で完成された家の浴室には換気口がなかった。浴室から両親の呼ぶ声が何度も聞こえたけれど、アニーはそれを無視した。ベッドでらくらくとしていた彼女は起き上がるのを拒み、ふたたび眠りについた。目覚めたとき、両親はひっそりと死んでいた。彼女はそれ以降、両親に関する記憶を消すことで生きのびてきた。深い痛み（トラウマ体験）による記憶喪失。彼女もまた忘却することで自己を防衛した子供だったのである。

三十五年後、彼女は手元に残された写真家の父の未現像のネガフィルムの現像を決意する。三十五年も経って、やっと彼女は失われた記憶に向き合うのだ。「私はネガからポジへと一歩を飛び越えることができた……ネガからポジへ——消極的から積極的へ」。

本書には父親の遺したモノクロ写真が六十三葉挿入されている。多くは両親を含めた家族や、彼女たち家族が住んだ町の風景である。デュプレーは失われた記憶の再生を、彼女にとって未知の世界である父の写真との対話から始める。一枚一枚の写真を丹念に見つめ、レンズの後ろにいる人間の感覚や行動様式をはじめ、その背後にあるものすべてを知りたいと願う。しかし、写真は「事実」として記憶に改変をせまるものでもある。「事実」と「真実」がゆれながら絡み合い、彼女自身の「記憶」はつくられてゆく。

見ることによって写真の世界を内面化しようとする姿勢は、自分の心に問いかけながらつまずくように進む文体と見事に調和している。記憶は霧の中の像のようになかなか鮮明にならないけれど、書くことが確かに彼女の癒しになっていることは伝わってくる。

訳者はあとがきで「心的外傷の体験者がその内面の葛藤と成長をつづったという点で、貴重な記録」であると記している。だがそれ以上に、写真によって記憶をつくりだし、新しい自分を生み出そうとする過程は、すぐれたフィクションとして自立している。

稲葉真弓の**森の時代**では、幼児虐待というトラウマからの、癒しと再生が描かれる。ここに登場するのは女装趣味の男性と、名前すら思い出せなかった記憶喪失の少女である。
「女の子が欲しかったのに」と言いつづけた母親の、言葉による精神的虐待。誠は母から受けた傷を女装趣味で癒す。諍いの絶えなかった母と別れた後は、男性として昼間の勤めをきちっとこなし、時折、女性として女装バーに通う。分離した二つの性を抱えて暮らしているのが二十五歳の誠だ。

他人との接触を厭う彼が、街でぼろぼろに傷ついた少女に自分と同類の匂いを嗅《か》ぎ取り、部屋に住まわせる。記憶を失っていた少女の境遇は陰惨なものだった。

母の死後、少女の家庭は一変した。妻を失った悲しみを、父は姉娘の体で癒す。父に抵抗できない姉は家を出る高校卒業後を夢見ながら、次第に自分で自分の体を傷つける自傷行為にひたるようになった。そしてついに精神科に入院する。姉の次に父に犯されそうになった少女は、父を刺して逃げるが、殺人恐怖のショックから記憶を喪失した。

三人の反応は、トラウマのあるパターンをよく表している。しかしこの小説の眼目は、トラウマを描くことにあるのではない。彼らはともに親を愛し、親の心の痛みも分かる子供たちである。作者の願いは、記憶の呪縛を乗り越える力を備えた「私」の誕生にある。

再生の儀式は誠が勤める、都市の地下につくられた広大な雨水貯留場で行われる。貯留場には雨水とともに都市の様々な汚物も流れ込む。貯留場は誠や少女の暗い記憶のメタファであろう。しかしそこはまた、ごみを処理する浄化の場ともなっていた。

水が渦巻く貯留場のパーティで、誠は初めて同僚に女装姿を見せる。「ここで女の姿をし、名を名乗ることは、町を男か女かわからぬ者としてさまようこととは違うのだ。俺はいま、この姿になにかを賭けている」。ここに新しい「私」の誕生が予感されている。それはつまり新しい記憶の誕生でもある。水で浄化された少女も、未来の記憶に向けて姉と歩き続けようと決意する。

三冊の本から「記憶」は与えられたものではなく、自分の力でつくっていくものなのだという、熱いメッセージが伝わってくる。

（『記憶を消す子供たち』草思社　1995年8月刊、『黒いヴェール』文藝春秋　1996年2月刊、『森の時代』朝日新聞社　1996年3月刊／1996年6月2日『サンデー毎日』）

山田　詠美『ANIMAL LOGIC《アニマル・ロジック》』

贅沢な小説である。外国本を思わせる装幀もしゃれているし、『ANIMAL LOGIC《アニマル・ロジック》』というタイトルも、未知の世界への誘いを予感させる。そしてもちろん、中味もその期待を裏切らない。面白く読んで、しかも自分が少しカシコクなったような気分を味わえる。

舞台はニューヨークのマンハッタン。ヒロインはアフリカ系アメリカ人のヤスミン。彼女は既成の道徳観や倫理観にとらわれない、自分の感覚と欲望に忠実に生きている若い女性だ。黒人でも白人でも、男でも女でも、自分を心地好くしてくれる人間をいつも求め、目の前に現れたそんな人物たちを身体でひたすら愛する。だから彼女には、人種差別や性差別の意識がまったくない。

人種のるつぼといわれ、様々な民族差別が渦巻くアメリカ。そこに差別意識のない人間が登場すると、何となくウソっぽく思えるけれど、山田詠美はその難問をヤスミンの血液に棲み、ヤスミンの内面を分析しながら人間社会も批判する、意志も感情も自尊心もあるウイルスを語り手にすることでクリアした。

この二つの生きものの周りに、白人を憎悪し女性を蔑視する黒人、白人に育てられた黒人、ゲイのカップル、黒人の恋人をもつ白人の女の子、移民の浮浪者に惹かれてしまう白人の女、スラム街の黒人少年、成功した中国人、旅を棲家とする日本人の若者など、様々な人種と多様なセクシュアリティをもった人々が集まる。千枚を超える長編だが一気に読んでしまえるのは、嫌な奴も悲しい哀れな女も、みんな印象的で体温を感じさせる人物たちだからであろう。その造型は見事というほかない。

時に差別的なひどいことばで罵られたりすることもあるけれど、ヤスミンは「大昔、猿だった者同士」何を言ってるんだい、と少しも意に介さない。この肯定的な人間観が山田詠美の身上だろう。それが二十一世紀の人類愛になれば、確かに差別も人も変わる。

(新潮社 1996年4月刊/1996年6月16日『サンデー毎日』)

山本昌代『水の面《おもて》』

「わたし」「私」という三十代の女性を語り手にした六編からなる短編集である。どの小説も「わたし」「私」と動物と水と樹木との交感が描かれる。

「ある程度の距離をおいて、風景の中のひとつの形として樹を見ていると、ふと自分がいなくなってしまうことがある。」「わたしは樹の前でいったん無になって、そこからまた新しい別の生命として運動をはじめる。/そして一方的に樹の側から恩恵を受けているのではなく、わたしの方も、樹に対して何らかの役に立っているのではないか。/樹の生命を洗っているのではないか、そんなふうに思う。」

樹、風、砂、道、などの見出しのついた詩のような十本の短文のつらなりからなる**小さな黄色い鯉**では、「わたし」と地球上に出現した生き物とのささやかな交感が語られる。それは時に見えないものとの触れ合いでもあるが、樹木も水も砂も蝶も人間も、そして影さえも生き物として確かに生息している。

しかし一方で、そんな「わたし」の心象はマグリットの静謐な絵をイメージさせる。とくに黒服の男が登場する「道」は、マグリットの絵で向こう側の世界を見ているような男の眼が、小説には登場しない「小さな黄色い鯉」を見ていると感じさせる奇妙な気分に読者を誘い込む。生と死が交錯する、この短編集全体のテーマがこの一篇に凝縮されているといえようか。

桜貝では小学生であった「私」が語る、戦前の横浜子安界隈にあった遊郭の花魁たちとの交流と、戦後に結婚した「私」が聞いた「かせどり」という民間習俗の話が重ねられる。家よりも郭を好んでいた「私」が語る郭の人は皆な優しく静かで、「私」にとってそこは幻想の桃源郷であったかのようだ。桜貝をくれた花魁と、「かせどり」で家々を祝福して回る神の代理人とを同一視する現在の「私」の心の動きは、現実生活の危うさをさりげなく表現している。

ガラガラは交通事故死した弟、**水の面**は混雑した駅のホームから誤って転落し轢死した父、という肉親の突然の死から語られ始める。だが、二篇ともその死を描くことが本筋ではない。生前も特に深い繋がりを感じていたのでもない、死んだ後も格別な感情を持っているわけでもないと思っている「私」の日常生活が、淡々と描かれていくのだ。しかしそこに居るように弟の写真に語りかける言動や、赤ん坊のおもちゃのガラガラの音に何となない不安や苛立ちを癒される「私」に、悲しみは体現されている。

水の面では癌の手術後、夜中に度々聞いた父の呻き声を夢と見做そうと思い放置した「私」の心を、自殺と見まがう父の死が呼び覚ます。もちろんこの作品でも痛みは声高に語られるのではなく、通勤電車の窓から海面に雨の降る景色を見るのが好きだったのにその記憶が甦えらない、という形でしか示されていない。水の面には小さな波風が立って波紋やさざ波が起こるけれど、それはすぐにおさまってしまう。日常の様々な出来事もそんなふうに過ぎて行く。だが水面下では何が起こっているのか、それは人間の記憶と同じで確かに見ることはできない。そんな不透明な不安というようなものが乾いた筆致で見事に描かれている。

猫、セキレイでは、家族とも距離をとって一人であることの気楽さと不安を、言葉に拠らない生き物との、「私」の一方的な交流を描いた掌篇である。「私」の姿勢が不思議なユーモアを醸し出している。どれも「私」の日常を描いて私小説の雰囲気に溢れているけれど、生き物がそこから生まれ出ては帰ってゆく無限定的実体としての水のイメージが至るところにちりばめられている。そういった意味では、人間の生をめぐるひとつの実験小説といえるだろう。

（新潮社　1996年4月刊／1996年6月28日『週刊読書人』）

多和田　葉子『ゴットハルト鉄道』

多和田葉子は一九八二年に日本の大学を卒業した後、ドイツで暮らしており、ドイツ語でも詩や小説を書いている。『かかとを失くして』で日本の新人賞を受賞する以前に、ドイツ語で作品を発表しておりハンブルク市の文学奨励賞を受けていた。今年もバイエルン芸術アカデミーから、ドイツ語圏でない国から来てドイツ語で文学活動をする者に与えられるシャミッソー賞を授与されている。

彼女は「ドイツ語がぺらぺらになりたいというのではなく、何かふたつの言語の間に存在する〈溝〉のようなものを発見して、その溝の中に暮らしてみたいと漠然と思っていた」という。上手いドイツ語や、美しい日本語を書きたいのではない。二つの言語が出会って相手を壊しながら、共同体の規範からズレた新しいドイツ語や日本語を生み出す。それが彼女の意図していることのようだ。

この短編集は、その言語実験集といえる。とくに**ゴットハルト鉄道**は、はじめスイスの雑誌にドイツ語で書いて発表したものを、日本語に自分で翻訳した小説で、最初に日本語で書いていたらこんな妙な文章にはならなかっただろうと、作者自身が驚き楽しんだ小説であるらしい。

ゴットは神、ハルトは硬いという意味で、ゴットハルト山の中を走る鉄道に乗った日本人女性の、「聖人のお腹の中を突き抜けて走る」快感と違和感が描かれる。男の身体で表現された異質な言語空間に、旅体験を語る女自身の言葉や身体も次第に巻き込まれていく。

隅田川の皺男も未体験の町を歩く女の話で、ここでは東京下町が男の身体に擬せられている。**無精卵**では母国語ではない言語習得の様相が、国籍不明の女と少女との性関係を通して描かれる。共に異質な言語との葛藤を身体感覚で表現した哲学小説といえるだろう。だが三話に共通する幻想的で奇妙なエロティシズムは、まさに小説ならではの味わいだ。ホンモノの小説を堪能したい方に、お薦めの一冊である。


（講談社　1996年5月刊／1996年7月21日『サンデー毎日』）

仁川《にがわ》　高丸《たかまる》『微熱狼少女』

女が女を性的に愛する、という定義でレズビアンをとらえた時、近代、現代文学ともにレズビアンを表現した作品は少ないように思う。そのなかで自身も同性愛であることを隠さず、作品にも同性愛の指向をもつ女性を多く描いているのは吉屋信子である。

『花物語』に登場する、結婚を拒否して自殺する少女は自己のセクシュアリティに自覚的ではないけれど、同性愛の雰囲気を濃厚にただよわせている。同性に向かう愛欲の悩みを描き、最後には女同士ともに生きていく決意を語った『屋根裏の二處女』は、禁断の意識を越えようとするレズビアン小説と見做されている。そして身体が激しく同性に惹かれる女性のセクシュアリティの悩みを描いたのが、大正十四年に個人雑誌として出した『黒薔薇』である。ここには女学校の教師で二十二歳になる章子と、互いに惹かれ合う女子学生和子が登場する。二人の愛は世間的には受け入れられなかったけれど、二人とも自己のセクシュアリティには確信を持っていた。いわゆるウーマン・ヘイティングの社会構造を踏まえながらも、その抑圧の結果とは無縁の「真性」レズビアンという設定になっている。

「高校生藤乃と女教師三島をめぐる愛の物語」というキャッチコピーで話題になった仁川高丸の**微熱狼少女**は、教師と生徒という吉屋的パターンを踏襲しながら「現代」のレズビアンが描かれる。もちろん大正時代とは異なり、現代のレズビアンには様々な意匠が凝らされている。

まず高校二年生の藤乃のセクシュアリティはバイセクシャルである。彼女は父子家庭で育った。中学生になって父親がホモセクシャルであることを知るまでは、優しい父との関係や学校生活にも問題はなかった。だが父の性癖を決定的に知った瞬間、手足を引きつらせて吐く。身体が激しく拒絶するのだ。「オヤジは薄汚いホモだ」と、父親のセクシュアリティを絶対に認めない。それ以来、父親に自分の方から話しかけたこともない。ホモの父を拒否して藤乃が付き合っている男は「少年院上がりで短気で喧嘩好きで」「頭にきたら殴る」、藤乃の気持ちにはおかまいなしの暴力的なセックスを強要する「男らしくて毅然としている」誠である。

藤乃の反応は、両親の性行為を目撃して異性愛に嫌悪感をもち同性愛に走った、という同性愛の通俗的認識を単純にひっくり返したものであろう。彼女は父を「変態」と見做して、自分を伝統的なジェンダーカテゴリーに無理やり押し込むのだ。（家庭環境には関係なく、『黒薔薇』の章子が自己の性癖に目覚めたのも十四、五歳の頃であった）。そんな藤乃の性認識を軽くいなすのが、レズビアンであることを公言している二十三歳の非常勤教師三島である。

「あんたは、どうして男が好きなの」

頭が真っ白になった。バッジをにらむ。

「どうしてって、女だから」

「じゃ、コーヒーと紅茶、どっちが好き？」

「紅茶」

「どうして」

「紅いから」

「で、コーヒーを飲むとヘドが出る？」

「べ、つに」

よいしょ、と三島が立ち上がった。（略）

「三島先生の鑑定の結果、あなたは、男女どちらでもかかってきなさい、の両刀使いであることが判明しました。オメデトウ」

陽気に藤乃のセクシュアリティを断定する三島の言葉には、〈普通〉とは違う家庭環境（藤乃は養女で、本当の両親は不明）によってヘテロセクシャルではない性癖を持つようになるという発想への揶揄が認められる。学校で男性教師に「女専門ですから」と語る三島に性に関する禁断意識は皆無といってよい。自分の気に入った女性なら相手が男性と性関係にあろうが、生徒であろうと気にしない。藤乃に嫌悪をされながらも近づき、最終的には精神的にも肉体的にも藤乃を満たす。

微熱狼少女には、かつて流布された異性愛に向かう前段階としての同性愛という認識の逆転がある。しかも少女の性をめぐる成長物語という枠組みで、同性間性愛の欲望を異性間性愛の欲望より上位に置いた。特に三島は本質的に「女が好き」だという女、男性不要の女を体現していてヘテロ社会の性愛通念を軽々と乗り越えている。

ところで藤乃の父の影は薄いけれど、彼は一種のシングルファーザーといえる。また三島や藤乃は、将来シングルマザーになる可能性もある。同性愛者はヘテロ社会の家族概念をも変化させようとしている。

仁川高丸の小説にはレズビアンだけではなく、様々なセクシュアリティをもった人物がひしめきあっている。「キス」では女が女相手に体を売る商売を、「ソドムとゴモラの混浴」では姉弟の近親相姦を、「プラトン・アカデミーの回廊にて」では処女を狙う若者、レズビアン、母息子相姦を描き、処女喪失小説「F式膜間」(後『F式・夏』に改題)や初潮小説『こまんたれぶー』にはマッチョやホモ、「オカマ」や「オナベ」が登場する。あまりにもファッションとしてのセクシュアリティが氾濫している、という見方も成り立つ。しかし軽く表現された「性」によって、ヘテロ社会の弊害が見えてくることも確かだ。そしてどの小説にも内包されている男に依存しない女(「精神的レズビアン」とでもいえようか)の視点は、ヘテロ社会の見直しにつながっている。

(集英社 1992年2月刊/1996年8月号『國文學』)

シンシア・S・スミス／あわや のぶこ訳『女は結婚すべきではない』
ジェーン・マテス／鶴田 知佳子訳『シングルマザーを選ぶとき』
水上 洋子『非婚の母志願《シングルマザー》』

シングル族が増えているという。現在ほぼ四軒に一軒が単身世帯で、全国で九百万人以上が一人で暮らしているというデータもある。そこには単身赴任者はもちろんのこと、離婚した者や伴侶に死に別れた高齢者も含まれている。一九七〇年代に二十四歳だった女性の結婚平均年齢は、今は二十七歳に上がっている。つまり一人暮らしの若者も増えているのだ。確かに私の大学の女子学生の間でも、結婚よりは仕事、将来の自立の問題にあって、結婚についてはほとんど話題にならない。

現代は、女性が幸せを求めて結婚し、「誰かの妻」になるような時代ではない。自分自身のための選択の時代である、と高らかに宣言しているのがシンシア・S・スミス著**女は結婚すべきではない**である。

この本はシングル（単身）で生きる道を選択して人生を謳歌している、そんな女性たちとのインタビューをもとに構成されている。夫と死別した女性、離婚した女性、非婚の女性、結婚届を出さずに男性と暮らす事実婚の女性など、様々なシングルを選択した女たちが登場する。刺激的なタイトルではあるけれど、結婚制度を否定したり、男性と共同生活を営むことを拒否する女たちのレポートではない。主婦だろうと、キャリア・ウーマンだろうと、結婚しようとシングルであろうと、現在は選択の時代なのだから、自分にとって最も快適な状況を選ぶのがよい、と勧めているのだ。

シンシアは三十五年間、幸福な結婚生活を送ってきた。ジャーナリストとして仕事をこなし、子供も産み育てた彼女は夫の死後、自分が好きなことを好きなときにできる自由を得て、再婚する気にはならなかったという。今では女性が外で一人で食事をする風景も当たり前になったけれど、一九八〇年代でさえ「一人で食事をするの淋しくないですか」といわれたり、一人でレストランで食事をする女性は奇異のまなざしで見られ、席も差別されたという。一人の男性に制約され、料理の好み、食事の時間、いつも夫の機嫌をうかがいながら生活して、周りからカップルとして容認される満足より、食べたいときに一人で食べる快感の方を、彼女は選んだ。他人のためでなく、自分自身のために物事を決める自己決定の素晴らしい味は何よりも勝る、一人であることは素敵だ、と語る。

今日アメリカでは、女性が結婚をする基本的な理由は、「精子」と「支え」の二つしかない、とも述べている。だから子供が欲しくない女性や、経済的に困らない女性に結婚は不要だ、と。もっとも結婚は必要ないけれど、男性まで不要だとはいっていない。たまに食事をしたり、セックスをしたり、旅行したり、お喋りをしたり、様々なことを相談する男友達の存在は認めている。女友達がいるのと同じように複数の男友達の存在はシングル生活を豊かにする、と積極的に肯定している。必要ないのは「夫」なのだ。

アメリカでも、最近まで結婚は女性の最終目標であったらしい。だが今では結婚も選択肢の一つに過ぎない。現在シングルを選んでいる女性も、将来は結婚したくなるかもしれない。あくまでも「女の選択の時代」なのだ。シンシア自身、結婚生活には満足しており、夫も愛していたという。にもかかわらず一度体験した自らの欲求に従って物事を運ぶシングル生活は、なにものにも代えがたい最大の魅力であった。他人にまで強要はしていないけれど、彼女自身の結論は「女は結婚すべきではない」である。この本が米国で発行されたのは一九八八年だが、女たちの「新シングル感覚」はどんどん拡大しているようだ。

かつて母親と子供だけの家庭は母子家庭と呼ばれ、結婚せずに子供を産んだ女性は未婚の母と呼ばれた。母子家庭には欠損家庭のイメージが、未婚の母には結婚できなかった女のイメージがつきまとっていた。ところが最近は、父親なしで子供を持ち、育てている母親をシングルマザーと呼ぶ。結婚したいけれどできない未婚の母と区別するために、日本語では「非婚の母」と訳されている。そこには子供は持つけれど結婚はしない、という女の積極的な生き方が示されている。既婚で産むことを拒否する女性がいるのだから、非婚で母親になることを選ぶ女性がいても不思議ではない。

さて、シングルを選択した女たちの次のオプションは、シングルのままで子供を持つ、このシングルマザーになることであった。父権を主張しないという取り決めで、男友達との間に子供をもうける女性。肉体的にも男とは関わりたくないので、人工生殖で子供を産む女性など、シングルマザーへの道も多様である。人工授精という言葉がマスコミに登場して話題になり始めたのが一九八三年頃。現在、アメリカでは精子バンクを利用する不妊のカップルから年間六万人の子供が誕生するという。非婚の女性からも三千人の子供が生まれているらしい。精子のみが必要で、男性は不要だと考える女性は確実に存在するのだ。日本では非婚の女性が精子バンクを利用するのはまだ認められていないが、外国で提供を受けて出産した女性は確認されている。

このように、最初から結婚せず子供を持つ道を選んだ女性たちのマニュアル本ともいえるのが、ジェーン・マテス著**シングルマザーを選ぶとき**である。

著者はニューヨーク市で心理療法士として活躍している。長年キャリアを築くことに邁進してきたが三十代後半になって出産年齢のこともあり、そろそろ家族をつくりたいと思うようになった。しかし生涯の伴侶とすべき男性とはまだ出会っていなかった。キャリアに傷がつくのではと悩みもしたが、結婚はいつでもできると考え、結婚ぬきで子供を産みシングルマザーになった。シングルマザーを選択したけれど、やはり不安はあった。そこで不安の解消や最も良いシングルマザーの道を求めて、一人で子供を育てている女たちに呼び掛けて、ＳＭＣ（シングルマザーズ・バイ・チョイス）という全米組織のネットワークをつくった。それが一九八一年のことである。

ＳＭＣは、自ら選択してシングルマザーになった女性の集まりである。離婚あるいは夫に先立たれてシングルマザーになった人や、事実婚の母は含まれない。後に結婚することになっても、最初はあくまでも一人で親になる決意をした女性が対象だ。本が出版された九四年頃にＳＭＣの会員は二千人前後。シングルマザーになるにはどのような方法があるのか。例えば精子は知り合いの男性に提供してもらうのか、それとも精子バンクを利用するのか。出産後の出生証明書に父親の名前を書くべきか否か。子供に「パパはどこ?」と聞かれたら、どう答えるか。本書はシングルマザーを選択したために起こる様々な問題点をあげ、その対応を具体的な事例のなかで紹介している。事例は会員たちの体験と、著者自身の子育て体験に基づいている。

ところで、シングルマザーを選択した女たちの最大の危惧は、父親の有無は子供の成長に特別な影響を及ぼすのか、また妊娠が計画的であったかそうでなかったかによって、子供の社会適応の仕方は違ってくるのか、という問題であった。しかしこの点に関してもミズーリ大学の調査で、離婚などによる家庭の崩壊を経験した子供よりも、最初からシングルマザーに育てられた子供の方がうまく社会に適応するという結果が出され、ひとまずは安心ということになった。親や友人などのサポートも影響しているようだが、肝心なのは子供が一人の親に育てられたか二人の親に育てられたかということではなく、不安がなく、自分が愛され、必要とされていると感じて育ったかどうかにあるようだ。

女たちは真摯に自己に立ち向かっており、前向きに子供を育てようとしている。二冊とも決して男性バッシングの本ではない。ただ彼女たちの選択によって、確実にアメリカでは家族の形や親子の在り方が変化しているとはいえるだろう。翻って日本ではどうだろうか。アメリカと異なり、結婚外で子供を産むことにはまだ強い抵抗がある。夫婦別姓も認められず、戸籍表記の婚外子差別が撤廃されたのもごく最近である。水上洋子著**非婚の母志願**《シングルマザー》には、婚外子差別訴訟の原告、未婚の母、未婚の父へのインタビューを含め、そのような日本の現在が分かりやすくコンパクトにまとめられている。

水上洋子もまた離婚の経験があり、結婚しないで母親になるのも悪くないと考えている。実際、彼女の友人には非婚の母がいる。アメリカほど過激ではないけれど、従来の結婚形態にとらわれない女たちは少しずつ増えている。結婚届を出さない事実婚の女性は、その具体的な現れであろう。事実婚で生まれた子供は現在の法律では婚外子扱いになる。女一人で子供を育てている、というSMCの非婚の母の定義とはずれるけれど、法律に挑戦している意味で、事実婚の母は日本における「非婚の母」《シングルマザー》といえるだろう。そこからさらに「自分で産んで育てる」という非婚の母が一般的になれば、婚外子という言葉も消滅していく、と思う。

晩婚化や出生率の低下が取り沙汰されている昨今、結婚という枠の外で、堂々と女が子供を産めるようになれば状況は少し変わるかもしれない。巻末には非婚の母を実践して来た渡辺照子氏の、非婚の母を目指す女性のための産院や、母子家庭に向く部屋探し、行政との付き合い方、周囲への対応の仕方も挙げられている。女たちは今どこへ向かおうとしているのか。パートナーであるアナタ。一緒に考えてみませんか。

(『女は結婚すべきではない』中央公論社 1996年6月刊、『シングルマザーを選ぶとき』草思社 1996年2月刊、『非婚の母志願』角川書店 1996年6月刊／1996年8月11日『サンデー毎日』)

山本昌代『九季子《くきこ》』

透明な静謐と、不思議な感覚に溢れた短篇集である。嗅覚、味覚、触覚、聴覚、視覚など身体の感覚を表現した小説は多い。この短篇集にはそれらの感覚がはっきりと認識できるかたちでは示されていない。けれど読者の心に、何かを感じさせ呼び覚ます言葉は確かな感触として残る。

キュウリのように冷静にでは中学二年の男の子の心の変容が、「ピンク色をした首の細いものを見ると絞め殺したくなる」意識として表現される。「心身の奥底から湧いて来る衝動」は、首の細いロゼのワインの瓶を手で握り締める行為によって癒され、回避される。視覚と触覚が融合した状態に思春期の身体変容が浮かびあがる。

さ蕨《わらび》には高齢者向け集合住宅に一人で住む祖父と、幼稚園児の孫娘との交感が描かれる。自分を受け入れていると思える建物が「ぬくもり」を感じさせるのと同じように、あたたかく注がれたまなざしも人の心に安心感を与える。連句をつくりながらの視線の交錯に、人間のぬくもりは確かに伝わってくる。

振り子時計に描かれるのは、音と心身との関係だ。話し声も穏やかに静かに暮らす三人家族の家に、母のきまぐれから大きな振り子時計が置かれた。時計は懐かしさを与えるが、時を刻むネジの音は家族に奇妙な不安感をもたらす。聞き慣れない音を、異物として身体が反発するのだ。

盆踊りでは心身の〈痛み〉を夫婦、親子関係の中に描く。癇癪持ちの父が怒ると、母も息子も怒りが通り過ぎるのをじっと待ち、腫れ物に触るように衝突を避けてきた。触覚の感知した痛みとは異なるが、明らかに〈心〉に触る痛みである。それは痛みを騙しながら痛みが過ぎるのを待つしか治療方法がない母の腰痛に似ている。

身体と感覚は相補的なものなので、目が見えないと触覚や聴覚が鋭くなるように、身体の破損によって感覚が研ぎ澄まされることがある。**海鳴り**では足が動かなくなった人間の、そんな過剰なイマジネールの世界が展開する。

言語は音や痕跡を利用しつつも、そうした物質性を超えて、社会的にコード化された意味を担う。**九季子**ではコード化された言語は、意味を剝奪されたアルカイックな次元としての〈響き〉に還元されていく。九季子とは目に映る文字と音の響きの快さで母が娘につけた名前だが、それは母が子供の頃に過失で死なせてしまい、その記憶を喪失した文鳥の名でもあった。娘が白い鳥に扮して踊る場面で兆した微かな不安は、鳥と娘が時間的位相をずらしながら交錯する美しい交響によって解消される。どの小説も文学ならではの〈心身〉の微妙な揺れを表現して、生命のきめ細かい手触りを感じさせる。

（ベネッセ　1996年6月刊／1996年9月号『すばる』）

川上　弘美『蛇を踏む』

蛇が喚起するイメージは、人によってさまざまである。**蛇を踏む**の芥川賞選評では「永遠の生命、大地の暗い力、したたかな受容力」といった西洋の神話的元型《アーキタイプ》や、女の恋への情念が蛇身となる道成寺縁起、上田秋成の「蛇性の婬」、今昔物語における変身譚などが指摘されている。

この小説は、主人公の若い女性が通勤途中の藪でうっかり蛇を踏んでしまうと、蛇が人間の女に変身した、と始まる。女は自分はあなたのお母さんだと名乗り、夕食を作り、女性の部屋に住み込む。彼女は電気のついていない部屋を嫌だと思ったことはなかったが、いつしか女のかもしだす温かなまどろみの中にくつろいでいく。女に抱かれると大きなものに覆われているような満ち足りた気持ちになり、身体的にも蛇と抱き合う快感に酔いながら、しかし女が「蛇の世界に入らない?」と誘うと、その誘惑を拒否する。

蛇が人間に変身した話ではあるけれど、明らかに女は、若い女性が母へと脱皮するかもしれない未来を示している。子蛇が耳に入り、液体になって体の各部に伝わっていく感触、間歇《かんけつ》的に蛇に変化する気分の悪さとよさ。一つの身であったものが孕んで様々に変容する身体の嫌悪感と心地好さ。一人でいることの快感と不安、家族の温かさへのあこがれと鬱陶《うっとう》しさ、といった若い女性の持つ性・結婚・家族にまつわる快、不快というアンビバレントな深層意識が、ここにはちりばめられている。

作者はパソコン通信で応募するパスカル文学賞の第一回受賞者で、インターネット上で読める受賞作「神様」は、若い女性と隣人のくまとの奇妙な友愛を描いていた。本書所収の**消える**では結婚にまつわる若い女性の意識を身体の収縮と膨張で表現し、**惜夜記**《あたらよき》には様々な異形の少女が満ち溢れている。

女性心理の襞に触れつつ、イソップ物語を楽しんだ感性で、人間の深層の性意識を捉えたこの大人のための寓話小説集を堪能したい。(文藝春秋 1996年9月刊/1996年10月20日『サンデー毎日』)

加藤幸子『翼をもった女』

〈旅〉に憑かれた二人の女の交流を綴った書である。一人は明治十一（一八七八）年にイギリスから日本を訪れたイザベラ・バードで、一人は現在の日本の作家でこの本の著者加藤幸子である。

バードは四十七歳の時に、一人で横浜に到着し、通訳を雇って、東京に名を改めたばかりの江戸から日光へ、そして日本人でもなかなか足を踏み入れなかった東北地方を縦断し、津軽海峡を越えて北海道をまわった。日本を旅した六ヶ月間の記録は『日本奥地紀行』となり、イギリスでベストセラーになった。

加藤幸子がバードに強く惹かれたのは、自分とも共通する無類の〈旅好き〉という点である。バードは日本を訪れる前にアメリカ、カナダ、オーストラリア、ハワイなどを旅し、七十二歳で没するまでインド、チベット、ペルシャ、トルコ、中国などを旅している。加藤もチリ、カザフスタン、中国東北部、東アフリカ、トルコ、モロッコなど、バードの言葉で言えば「未開の地」を多く訪ねている。

翼をもった鳥のように自在に場所を移動するバード。彼女には及ばないけれど、やはり旅を欲する自分。なぜ自分は〈旅〉に誘われるのか。加藤幸子のそんな思いを、バードに向けた手紙としてまとめたのが**翼をもった女**である。『日本奥地紀行』に伝導されて、時間と空間を超えて結びつく二人の女の〈旅〉の交流が、徐々に浮かび上がってくる。

加藤は「〈旅〉は根源的な意味で、自分が〝独り〟で生きていることを示す象徴であろう」と語り、バードが「一生を通してほんとうに求めたのは、落ち着いた〝家庭の安らぎ〟ではなく、太陽や星座を仰ぎつつ渡る大空の〈旅〉だったのだろう」と述べている。加藤は「自然界の生物は体を張って、生きている」というが、「未開の地」に魅かれる二人も「体を張って」「独り」で「生きている」生き物に近いのではないだろうか。それは「ふるさと」にあまり価値を見出せないバードと加藤の意識に繋がっているように思える。

また、女は子供を産み育てるために一か所に止まることを欲する傾向がある、とはよく言われるが、「〈女〉にとって大事」なのは「自分を欲し、自分も気に入っている場所」であって、居心地のよい場所を求めて移動するのは「女としての自然」の表現だともいう。この言葉は〈旅〉を愛する加藤幸子の〈女性〉観といえる。

一方、この本はイザベラ・バードを先達にした、加藤幸子自身の半生を追う自伝の旅行記でもある。日本の子供を愛でるバードの言葉から、おんぶされた赤ん坊を連想し「固定された視点からの解放、移動のたのしさ、発見の興奮」こそが、赤ん坊が感じたであろう〈旅〉の第一歩ではなかったかと記す。それは敗戦後中国から「古い汽船の船倉に、荷のマグロのようにつめこまれ」て航海した引揚げの道程を、「その唐突さ、予測不能な未来、生死を分ける危険との隣り合せ、それらすべてをたのしみに変える未知の風景や人間との新鮮な出会い」と感受した十一歳の少女の意識とつながっている。

バードが日光での優雅な生活を打ち切って未踏の地東北へと赴く旅を、加藤は「固定化された伝統への〝反乱〟」と見る。そこには〈旅〉を禁止された加藤の結婚生活の破綻が重なる。米沢平野は「アジアのアルカデヤ（桃源郷）」との文章は、父方のルーツ探しに連なる。

興味深いアイヌ人との交流も織り込みながら、加藤は「旅」は「生きている証拠そのもの」と語るが、この本はまさに加藤幸子の生きてきた足跡そのものである。

（講談社　1996年10月刊／1996年12月6日『週刊読書人』）

山崎　洋子『柘榴館《ざくろやかた》』

横浜は、異国情緒あふれるロマンチックな街、というイメージで若い女性を惹きつける。山下公園、外人墓地、中華街、最近ではベイブリッジが人気のスポットだ。山手に並ぶ西洋館に憧れる女性も多いだろう。でも女性をコレクションした青髭の館のように、古い西洋館が殺人鬼を生む家だとしたら……。

港北ニュータウン、新山下、港の見える丘公園で、三人の若い風俗嬢が相次いで殺された。内臓が引き出され、子宮が切り刻まれるという猟奇殺人だ。事件を目撃した青年は精神に異常をきたす。彼の恋人でソープランドに勤めていた女主人公は、彼の言った言葉を手がかりに、二人が魅せられて名づけた柘榴館こと明治から続く立花病院の館に介護士として潜入し、事件解明にのり出す。その立花家で、婿養子が疑惑の事故死をとげる。

その死は、横浜の外人居留区で百年前に起きた金持ちの妻が女癖の悪い夫を毒殺した「カリュー事件」と重なり、連続猟奇殺人は娼婦ばかりを狙って死体を切り裂き、内臓を露出させた切り裂きジャックの事件と重なる。過去に実際に起こった事件を組み入れながら、風俗嬢殺しと事故死の関連、殺人の動機と殺人者の心理に迫る推論は読ませる。だがこのサイコミステリーの醍醐《だいご》味は、事件の鍵が家族関係にある、という点だろう。

アメリカでは特殊な殺人を繰り返す犯人の場合、問題は本人より親にあるケースが多いと言われている。幼児期に親の虐待を受けた者は、成長した時に親と同じような虐待を行うという説である。この本では、犯人だけでなく、脇役も、目撃者も謎を解いていく者も、親や親代わりによる、一種の異常な幼児体験を受けてきた者ばかりだ。連続殺人犯になる可能性は誰にもある、といえる怖さ。

二転、三転して事件は解決をみる。でも読み終えた途端に襲ってくる次なる惨劇の予感。子宮切り刻み事件は「ある家族」が存続する限り続く。その恐怖感は消えない。


（集英社 1996年9月刊／1996年12月8日『サンデー毎日』）

モリー・カッツ／山田 久美子訳 **『だれも信じてくれない』**
パトリシア・ハイスミス／岡田 葉子訳 **『愛しすぎた男』**
ルース・レンデル／羽田 詩津子訳 **『求婚する男』**
栗本 薫 『あなたとワルツを踊りたい』

何ともいいようのない不気味さ。人の心を不安にさせる見えない影。

ストーカーというと、スターを狙うスター・ストーカーが思い浮かぶ。ジョン・レノンを殺害したチャップマン。ジョディ・フォスターの歓心をかうためにレーガン大統領を狙撃したジョン・ヒンクリー。野球選手が標的にされた『ザ・ファン』（ピーター・エイブラハムズ著・早川書房）の映画化も、記憶に新しい。スターとの関係妄想に引きずられて殺人事件を起こしたファン、というイメージがストーカーには強かった。しかし、最近では普通の人につきまとうストーカーが増えているらしい。

日本でも、交際を断られた大学生が相手の女子大生を執拗に追いかけまわし、無言電話をかけ続け、挙げ句に文化包丁でめった刺しにした事件や、徳島の某大学教授が女性大学院生に意味不明の電話や手紙を送り続け起訴された事件に、ストーカーの影が指摘されている。

ストーカーは「獲物に忍び寄る者」と訳されているが、彼らの行動原理の基本は特定の個人（狙われるのは女性が圧倒的に多いという）に対する異常な執着心と支配欲であるらしい。つまり被害者以外の人々との日常生活では異常を感じさせないのだ。傷害事件を起こした大学生の同級生は、彼の行動にまったく気づかなかったという。大学教授の場合も、指導熱心なとても面倒見のいい先生だったと、他の女性大学院生は証言している。

ストーカーという言葉が人に不安感を与えるのは、それによる被害が他の人間にはよく見えにくいからなのであろう。実際、被害者のなかには神経疲労が進んでだんだん無気力となり、ついには自分に起きている出来事は自分が生み出した妄想ではないのか、と思うようになることもあるらしい。証拠がなければ周りから被害妄想と片付けられてしまう可能性だってある。とくに周囲の人々に信頼されている人間が、自分を狙うストーカーだったとしたら……。考えただけでもぞっとする。

モリー・カッツの**だれも信じてくれない**は、そんなストーカーの罠にはまり、精神をズタズタにされながらも必死に闘う女性の物語である。

グレッグはハンサムでセクシーで、周りの人間を魅了してしまう話術にたけている。しかも錠前破りの名人で、筆跡や声色の真似が得意で、薬物の知識があり、コンピュータの操作もお手のもの。そんな彼は特定の個人につきまとい、嫌がらせをするストーキングに無上の快楽を感じている。グレッグの獲物にされたのが、テレビの人気司会者リンである。

リンはグレッグに一目惚れし、恋に落ちる。家族や友人もすべて彼の人柄に惹かれていく。だが彼の異様な性癖に嫌悪感を抱き始めた彼女は別れを宣言。それからリンだけに分かる嫌がらせのプレゼント、留守番電話に吹き込まれた卑猥なメッセージが続き、尾行、待ち伏せ、盗撮、留守中の侵入と、ストーキングはエスカレートしていく。しかし、彼女の訴えも彼の手口があまりに巧妙なために、テレビスターである彼女が注目を浴びるために画策したのではないかと、家族や友人さえもが疑心を抱く始末である。

「だれも信じてくれない」状況が次々に繰り出され、追いつめられていくリン。グレッグが死んで一件落着かと思いきや、さらに続くストーキング。かつてリンは精神安定剤を常用していた。薬の副作用で、彼女自身も気づかない自分の精神がストーカーを呼び寄せるようになったのか？　彼女を庇護する警官の「恋心」もストーカー的様相を帯びていて……。最後の一波乱も意表を突く。

モリー・カッツはニューヨークのナイトクラブでコメディアンとして活躍しながら、ケーブルテレビにインタヴュアーとしてレギュラー出演していたこともあるという。スターキャスターとして世間の視線を浴びる快感とプライドは、彼女の熟知しているものであろう。その経験が核になっているのだろうか。スターの座から転落するかもしれないリンの恐怖感は、臨場感に溢れている。

片思いの一途な恋は恋愛小説でもてはやされるテーマではあるけれど、その恋が相手の意思に反した執拗な一方的な思い込みだったとしたら。ストーキングと一途な恋の境界線は、恋する人間にとっては常に曖昧である。パトリシア・ハイスミスは、ヒッチコック映画になった「見知らぬ乗客」やアラン・ドロンを一躍有名にした「太陽がいっぱい」の作者としてお馴染みである。この**愛しすぎた男**は一九六〇年に発表されたミステリーだが、相手の女性の気持ちを理解しない、一方的に恋する男性の物語という意味で、ストーカーものの先駆けといえる。

デイヴィッドは紡績会社に勤める優秀な技術主任で、下宿の女主人は彼を「百万人にひとりの若者」と高くかってている。彼には愛する女性アナベルと結婚したい、という夢があった。しかし彼女は他の男と結婚。現実を認めたくない彼は、アナベルは自分と結婚したんだと納得するために二人だけの家を買う。そこではノイマイスター（新しい主人）の偽名を使い、アナベルをはじめ「望むものをすべて掌中にしている男」の空想に耽る。

その一方で、電話や手紙で自分には君しかいないと訴える。だが彼の意識の中でその言葉は、君には僕しかいない、と同義語なのである。間違った選択をしたのだと離婚を促し、当然のように彼女も自分の意志に沿う決心をするだろうと期待する。「きみのしもべ」と言いながら、電話も手紙も困るというアナベルの懇願にはいっさい耳を傾けない。つまり彼女の主体性など一顧だにされていないのだ。自己の恋愛世界だけがすべてなのである。

やがて仮想現実は現実を侵食する。その狂熱的な思いも、アナベルの夫を殺す引きがねとなっていく。リンデン・グロスの『ストーカー』（祥伝社）によると、普段はまともで常識的な人が、何かの拍子にがらりと人柄が変わって攻撃的となり、執拗さ・残虐さ・陰険さが常識をはるかに逸脱して表れるボーダーライン人格障害がストーカーにはあるらしい。魅力的な人物は、愛しすぎたゆえに神経に変調をきたした。正気が徐々に狂気に変容していく、まさにボーダーライン人格障害とも言うべき男の内面をじっくりとらえたパトリシア・ハイスミスの手腕はさすがだ。


イギリスの女性作家ルース・レンデルの**求婚する男**も、恋愛妄想で破滅する男の話である。十四歳で十一歳のレオノーラに出会ったガイは、それ以来十五年間、恋の虜になった。好きな人ができたと彼女が告げると、それは「君の気の迷い」だと断言し、他の男と「結婚する」というと、家族の策略で結婚を拒否できないのだと憶測する。

女が何を望んでいるのかにまったく気づかない男。自分以外の男性が彼女に相応しいとは、決して思えない自己中心的な人間。でも、そんな彼をストーカーと呼ぶには少し抵抗がある。彼女の結婚を阻止するために、二人の仲を裂く邪魔者を消そうと殺し屋を雇う激情型でもあるが、「なぜ人を愛するのか？　なぜ愛する相手は選べないのか、人生における他のものなら、ほとんどあらゆるものを選択できるのに？」と、愛の不条理を問う面も持っている人物だから。「恋は盲目」というけれど、犯罪にまで至る「破滅的で時間のむだでしかない」夢の恋。そんな恋に堕ちた男の哀しい内面が、痛いほど伝わってくる。

親しかった人が、突然ストーカーに変わってしまうのも怖いが、まったく心あたりのない誰かに常に見られているという感覚も実に不気味なものだ。栗本薫の**あなたとワルツを踊りたい**は、おそらく女性にとって薄気味の悪い、読んでいて虫酸が走るストーカーものだ。タイトルもなかなかの皮肉である。

一人暮らしを始めたはづきのもとに頻繁に掛かっていた真夜中の無言電話は、いつしか男のあえぎ声になり、ある日「おかえり。はづきちゃん」「若い女の子があんまり遅くなるの、危ないよ」といった、彼女の行動を戒めチェックする言葉に変わった。誰かに見られている。ぞっとするような嫌悪感。自分の部屋に何かおぞましいものが潜んでいるような不気味さ。

偏執狂で色情狂の男。皮膚にねばりついてくるような声と言葉遣い。どこにいるのか分からないが、ねっとりと絡みついてくるような男の視線。四六時中こんな気配が漂っていたら、はづきでなくても、こんな奴は絶対に許せない、死刑だ！　と叫んでしまいたくなる。それだけ嫌な雰囲気をもった人物を造型する栗本薫の筆が、冴えていたということになろうか。皮膚感覚を逆撫でするような気持ちの悪い世界をお好みの方に、オススメです。

ところで、男の行動と平行して展開される、若手タレントのユウキに毎日ファンレターを書くはづきの行為や、ユウキに強引にせまる先輩スターの熱愛も、一種異様な情熱を帯びている。もしかしたら「愛の異常性」は、誰の心にも潜んでいるものかもしれない。
(『だれも信じてくれない』文藝春秋 1996年9月刊、『愛しすぎた男』扶桑社 1996年10月刊、『求婚する男』角川書店 1996年5月刊、『あなたとワルツを踊りたい』早川書房 1996年10月刊/1997年3月2日『サンデー毎日』)

柳 美里『家族シネマ』

柳美里は在日韓国人二世で、現在二十九歳。「魚の祭」で岸田戯曲賞を、『フルハウス』で泉鏡花文学賞と野間文芸新人賞を、**家族シネマ**で芥川賞を受賞。二十代の経歴としては、とても華やかに見える。

だが、彼女のエッセイ集『家族の標本』や『水辺のゆりかご』を読むと、家族への憎悪を内面に抱えて成長した少女像が浮かび上がってくる。作者には、二十代までに世の中の嫌なことをすべて体験しつくした感さえある。気分で暴力を振るう父、果たせなかった自分の夢を子供に託そうと子供を人形のように扱う母、隣人による幼少時の性的虐待、学校でのイジメ、家出と自殺未遂、不倫に堕胎など……繰り返し語られる過去は、残酷としかいいようがない。柳美里の戯曲や小説には、その体験がちりばめられており、本書も例外ではない。

家族シネマの「私」は二十九歳で、花を扱う会社の契約企画プロデューサーだが、放埓な母の影響か「若い男の肉体に何の魅力も感じないばかりか鳥膚《とりはだ》さえ立つ」。仕事仲間を名前で呼び、疑似家族関係をかもしだそうとする相手には憎しみさえ抱く。「私」は、ポラロイドで女の「尻を撮る」ことに固執する一人暮らしの老彫刻家という「現実感のないひとにしか惹かれない」のだ。「私」の感受性は、家族への憎悪と絡み合っている。そんな時、ばらばらに暮らしていた家族が二十年ぶりに一堂に会して、自分たちを演ずる「家族」映画に出演することになる。家族それぞれが自分をモデルに自分を演ずる撮影の場面は、奇妙な家族の生態が不可思議なユーモアとリアルな感触で読者に迫ってくる。フィルムに封印されていく家族。撮影は「私」にとって、一種の精神治療にもなっている。

幼児虐待、家庭内暴力、家庭内離婚と、現代家族は様々な問題を抱えている。この小説には自己の生き延びる道を賭けて、家族の終焉を書く作家の覚悟が示されている。

（講談社　1997年1月刊／1997年3月9日『サンデー毎日』）

吉本　隆明、吉本　ばなな『吉本隆明×吉本ばなな』

父は思想家の吉本隆明、娘は小説家の吉本ばなな。この親子対談を、一度は聞いてみたいと思っていた人は多いのではないだろうか。インタビューを含んだ三つのパートから構成されているこの対談集は、一九六〇・七〇年代に若い男性のカリスマ的存在であった父と、一九八〇・九〇年代に若い女性の圧倒的支持を受けた娘、そんな文学ファンならずともあった「吉本家」への興味を堪能させてくれる一冊である。

この対談集は通常の対談のように、父娘の語った内容を分かりやすくまとめてはいない。とくにばななの発言は、アイロニカルな短い表現が多く、文末を上げていうか、下げていうかで、父親への批判の位置も微妙に変わっていくように思える。イントネーションに変化をつけながら色々に読んでみると、読者も臨場感あふれる場に遭遇できる、と思う。

ばななの、父親の思い込みに対する突っ込みはなかなか厳しいものがあるけれど、自分にはない考え方をする父を肯定した上での突っ込みなので、(笑)という表記を超えて楽しそうな雰囲気は伝わってくる。語り口調の面白さでいえば、「父の記憶、娘の記憶」のパートに頻出する「いけねぇ」とか「当てになんねえな」という隆明の、落語に登場する長屋の御隠居さん風言葉は「身内」を語る距離の近さを感じさせて、微笑ましい。

この本で私に印象的だったのは、両親の結婚をめぐるばななの解釈である。吉本隆明は、友人の妻と結婚することになった自身の体験を「いままでの人生で一番きつかった」と語り、漱石は『それから』や『門』で同様の三角関係を扱って深く罪の意識の問題に触れえた作家と高く評価する。ばななは父の体験と作品への共感はどちらが先かを問い、その答から「何かじぶんの好きな状況に身を置くことはそんなには苦痛っていうほどでは」、ホントは「好きな状況」だったんだと軽く一蹴する。隆明ファンは怒ってしまうかもしれないが、私は思わず笑ってしまった。深刻に悩むポーズが好きな男たち。新しい漱石解釈も見えてきて、やはり「ばなな」は楽しい、と納得してしまった。

娘の小説で「いい作品」というと『新婚さん』、「あれはものすごくいい作品だと思う。成功したい作品」と、評価する父。それに対して「ええ〜、ええ〜、本人否定(笑)」に始まり、他の作品についても「え〜、それ人それぞれぇ(笑)。困るぅ〜」「そんな粗筋?　あははは。そんな粗筋だったあ？　もっとロマンチックなものじゃなかった？」と、反応するばなな。ズレる父と娘の評も楽しい。

ところで、誰にも相談せずに自分の意思のままに行動する姉、人を驚嘆させることに情熱を注ぐ母、そして本人自ら「しつこい」という父、ばななは「家にいるときは気ぃぬけなかったですもん」と語っている。家族に関する様々な表現や、「三十年連れ添った夫婦みたいな」高校二年の時からの半同棲というエピソードなど、爽やかではあるけれど暗いイメージを漂わせているばななの文学世界を解く鍵が、至る所にちりばめられた対談集でもある。


（ロッキング・オン　1997年2月刊／1997年4月11日『週刊読書人』）

佐々木高明『日本文化の多重構造』

三内丸山遺跡の発掘をはじめとして、最近は驚かされる考古学的発掘のニュースが続いている。遠い昔の人たちの生活が思った以上に多様で、変化に富んだ豊かさを享受していたことが少しずつ分かってきた。柳田国男の「日本民族は稲と不可分な民族だ」という説は、日本文化＝稲作文化という定説をつくりあげてきたが、新しい発掘によって、かつてのように稲作文化を中心として、日本古代・日本文化を語ることはできなくなりつつある。

国立民族学博物館長である著者の佐々木高明氏は、古代農耕の多様性を早くから主張していた学者の一人である。文化の基盤をなす食文化そして農耕文化について、最新の研究成果をふまえて、日本文化の形成過程を広大なスケールで展開しているのが本書である。

日本に水田稲作技術が伝来したのは縄文時代末といわれ、稲を主とした弥生文化が誕生したのは紀元前五百年頃と言われており、伝統的な日本文化の原型が成立した時期と見られてきた。著者も、稲作農耕がそれまでの日本文化に画期的な影響をもたらした点を、否定はしていない。ただ著者は日本の基層文化は稲作伝来以前に形成されたのではないか、ととらえる。

その要素として注目しているのが、現代でもなじみのミソ・ナットウ・サトイモ・アワ・キビ・ソバという食生活である。これらの食物の伝播ルートを追うと、一方で中国南部雲南やタイの山岳地帯に共通する「照葉樹林文化」に繋がり、一方で中国東北部や朝鮮半島、アムール川流域にわたる「ナラ林文化」に繋がる。日本文化は、北と南の文化が重複・融合化した過程に稲作が入るという多元的な起源と多重な構造を持つ、と著者は考えるのだ。豊富な資料と写真が、それを浮き彫りにする。

佐々木氏が強調するのは日本文化の単一性ではなくその多様性と柔軟性である。アジア全域を視野に置いた刺激的な「食」経路の論証は、日本の行方を考える上で示唆に富む。

（小学館　1997年3月刊／1997年4月20日『サンデー毎日』）

金井　美恵子『軽いめまい』

小学生と幼稚園の二人の息子に、まあそれなりに理解のある夫をもつ三十代後半専業主婦夏実の「不倫をするわけでもなく、自立して自己を発見しようと試みるわけでもなく、いわば何一つ劇的なこと」など起こらない日常を、句点の少ない読点で続くだらだらとしたおしゃべり文体で綴った小説ではあるけれど、『文章教室』や『恋愛太平記』に連なる金井美恵子独特の語りのリズムに乗せられて何となく読まされてしまう。奇妙な魅力をもつ小説である。

小説は夏実の越して来た世田谷のマンションの間取りの説明から始まる。マンション住人の噂話や家族の様々な記念日、働いている女友だちとの食事会、電車で乗り合わせた主婦や学生のお喋り、さらにスーパーマーケットに並ぶ膨大な商品名など、平板ともいうべき日常が語られていく。現代の風俗や物の羅列は、物事の本質というよりも細部にこだわる主婦的日常感覚の表現といえるだろう。

かつて金井美恵子はエッセイ『おばさんのディスクール』で、フェミニスト的言葉を徹底的にからかっている。そこには、男社会に抑圧されてきた女という観点に立って、女の自立や女の自由を主張し、女の社会的地位、女の価値観を声高に論じる女たちへの拒否が述べられていた。本書を読むとどうやら彼女の関心は、水道の蛇口をひねると水が流れ落ちるのを何の不思議とも感じず当然のように受け入れて生活している「非フェミニスト的おばさん」にあることが分かる。

夏実もそんな何となく生きてきた女性の一人である。だが、時々は今の生活を変えた方がいいのかと悩んだり、子供の言葉に感動したり、子供の頃の不思議な構図の写真に妙に惹きつけられたりもする。衝撃的ではないけれど、平凡な中にもかけがえのない彼女の体験はある。日々の小さな出来事の中で「軽いめまい」のようにして感じる感動や発見の瞬間を、見事に描いている。

（講談社　１９９７年４月刊／１９９７年６月15日『サンデー毎日』）

エバーハート・ツァンガー／服部 研二訳『天からの洪水』

「一夜にして海中に没した文明」アトランティスの物語は、誰しも一度は耳にしたことがあるだろう。東のムー大陸と並んでアトランティスは、古代ロマンの代表である。

ところでアトランティス伝説が怪しげなムー大陸伝説と異なっているのは、かの大哲学者プラトンの書物が、この話の出所だという点にある。そこには何らかの真実があるにちがいない、と考える人々が続出したとしても不思議はない。シュリーマンが空想譚と思われたホメロスを信じてトロイやミケーネを発見したように、アトランティスもどこかに沈んでいるはずだというわけである。

実際多くの人々がアトランティスを「発見」している。その中でまともな考古学者の論として知られているのが、大噴火したサントリーニ説である。アトランティスとはエーゲ海に栄えたミノア文明のことだったというのだ。これは説得力をもつものだった。だが本書の著者ツァンガーは、意外な場所を指定してみせる。アトランティスはトロイではなかったかと。

人類と地形学的な変化との相関関係を研究する地理考古学者ツァンガーは、まずプラトンの『ティマイオス』と『クリティアス』からアトランティスに関する記述の全文を引用し、そこに示された政治形態、都市の構造、人々の生活、地形などを詳細に分析する。全地域が海上から高く隆起している点、なだらかな平野に囲まれた町、多数の運河、風の向きなど、自身の地質学の調査も踏まえながら記述された場所を推理していく。さらに地中海の伝承や歴史なども駆使してアトランティスの物語の大部分は、トロイがその繁栄の頂点にあった時期に限りなく近いという結論を導き出す。その展開は、推理小説の謎解きにも匹敵する面白さである。

とくに新石器時代のギリシアからミケーネ時代までの景観を時間軸に沿って復元した地図と図面は、アトランティスとトロイの類似を視覚的に描出して、刺激的である。

（新潮社　1997年5月刊／1997年8月3日『サンデー毎日』）

小谷　真理『聖母エヴァンゲリオン』

さまざまな謎を秘めて展開されていく『新世紀エヴァンゲリオン』は、魅力的なキャラクター群に加え、使徒、アダム、リリス、ロンギヌスの槍、死海文書といったユダヤ・キリスト教系のタームがちりばめられており、それらの読みを巡る解釈本が多様に出版されている。その一方で、一九六〇年代生まれである監督庵野秀明の思想をめぐる世代論、エヴァとシンクロできるのが特異体質の十四歳の少年・少女ということから「十四歳の生」をめぐる世代論としても話題になった。

ところで小谷真理が『新世紀エヴァンゲリオン』で一番はまったのは、エヴァが怒り、使徒の肉を食らい、血が噴出する第拾九話だったという。小谷はエヴァの拒食症にも似たほっそりとした形態に女性性を見ており、第拾九話の使徒との闘いに「女性虐待から引き出される過剰な女性性への凌辱行為が、男性的／現実的な世界をおぞましきものの噴出によって、一気に女性化／幻想化」したと感受した。この覚醒したエヴァの姿にクリステヴァの「父なる文明によって宗教的に穢れているとされるもの、抑圧されているもの＝自然／混沌／動物／女性性／母」＝「おぞましきもの《アブジェクト》」、アリス・ジャーディンの語る境界自体の内部矛盾から噴出する「女性的なもの《ガイネーシス》」のあからさまな露呈を見るのだ。

小谷は『新世紀エヴァンゲリオン』を「性差社会」を読み解く格好のテクストと捉え、ダナ・ハラウェイの『サイボーグ・フェミニズム』を体現したSFと見る。ハラウェイは階級・人種・性差を根本的に変革し、二元論を解体する装置として機械と人間のハイブリッド生命体「サイボーグ」を幻視した。小谷はこのハラウェイの示唆する「性差」消滅の世界に立ち現れてくる存在＝「サイボーグ」を「エヴァ」だと見做すのである。これを基本線にして「性差」の視角から『新世紀エヴァンゲリオン』を分析する。

小谷はまず、謎の敵使徒との闘いを指揮するネルフという組織が「家父長制的な構造」を示していることを指摘し、物語全弐拾六話を二項対立の明確な第一部、その境界を侵犯する「エヴァ覚醒」とその後を描いた第二部、碇シンジの内的宇宙に焦点をあてた第三部に分ける。とくにスリリングなのは物語内部に浸透している性差を探求し、さまざまなフェミニズム理論を援用して、その性差のズラしと変容を指摘して見せる第二部の解釈であろう。

第拾九話におけるエヴァの覚醒は、物語内で自明としてあった各キャラクターの女性性と男性性にもひびを入れ、それぞれが二重性を帯びた存在であることも明示していく。

「父の娘」である葛城ミサト、「母の娘」である赤木リツコ　碇ユイのクローンと思われる綾波レイ、強制的異性愛の持ち主アスカ・ラングレーなど、キャラクターのジェンダー／セクシュアリティが溶解してクィア的世界へと変容していくとする読みは、とても刺激的である。

そして最後にあかされるエヴァ誕生の鍵をにぎるターミナル・ドグマ内のアダム（男性性）が実は男装したリリス（女性性）であったという事実を「ネルフという家父長制的家族の性差構造の根幹が、男性中心主義から男装中心主義へと書き替えら」れたと解釈する。セジウィックやイリガライの「ホモソーシャル」理論によって読み解かれる、西洋家父長制社会の「おぞましきもの」＝「男装した家父長制社会」=「日本」という鮮やかな読み。

聖母エヴァンゲリオンは「日本」という社会を読む、すぐれたフェミニズム理論書である。

（マガジンハウス　1997年7月刊／1997年9月12日『週刊読書人』）

久間　十義『狂騒曲』

戦後の焼け跡から復興し、ひたすら一流国を目指してきた日本は、一九八五年のプラザ合意により円高ドル安の時代に入る。時の中曽根政権は内需拡大・民活を打ち出して積極的に土地の活用（売買）を促した。かくして八五年から大蔵省が不動産関連融資の総量規制を出した九〇年にかけて、本書で述べられているように「大蔵省が胴元、銀行が壺ふり、地上げ屋・不動産屋がギャンブラーの賭博場経済」が出現。「ジャパンアズナンバーワン」と言われた「経済大国ニッポン」が誕生した。

物語はそのバブル《バブル》経済を生きる二人の兄弟を軸に展開する。兄恭太郎は会社の強引な証券勧誘の責任をとらされて会社を辞めた後、様々な職業に手を染める。子供の頃から人を引きつける魅力を持つ彼は、十年の間に裏社会にも通ずる人脈を広げていった。内需拡大を千載一遇のチャンスと見なし、不動産会社を設立。一攫千金、濡れ手で粟の「地上げ」に賭ける。兄と対照的な弟堯《あきら》はノンバンクに勤める融資課長代理で「モノには貸すな、人に貸せ」を融資の鉄則とする堅実なタイプである。家族、仕事関係で兄の生き方を批判しながらも惹かれている。

二人に大手の銀行員やノンバンクの社員、不動産業者、経済右翼、企業乗っ取りで有名な仕手筋の大立者など、マネーゲームに狂奔する男たちが絡む。恭太郎が自分の有卦《うけ》を信じて全財産の一千億円を投入する株売買の最後の場面は、スリルに満ちている。

それにしても億単位の金の動きとなると、人間の倫理観や普通の神経は麻痺してしまうものらしい。あの総額七千億円にものぼった富士銀行の不正融資事件に関わった人物たちは、ギャンブルの興奮にあおられ、金は幾らでも湧いてくるという脳天気な妄想に絡めとられた道化師として戯画化されている。彼らの金に浮かれた躁状態はカーニバル的に描かれていて面白い。

バブルであろうと無目的に享楽できる世界はいつでも魅力的なのだろうか。

（角川書店　1997年7月刊／1997年9月21日『サンデー毎日』）

富岡　多恵子『ひべるにあ島紀行』

富岡多恵子は文学表現としての「ことば」にこだわり続けている作家である。

書く行為における「国のことば」（母国語）と「女のことば」（母語）に意識的な富岡多恵子は、明治以降に体系化され書かれてきた日本語に居心地の悪さを感じ続けてもきた。富岡作品における漢字、ひらがな、カタカナの特徴的な使いかたも、歴史的・文化的意味を担わされる言葉の枠組みをずらそうとする試みである。たとえば本書のタイトルは、アイルランドの旧い異称で「冬の国」を意味するヒベルニアを「ひべるにあ」と表記し、小説だが「紀行」と名づけられている。それは既成の言語体系（小説概念）につねに疑問を投げ掛け、固定化された言語意識、言葉感覚に風穴をあけ、自分に納得できる表現をひらこうとする意思のあらわれであろう。

ひべるにあ島紀行はいわゆる言語の表現ジャンルをさまざまに編みこんだ「小説」である。まず語り手の「わたし」が愛読書であるスイフトの『ガリヴァー旅行記』やシングの『アラン島』に導かれつつアイルランドの島々を訪れていく「旅行記」。『ガリヴァー旅行記』の作者スイフトの生涯を、出生の謎、ダブリンのセント・パトリック大聖堂の首席司祭という地位、アイルランドに対するイングランドの圧制を諧謔的に風刺した匿名のアジ文章家、女友達ステラとの奇妙な友情関係をもつ男、という多面性を文献を紹介しながら追った「伝記」。そして恐らくこの小説の眼目である「伝説」や「物語」が創出される背景をめぐる書くことの「批評理論」。

「わたし」がアラン島で「いちばん見たいもの」は「船乗りのセーター」であった。それはシングの戯曲『海へ騎《の》りゆく人々』によって世界的に有名になったセーターで、それには女たちが父や夫や息子や恋人の海での航海の安全を願った様々な形（アラン模様といわれる）が編みこまれている。「わたし」はかつて日本で織物の勉強をしたことがあり、現在は島の伝統の編み物とケルトの紋様をデザイン化しているアイルランド人女性ハンナの案内で島を回り、ほんの少し島の人々の「現実」に触れ、「船乗りのセーター」の「物語」や「伝説」が生み出された場に立ち会う。

「わたし」はハンナに「編むとか織るってコワイねえ。身につけるもの、着るものって、不気味ねえ」と語っているが、それはまさにことばを編む、ことばを織ることによって生み出された「作品《テキスト》」のコワさを象徴している。ゲール語にはなかった「編む」という言葉が、シングの戯曲によって補強され「編む」伝説と物語も生成されたのである。

『ガリヴァー旅行記』の最終章には、この記録は「ひたすら真実を語ることだけを心がけ」読者に「真実を提供すること」を意図したと書かれているという。**ひべるにあ島紀行**には「わたし」の体験した

「アイルランド」に触発され、「わたし」が生み出した「ナパアイ国」物語も挿入されている。『ガリヴァー旅行記』の著者が刊行時にはガリヴァーとなっていたように、「架空の国ナパアイ」を「わたし」も訪問している。もっともナパアイ国に滞在するのは「わたし」の分身らしき少年ケイである。

ナパアイ国は歪んだ鏡に写った日本や沖縄をイメージさせる。とくに日常語がナパアイ語で、公用語が英語、そして「書き言葉」が歴史や伝統とまったく切れた中立言語エスペラント語というのは、「女のことば」（母語）をないがしろにしてきた日本近代の貧しい文学状況への辛辣な批評であろう。

アイルランドの自由のために闘ったスイフトの墓碑銘には「もはやここでは、激しい怒りもその心を引き裂くことはない。旅人よ、もしできるなら自由のために真摯に闘いぬいたこの者を倣ってみるがよい」と刻まれているという。富岡多恵子は小説の表現をめぐって真摯に闘ってきた。本書はまさにスイフトに倣った「言語表現」をめぐる闘いの書といえる。

（講談社　１９９７年９月刊／１９９７年12月６日『図書新聞』）

田辺　聖子『道頓堀の雨に別れて以来なり（上・下）』

田辺聖子の作品を読み終えると、こちらも関西弁になって「なんや知らんけど、いきてることはええもんやわ」という気持ちになってくる。

田辺の作品は現代小説、日本古典の翻案物、作家の評伝、そして大阪弁の語りを活かしたエッセイなど、多岐にわたっている。作品世界全体に通底しているのは絶望や暗さ逆境を笑いのめすユーモアであろう。また権力者に媚びない「庶民から見あげた立場」で、そこはかとなく語る批判精神も、大阪庶民の女の一生を描いた『花狩』以来、一貫している。

「ハイミス物」や『姥ざかり』シリーズの現代小説では、少々の困難には屈せず人生を前向きに生きるヒロインたちが明るく肯定的に描かれている。彼女たちの使う大阪弁も魅力的だが、エッセイ『女の長風呂』で、世相を切る「おせいさん」と「カモカのおっちゃん」の大阪しゃべくり漫才風会話は、さらに大阪言葉の魅力を広げたといえる。

継子いじめの落窪物語を一夫一婦制順守の物語と捉えた『舞え舞え蝸牛』、王朝の雰囲気を伝える「雅」の『新源氏物語』に対して大阪弁を駆使し庶民から見た「俗」の『私本源氏物語』など、翻案物は原典を読み込んだ上でユニークな視点が展開されている。

『千すじの黒髪』や『花衣ぬぐやまつわる……』では、与謝野晶子と杉田久女の家族・友人関係の足跡がきちんと追いかけられ、挿入された歌、俳句が彼女たちの日常生活をくっきりと浮かび上がらせている。表現世界と生活を見事にマッチさせた評伝構造となっている。

『ひねくれ一茶』は手堅い評伝に作家の創造力を加味した評伝小説の傑作である。俳句一筋でありながら女や美味い食べ物への執着、自分の欲望を限りなく肯定する微笑ましい一茶像が綴られていく。田辺は自分のことを俳句より「川柳愛好者《ファン》」と語っているが、人や物に対する好奇心、出会いの心を大事にする一茶像は、**道頓堀の雨に別れて以来なり**で「本格川柳」の心を説く岸本水府につながっている。

こうした評伝物では中心人物を取り巻く様々な人々に多くの筆が割かれている。「人間はやはりその生れた土地、生れた家へ置いてみないと、見えてこぬ何かがあるらしい」と考える田辺は、周辺人の視線をとても大事にする。**道頓堀の雨に別れて以来なり**では川柳でつながる人々の輪は、こんなに素晴らしい人々がかつての日本には溢れていたのだろうか、と思わせるほど心暖まる関係として描出されている。しかもそれが多くのちりばめられた川柳と一体化している。

生活感覚を大事にし、周辺を緻密に描いていくという田辺の手法は、短い表現に圧縮された川柳、俳句の魅力を引き出すのに成功している。〈近代川柳〉〈現代川柳〉という文学ジャンルに新しい光を当てた功績は大きい。

（中央公論社　1998年3月刊／1998年4月2日『毎日新聞』）

三枝　和子『岡本かの子』
増田　みず子『樋口一葉』

「女性作家評伝シリーズ」の一環として三枝和子による**岡本かの子**と増田みず子による**樋口一葉**が出版された。この二つはまったくタイプの異なる「評伝」に仕上がっており、〈評伝〉という文学ジャンルを考える上でも興味深い。

三枝和子は対象に一定の距離をおいて向かい合っている。瀬戸内晴美の伝記小説『かの子撩乱』や岩崎呉夫の『芸術餓鬼　岡本かの子伝』など、これまで論じられてきたかの子を参照しながら、その作品とともにその生き方に対しても毀誉褒貶の激しい「かの子の不思議」に迫ろうとしている。フェミニズム作家三枝和子は「男性優位社会」の中で「男性社会がつくって来た家族の枠組みや結婚制度などを破壊する」「女性としての根源的な」エネルギー（力）を「女性原理」と捉えてきた。三枝はかの子を「女性原理」を貫いた者だという。もちろんかの子にその自覚はなく「無自覚の内面の促し」によって「泣いたり喚いたり」しながら「男性優位社会」を突破し、「プラス」を手に入れたと見做す。

そんなかの子の「女性原理」に共感できる者が彼女を敬慕するのだと指摘する。

三枝の評伝の面白さは、男と仏教とかの子の関係にある。「悩みや欲望を持ったまま」での「救済」を目指す仏教との出会いは、夫がいても夢中になった男には一途に向かう無自覚の「女性原理」を肯定する契機になったと三枝は考える。三枝自身、数年かけて『大乗起信論』と格闘した経験をもっている。かの子の「善人なおもて往生を遂ぐ、いわんや悪人をや」という常識やモラルを覆す言葉との出会いは、この世を超えたものの存在をかの子に感知させ、さらに仏教書を読み進む過程でその認識も深まっていったと見る。死ぬまで煩悩がすべて払拭されたわけではないけれど、かの子の「うつし世に夢幻とおもへども　百合あかあかと咲きにけるかも」という歌には、「大乗仏教の思想に支えられた」「生きとし生けるものの生命の根源に触れた世界」が詠われているという。

三枝の**岡本かの子**は「女性原理」という自身の視点を明確に打ち出すことで、かの子の魅力を描き出した評伝ということができよう。

増田みず子の**樋口一葉**は、一葉と同じ名前をもち、大正五年に龍泉寺町の長屋に住んでいたという増田には記憶のない父方の祖母青木なつへの思いから書き始められている。「樋口なつの評伝を書きながら、青木なつ像も同時に浮き彫りになればというひそかな下心を抱いている」と語られている。つまりこの評伝は、増田みず子自身が記しているように「つくりものの樋口なつ」伝の趣をもっている。その特徴が最もよく出ているのは「私は自信を持って、なつが生涯、恋をしなかった方に賭ける。根拠はない。自分の経験からの実感である」という表現に見られるように、作家の「実感」を根拠に語る部分である。祖母への感慨も含めて評伝のあちこちに散見する「実感」はなかなか楽しい。
まだ現代語訳がなされていないという一葉『日記』の増田による現代語訳も「実感」につながるも

のであろう。〈翻訳〉は他者の言葉と自己の言葉の微妙なせめぎあいから生まれる。五年間の日記の中から金銭貸借に関する項目を抜き出して列挙した「借金生活のこと」は圧巻である。借金依頼がうまくいかなかった日の日記は「頼み甲斐のない相手ばかりだ。三〇円五〇円のはした金を惜しんで出せないと言うのか。〜一枚の衣、一椀の食べ物、甘いものを願わず、〜慈母にむくい、愛妹を養うために、ただいささかの頼みを乞うだけだ、それもできない相手にできないことを頼むのではない、〜頼まれて後、何もしないでいるのは、誰の罪というのか、私には罪がないから天地もおそろしくない」という文には思わず笑ってしまうが、このような逼迫した生活から一葉文学は生まれたのかとも思う。その一方で、一葉の父の蓄財についての言及もふくめ、この〈金銭〉にこだわる増田の感性は何だろうかとも考えてしまう。

つまり増田の**樋口一葉**は限りなく作家増田みず子の〈生活〉を感じさせるとしたら、その手法は成功したといえるだろう。

（『岡本かの子』新典社　1998年5月刊、『樋口一葉』新典社　1998年7月刊／1998年9月11日『週刊読書人』）

増田　みず子『火夜《ひや》』

自伝小説を装った不思議な雰囲気の作品である。

「夏といえば怪談がつきものだが」と始まるこの小説は、〈増田家〉は「化け物的な人と幽霊的な人」

の家系だと語る増田瑞子《みずこ》という作家「私」によって展開される増田家のルーツ探しの物語という様相を呈している。

葛飾新宿《にいじゅく》に住んでいたらしい曾曾曾祖父、郷里に居られなくなり神田に出たらしい曾曾祖父、幕末に皆殺しにあった家族の中でただ一人生き残ったといわれる曾祖父などが、まず辿れる先祖である。さらに日露戦争で生き延びたにもかかわらず、東京大空襲で焼夷弾に直撃され死んだという祖父。色恋のもつれから殺されたとも自殺したとも言われる祖母。失踪後、新潟の山奥の窪地で藁《わら》の山に包まれて遺体を焼かれた伯母に、松前の婚家で精神に異常を来たして自殺した叔母と、変な親族が次々と登場する。

しかも「私」と妹は、世界で少数しか発見されていない血液型の因子を受け継いでいる者だともいう。だがその妹の家族も火事で全員が焼死し、父もすでに祖父のつくったと言われる火葬場で火葬にふされているので、増田家の血を継ぐ者は「私」だけになってしまった。死に纏わるエピソードはブラックユーモアがあり、増田家の「怪談」話という趣もある。

後半になると「私」が影響を受けた河野多恵子や高橋たか子の小説への言及も組み込まれ、メタフィクション的世界へと広がっていく。この小説全編を彩る火のイメージは人間の生と死の流転を表現して圧倒的な力に溢れているけれど、火は彼女たちを論評するキーワードにもなっていて、**火夜**が先達の作家の世界と連動していることを示している。

増田と名乗る「私」が小説家という設定は曲者で、河野多恵子の『炎々の記』の主人公の名前は瑞《みず》子であった。怪談めいた作家自身の家の系譜と、女性作家たちの小説の系譜が混ざり合ってこの小説は紡ぎ出されている。

ちなみに本の表紙の作家名は増田みず子である。

三枝　和子『薬子《くすこ》の京《みやこ》（上・下）』

（新潮社　1998年10月刊／1998年11月22日『東京新聞』）

平城京から長岡京、そして平安京へと至る歴史は王権略奪の抗争史でもある。女の視点から歴史を読み直してきた三枝和子は、平城上皇を色香で唆《そそのか》して平城遷都を画策し、さらに「薬子の変」をも招いた悪名高い女性、薬子に抗争の〈真実〉を語らせていく。

物語は桓武天皇の寵臣で、薬子の父、藤原種継の暗殺から始まり、謀反人とされた早良親王の憤死とその怨霊の出没という有名な歴史的事件をふまえながら展開する。怨霊の出現は圧巻で、ホラーミステリーの趣と、三枝独特の怨霊解釈が楽しめる。

桓武の死まで二十年も続く怨霊の祟りを三枝は、桓武が同母の弟である早良を殺してまでも、自分の子安殿《あて》親王（のち平城天皇・上皇）をまず天皇に立てて、天皇位を父系でつなごうとする野望への、母系側からの激しい抵抗と見なしている。

同母の弟の罪は兄の罪ともされていた当時、それは兄弟を産んだ母の罪ともなった。崇道《すどう》天皇と号を追称された後も呪詛する怨霊に対して、霊を鎮めようと遷都を図り、読経を命ずる桓武の霊的攻防は、母系の血と父系の血の争いと重なりながら、その後の藤原家と天皇家の政権闘争をも暗示する。

三枝のユニークな点は、安殿親王と薬子との関係にも見られる。娘を入内させながら、自分をいちずに求める親王を拒めなかった彼女は、政争を離れて最後まで親王を守った一人の女として造型されている。希代の悪女は上皇を謀反人にもせず、その息子高丘親王を死に至らしめることもない。自身が謀反の汚名を受け、自殺する。愛する男たちを生きながらえさせることを、最後の使命としたのだ。

家持の歌に魅せられ、歌を詠んで暮らす生活に憧れていた上皇。仏道を極めたいと願った高丘親王。王権掌握の夢とは別の論理で動こうとした者たちの夢の場、それが薬子の「京《みやこ》」といえようか。歴史の醍醐味が味わえる大作だ。

（講談社　１９９９年１月刊／１９９９年２月10日　共同通信）

斎藤　憐『昭和不良伝』

なんと魅力的な女たちだろうか。本書は戦前の昭和期に安定した居場所をぽーんと飛び出し、新たな場を目指した五人の女たちの列伝である。

新橋の芸者から作家永井荷風の妻となるも結局は家を出て、日本舞踊の革新をはかる道を選んだ藤蔭静枝。「お嬢さま」の場から自由に憧れ渡米した石垣綾子。デカダンな詩人金子光晴とパリで「この世の修羅場」を体験した森三千代。日本初の流行歌手となりながら、人気の絶頂期に歌謡曲を捨てイタリアに留学した佐藤千夜子。人気女優の道を捨て杉本良吉とともにソビエトに亡命した岡田嘉子。

五人の女性の「自分の力で金と男を手に入れ、一つの夢のためには、せっかく獲得したそれらを気前よく捨て去り、築き上げた自分から越境」していく存在感は圧倒的である。もちろんそれは並大抵のことではない。

静枝の結婚制度と家元制度との闘い。綾子の「自由の国であるはずのアメリカ」の人種偏見に対抗する行動。三千代の自分の人生を切りひらくための文字通り体を張った闘い。夢を追って転落していった千夜子にも、著者の親愛のまなざしは向けられている。

ドキュメンタリー制作で岡田嘉子と親交のあった著者に、彼女の死後に判明した収容所での新たな事実は凄絶である。

「働く者たちの国」を夢見てサハリンの国境を自分の足で越えて亡命者となった岡田嘉子が最後まで語らなかった「事実」を見極めようとする著者の文章は重く鮮烈だ。

彼女たちとかかわった男たちも畏敬の念を持って描かれ、かたや「男の不良伝」にもなっている。

五人の足跡を通して浮かび上がってくるのは、西欧の文化や思想の受容によって変容を遂げてきた二十世紀の日本の姿である。資本主義と社会主義の拮抗した二十世紀の歴史をこのように語ることもできるのかと、目をひらかれる思いがした。読みごたえのある一冊である。

（岩波書店　１９９９年2月刊／１９９９年4月1日　共同通信）

松本　侑子『光と祈りのメビウス』

現在の日本では結婚も離婚も、恋愛することも自由である。そしてパリ、東京、大阪のどこに住むのか、一流レストランの料理か自然食か、ブランド洋品かエスニックのモンペか、生活様式もさまざまなレベルの選択が可能である。

制約するもののない自由な世界。現在の日本はそんな〈自由な選択〉が広がっている、といってもよいだろう。しかしそれはカタログ的でもあって、本当に気に入ったものはなかなか見つからない。そのような状況を、生きることの選択と重ねて描いたのがこの小説である。

主人公の作家・治美も、消費社会にどっぷり漬かってきた一人である。彼女は弟の突然の事故死をきっかけに、自分の生活を見直し、生きていくということの意味を問おうとする。だがそんな彼女の方向性を決定していくのが、占い師やヨガの先生の言葉なのである。彼女らの言葉に促されるようにして治美はアメリカ人の夫を東京に残し、関西の山里の生活に入る。

山里で知り合った男との恋愛に夫との離婚、男の突然死と彼の子供の出産と、小説は治美のビルドゥングスロマンの形で展開していく。しかし存在していることの根拠を欠いたままの彼女の生の軌跡は、まさにカタログ商品の中に多様な世界を錯覚して見ていた一九八〇、九〇年代の日本の状況そのものでもある。

松本侑子は、カーソンの『沈黙の春』からコルボーンらの『奪われし未来』に至るエコロジー思想に、瞑想、ヨガ、チャネリングといった精神世界、そしてオウム事件や阪神大震災という社会的な情報を網羅して、自分のよるべき場所、生と死の意味を求めてさまよう治美の精神を紡ぐ。

一見すべてが自由に見えながら、何を基準にそのものが選択されているのか、さらに基準自体の選択も迫る世界は自由の牢獄ともいえるだろう。最後の子供との関係に確かな生をつかみ取ろうとする治美の選択も、一つの賭けでしかない。

（筑摩書房　1999年7月刊／1999年8月12日　共同通信）

津島 佑子『アニの夢　私のイノチ』

一九九〇年代における津島佑子の文学の軌跡が鮮やかに表現されているエッセイ集である。このエッセイ集は、十九歳の時に初めて「文芸首都」の集まりで出会ってから、津島佑子にとっては「特別な存在になってしまった」中上健次への思いと、作家である自分自身の文学的立場を真摯に語った部分とで構成されている。しかしどちらも〈文学〉という磁場にとらえられた作家の強烈な精神に彩られている。

中上健次の作品『鳳仙花』について津島は、彼の作品の中では異色のものと位置づけ、女の英雄叙事詩を目指した作品だと解釈する。だが「母の語り」を掬いあげることができずに、逆に『鳳仙花』以降は「母の語りを破壊」する方向を辿ったとみる。そのことがのちの中上文学に困難さをもたらしたのではないかという指摘は、同時代を共有する同世代の創作者の声として重く響く。

自己に関わる世界を何らかの言葉で解釈しよう、解釈できると考える中上と、解釈できない世界もあると考える津島。そんな二人の世界認識の相違は、父太宰治の死をめぐるエピソードで語られる。父の死にはっきりとした解釈を示さない津島を、中上は「おまえはなんだ、そんな大事なことも自分で考えようとしないのか」と叱責し、「解釈しようと思うこと自体が、死者への傲慢」だと猛烈に反発したという津島。

「アニ中上健次の夢」は自己に関わる「すべてを取り込」んで言葉で表現しようとした中上健次という存在に対するすぐれた論でありつつ、作家自身による津島佑子論にもなっている。中上健次を投射する津島の文章はとてもスリリングである。

さてこのエッセイ集のもう一つの魅力は、「文字を持たないひとびとの言葉の発見、言い換えれば語りの世界の再現」と、津島がフォークナーの文学について語っている記述がそのまま津島佑子の文学活動の足跡としても浮かびあがってくることである。

九〇年代に津島はサン・フランシスコ、メキシコ、パリなどの地に赴き国際作家会議に出席したり、一年間パリに滞在して大学院で日本の近代文学を教えてもいる。様々な場で受けた感動や違和感をかなり率直に語っている。それらは小説とは違った角度から作家津島佑子を知ることができて興味深い。しかし最も印象的なのは「その社会で『はじっこ』に追いやられたもの」へのまなざしであろう。〈言葉の遣い手〉である文学者の彼女は、言葉で「『はじっこ』に追いやられたもの」を掬いとるしかない。「自分の言葉に対する違和感」を持ち続けながら、それでも出会う人々と言葉で真摯に対峙しようとする姿勢は、読者の襟をも正さずにはおかないだろう。

とくに、どのように表現するべきなのか「言葉そのものを模索」しながら「埋もれていた文学の可能性」に光をあてようと、パリ大学の大学院生たちとアイヌ叙事詩をフランス語に翻訳するプロセスを綴った文章は、いま〈言葉〉で何を表現すべきかを深く考えさせる。〈文学〉への愛情と思索が込められた一冊である。

（講談社　1999年7月刊／1999年9月17日『週刊読書人』）

山本　昌代『魔女』

これまで住んでいた生活空間から異質の土地へ移ると、その場所に〈異物〉として入り込んだ身体が、ある種の変調を来たすことがある。

　ここに収録されている短編には、作者本人をモデルにした「私」の、観光客も日本人もほとんど見掛けないけれどイギリスの歴史を様々に包み込んでいるイプスウィッチでの一年間の暮らしが綴られている。もっとも**ジャック・オ・ランタン**に「私」は登場しない。だが異物の存在を、大陸とは異なる生活様式をもつ沼に浮かぶ島に住む老婆と少年との関わりで童話風に描いたこの小説は、異邦の地に置かれた「私」の深層ともいえる。

　山本昌代の小説世界は、普通に行われている日常生活に潜む何かはっきりとはしない、微かな歪みを読者に想起させる力をもっている。『**魔女**』では「私」の視覚の異変、視力の衰えをさりげなく書き込み、不可視なものを見ることのできる「私」を設定して、不可思議な空間を現出させる装置としている。「私」は街の歴史や由緒ある寺院や修道院の歴史を叙述しながら、「このあたりは僧侶や尼僧の幽霊が多く現れるそうだ」と当然のように語り、魔女に関する記録を読みながら「ふと気づくと向こうが私を静かにとり巻いている」と書く。

「私」の視線に、街の人々にも見えているらしいけれど、見えない者として扱われるピンクコートの女性や、街の人々に「魔女だ《ウィッチ》」と囁かれている夫を事故で失った女性、十七世紀に建てられた家の解体現場から現れた壁に塗り込められた猫のミイラ、「F街の兵士の幽霊」、そして建物の扉の上に嵌め込まれた鬼の首などの特異な形象がとり憑いて、この土地の表象世界が形づくられていく。

　そんな〈幽霊《ゴースト》〉たちは異空間にいるわけではなく、街の人々と共にありつつ、異質の存在としてその街に嵌まりながら、しかも排除されているという存在である。これらは半ば無意識的な街の記憶の断片ともなっていて、それらに触れることで「私」に過去をフラッシュバックさせ、時を交叉させもする。異邦の地で暮らし、そこの時を共有することは、その地の〈今〉だけでなく、その記憶も分有することでもあろう。

「私」は〈幽霊〉と偶然に出会ったりもするけれど、彼らのいる場所を眺めるために、繰り返し尋ね歩く。「私」の滞在記は、幽霊や魔女が歴史的建造物とともに現在にも生きて在る様相に、「私」の精神的な磁場を浮かびあがらせるゴーストツアーなのである。

（河出書房新社　1999年6月刊／1999年10月号『すばる』）

田辺　聖子『ゆめはるか吉屋信子（上・下）』

二千三百枚の大作だが、「読者は尽きぬ興趣に翻弄されつつ夢中で読みふけるうちに、物語世界の海へわけ入り、大きい感動の波にまきこまれ、やがて終末の浜へ静かに打ちあげられる」。信子の作品について語られた田辺のこの言葉は、そのまま本書にもあてはまる。

田辺は「私は少女時代から吉屋さんの熱烈なファンであった」と語る。戦争中の空襲の時でも信子の小説の入った鞄は持ち出せるようにしてあり、実際に家は焼けたけれど、小説はしっかり手元に残ったという。

田辺聖子に文学への夢を与えた吉屋作品。少女時代に感情移入した『花物語』や『女の友情』から、自身も作家となってその醍醐味に触れた『徳川の夫人たち』『女人平家』に至る作品に関する読みどころは、田辺の卓抜な作品論にもなっている。小林秀雄をはじめとする男性批評家たちのトンチンカンな読みや、男性と結婚しなかった女性への蔑視的な発言。それら男権主義思想に染まった発言への田辺の批判は、「実人生の手重い実感から生まれ、血肉となった」信子の思想を消化した上でのすぐれた批評性も有している。

ところで田辺の評伝の特色は、その人物を取り巻く人々や社会の動き、時代の空気を巧みに導入して人物像を浮かびあがらせる手法にある。**ゆめはるか吉屋信子**でも、信子の父が関係した足尾銅山の公害問題が深く追求される一方で、信子の交遊関係も詳細に追う。同じ時期にマスコミに持てはやされるようになった林芙美子と信子の対比はなかなか面白い。同時代に生きていた女流作家たちのかかわりはスリリングな「近代女流文学史」となっている。

また少女小説作家と見なされてきた信子の文学史的意味を、読者との共同作業の賜物である『源氏物語』を代表とする王朝女流文学につなげる視点は、文学史の発想上もユニークであるといえるだろう。信子と同じように読者を大事にする田辺の語り口につられて一気に読んでしまえる。けれど読んでしまうのが惜しいほど、中身がもりだくさんの評伝である。

（朝日新聞社　１９９９年９月刊／１９９９年10月24日『東京新聞』）

川上 弘美『溺レる』

漢字、カタカナ、ひらがなから成るタイトル「溺レる」を見て、一瞬、どう読んでいいのか戸惑ってしまった。取り敢えず「おぼれる」と読みながらも、「れ」ではなく「レ」はどう発音するのだろうか、と気になった。音を頼りに「おぼれる」と読めば、水に落ちて死にそうになる、何かに心を奪われる、夢中になる、などの意味をもつ「溺れる」になってしまう。音を強調すれば、意味的に三つの文字はつながってくるけれど、視覚は三つの文字をくっきりと分離する。そんな音と像（絵）が競合し合っている文字たちは、通念の読みと意味とを拒否しているように感じられたのである。

収録されている八篇は男と女の〈愛の物語〉を描いた小説である、と一応はいえるだろう。**さやさや**は到達できない恋のプロセスを、**溺レる**は〈相愛の男女〉のミチユキを、**亀が鳴く**は恋の終りを、**可哀相**はサドマゾ的な性愛を、**七面鳥が**は〈深い仲〉の追求を、**神虫**は濃密な情愛の相を、綴っている、と。そして「精をつけて、切磋琢磨して、きわまりに導きあおうと邁進して、結果、きわまる」といった表現が性の絶頂感を示すように、川上弘美独特の語り口はそれら〈愛の物語〉を異風な世界として紡ぎ出す。

いっぽう**百年**と**無明**は幽霊が語り手となった情死と姦通の話だが、「妄執だの因縁だの愛欲だの」の影が少しも見えない、しんとした悲しみと淋しさを湛えた作品となっている。それは彼らがなぜ情死しようとしたのか思い出せなくなっていたり、もはや愛欲も喪失し、相手といることの意味も分からなくなってきていることによる。

この短篇集は自己と他者の一体化を希求する恋愛の枠組みを使って自他の入り交じる感覚を喚起させつつ、しかも決して自他の融合はありえないという表象を醸し出している。とくに女たちは何とも言えない不安にかられて男の名前を何度も呼ぶけれど、そのことによって相手が側にいても消えていくような感覚に囚われてしまい、逆に強く一人であることを認識させられる。そしてそのことをまた当然だとも納得しているのである。

この小説群には濃密でありながら稀薄な恋愛関係が浮遊している。それは視覚的に強いインパクトを放ちながらも音と意味に集約されまいとするタイトル文字にも似た不全感漂う男女の関係である。

恋愛物語の枠を破壊せずに、新たな「恋愛」世界を創出したいという、作者の意思が溢れている。
（文藝春秋　1999年8月刊／1999年11月号『すばる』）

山本　文緒『落花流水』

現代に生きる女性たちの愛や結婚、仕事の世界を描いて若い女性読者の圧倒的な支持を得ているのが山本文緒である。

彼女は光と闇をあわせもつ女の心をさまざまな角度から紡ぎだす。吉川英治文学新人賞を受賞した『恋愛中毒』では、理性的で仕事のできる女性の愛の一途さを、男の娘を監禁して愛情を得ようとするゆがんだ行為としてとらえていたし、『群青の夜の羽毛布』では母と娘の愛と絆は、母親を絶対とみなすよう育てる、虐待という形をとっていた。

男女の愛、夫婦の愛、親子の愛、と呼ばれる関係に作者はとても懐疑的である。彼女は愛と憎しみが交錯する境界線をあぶり出す。しかも憎悪と恐怖のなかに、かすかな愛の存在をも描く。娘を監禁された男も、母に虐待された娘も、相手との関係をすっぱりと切ることができない。憎い相手であるはずなのに、何か惹きつけられてしまう、そんな人の心の在りように山本は注目する。

落花流水は母を姉と、祖父母を両親として育てられた女性の六十年間のエピソードが描かれている。父が違うらしい子供や、異母兄妹の恋愛など、多様な家族関係を挿入しながら彼女を包む環境と人の変容がつづられていく。

戦前の家族関係を思わせる設定でもあるけれど、義父や異母妹を愛することに、登場人物たちが何ら良心の呵責を抱いていない点は大きな違いであろう。とくに子供を産んだ女（母）が、自らの内に娘や子供たちの行為をとがめる倫理的規範を持っていないのは、この小説の大きな特色である。

家族を捨て男をかえながら放浪する母から生まれた娘は、愛を感じた男に出会うたびに家族を捨て、新たな家庭をつくり子供を生む。微妙に変奏し循環する母と娘の物語は、男と同じように家庭や家族も、取り換え可能なものとしつつ存続していることを感じさせる。

（集英社　１９９９年10月刊／１９９９年12月２日　共同通信）

２０００年〜２００９年

稲葉　真弓『水の中のザクロ』

　独りであることの解放感を満喫させてくれる都会の暮らし。稲葉真弓はそんな都会の魅力に惹かれる女たちを描いてきた。家族や恋人がいなくても、殺伐とした事件が起こっても、孤独を楽しむような女たちの生活は少しもみじめではなく、読者をやすらいだ気分に誘ってくれる。読者がそんな気分に誘われるのは、作者が独りを許容する都会の空間をこよなく愛し、紡いでいるからである。高層マンションやビルから眺められる光景に心癒される主人公は多い。本書もまた独りである人間たちのオアシスとして機能している都会の側面が描かれている。

　語り手の「私」はフリーランスの編集者である。結婚する気もなく一人できままに過ごしてきた。最後の肉親である母を看取って、文字通り一人になった「私」に友人の失踪が知らされる。ケンコウランドで見かけたということを聞き、「私」には見えなかった、失踪しそうにもなかった友人の姿を追って「私」のケンコウランド巡りが始まる。しかしいつしか裸で居る空間の「みんな無防備でやさしい輪郭」を持つ「肉体がふわふわと裸で行き来する場」の「なにもかもが曖昧で、あるのは一個の肉体だけ」という非日常的な空間に慣れ親しんでいく。

「私」や友人が都会で紡いできたのは電話やFAXでの仕事のやり取り、図書館での調べものとマンションの部屋での執筆という場であった。それは家族がいなければいくらでも「怠惰」になれる場であったにもかかわらず「むしろ緊張して、ひとりでいることにむきになる。隙を作らないために染みひとつ許せない心」を抱えた場であった。だが様々な風呂、湯にあたっているうちに、肉体の外と内が溶け合った母の胎内のような水の空間の魅力を知り、次第に怠惰であることの心地好さを実感していく。

　都会の周りにありながら都会の喧騒から隔離されたケンコウランド。名前も職業も個人的な事を語らなくてもすむ場所。血のつながった家族の鬱陶しさや様々な関係に絡《から》めとられた日常を剝離しロッカーのキーナンバーだけで呼ばれる、一定の距離を保った者たちとの気楽な関係。ケンコウランドは「私」ばかりでなく、ほとんど住み着いている「大阪のおばあちゃん」や「センセイ」などの帰っていく「家」のようなものにもなっている。「いいじゃない、楽になりなさいよ、楽になって溶けちゃいなさいよ」と「湯の声」はささやく。失踪した友人もそんな声を聞いたのであろう。「私」と友人はいつしか溶け合っている。

　都会で一人で生きる女性たちを描いてきた作者は、この小説で四十八歳の主人公を設定して、老いを間近にした彼女たちの「本当に帰る場所」を模索する。子供を産まず子供に未来を託せない女たち。しかしそこに悲惨な影は微塵もない。ケンコウランドで買った「不老長寿のザクロのエキス」を、「ひとりで生き切るために」に飲む「私」には解放されたユーモアさえある。都会で一人暮らしを続ける女たちにエールを送った小説ともいえよう。（講談社　1999年11月刊／2000年1月14日『週刊読書人』）

坂東　眞砂子『道祖土家《さいどけ》の猿嫁《さるよめ》』

　さまざまな伝承を織り込み、あたかもその土地の歴史であるかのような錯覚を読者に起こさせる、坂東眞砂子はそんな物語の紡ぎ手といえるだろう。

『死国』の黄泉《よみ》の国、『桃色浄土』の補陀落《ふだらく》渡海、『山姥《やまはは》』の山姥など、土地にまつわる伝説は共同体のきずなが強力な場所に生まれているが、伝承の背後にあるのは異なった文化をもつ者との交流の痕跡である。作者は民俗学でいうところの異人交渉譚を豊かなイメージでふくらませ、現在の日本人のルーツを異人との関係に見ようとしている。

本書は、平家の血につながるといわれる土佐火振村の名家道祖土家が舞台である。村を揺るがす明治の自由民権運動から世界恐慌、太平洋戦争、高度経済成長という歴史的事件を盛り込みながら道祖土家の変遷がつづられていく。さらに土地の方言を駆使した民話や歌謡がその土地の雰囲気を盛り上げている。山村の描写の精密さは土佐出身の坂東ならではのものであろう。

話は道祖土家に嫁いだ蕗《ふき》を中心に展開される。彼女は猿に似た顔のため猿嫁と呼ばれるが、道祖土家には戦国時代に先祖が戦に恐れをなして山に逃げ、白い猿に助けられたという言い伝えが残っている。しかもその子孫には猿の血が混じっていると。「臆病者の子孫」は「猿」の助けによって再び土地に舞い戻ることができたのである。

蕗の存在自体が道祖土家の伝承に確信を与え繁栄の根拠となる。こうしてこの小説は臆病ゆえに別の世界とかかわり生き延びた男たちの物語ともなる。

最後は一九九六年。蕗の三十三回忌の場面で、百年以上続いた母屋も取り壊されることになり家の崩壊が暗示される。その一方で、これは読んでのお楽しみだが、道祖土家の臆病者の血が予想もつかない結果を現出させてもいる。土佐の小さな山村を舞台にしながら日本人の歴史と、人間の連鎖の大きな広がりを感じさせる一冊である。

（講談社　2000年1月刊／2000年2月3日　共同通信）

木崎　さと子『蘇りの森』

旧満州新京（現・中国東北部長春）市で生まれた木崎さと子は、敗戦をかの地で迎えている。その時五歳であった少女は、ソ連兵に銃口を向けられた父と共に死ぬのだと、なぜかすっきりとした諦めの気持ちになったという。その体験ゆえに六歳で満州から引き揚げた後も生の虚しさを感受しつづけ、長く自分が存在していることの確かな意味を見いだせなかったという。自分自身を「空虚な穴」と感じる意識を覆すためにも、「満州」とは何だったのか、あの時代をどのように生きていたのか、を問うことが作家木崎の一つのいとなみとなっている。

この小説の現在時は敗戦から五十年を経た一九九六年から九七年にかけてで、「戦争」に関して様々な立場の人々が登場する。作者の分身ともいえる五十代後半の藍子は、他者との関わりに積極的な意味を見いだせない。関東軍の将校で皇帝溥儀に仕えた父を持つ六十代後半の茜には、宮廷の華やかな記憶と中国人のおおらかさを愛する心が生き続けている。

戦後も企業の中枢にいた八十歳近い元陸軍将校時田。父の価値観と対立し「軽薄者」を自称する五十代の息子時田昇。四十年連れ添った妻にも戦争のことを語ろうとしない満蒙開拓団の一員で現地召集された市蔵。「中国残留孤児」で記憶が曖昧な五十代らしい晴江。

誰が誰に対して責任をとるべきなのか。あの時何をすべきだったのか。語ることのできない記憶を抱えて「あの戦争全体について、言語障害に罹っている人」の声を、作者は響かせようとする。それは記述された歴史を記憶する世代である戦後生まれの若者たちと「戦争体験者」たちとの対話にも、「満州」が中国でどう記憶されているかを日本人観光客が訪ねる旅行でも示されている。

相対立するものと対話しつつ過去の歴史を認識し、自分自身をも認識していくこと。藍子と昇との恋愛、中国人「従軍慰安婦」の援助を行う中国人留学生楊と銀行頭取の娘ゆかりとの恋愛は、他者とのせめぎあいの中で人は蘇り、さらに新たな局面を発現しうるという希望を私たちにかいまみせてくれる。

（文藝春秋　１９９９年12月刊／２０００年２月６日『東京新聞』）

入江　曜子『少女の領分』

入江曜子は『我が名はエリザベス』で新田次郎文学賞を受賞している。エリザベスとは満州国皇帝溥儀の妻であった婉容の、天津にあったミッション系女学校で学んでいた頃に呼ばれていた名前である。

入江は皇帝溥儀や日本軍を中心に語られてきた、あるいは一定の形の定まった満州国の歴史を、十七歳で溥儀に嫁いだエリザベスの内面を軸に据えて描いた。そこには少ない資料を丹念に拾いあげつつ作家の想像力も駆使しながら造型された女性の視点を通して、満州国の歴史の意味が辿り直されている。

少女とは厳しい現実を眼にしながらも、将来に夢や希望を託せる者の謂でもあろう。少女の夢や希望はエリザベスのように無残に砕かれることが多いけれど、少女時代の体験は現実の在りようを深く認識し将来を見通す契機ともなる。

本書は、軍国主義から民主主義へと日本の価値観が大きく変容した時期、一九四五年の敗戦から極東国際軍事裁判が終結した一九四八年に絞って書かれた長編小説である。四五年に国民小学校五年生である語り手のケイは、一九三五（昭和十）年生まれの作者の分身といってよい。作者自身が疎開した伊豆の海辺の村を舞台に「家庭と学校とで与えられる相反する価値観」「都会の中産階級の家庭生活と疎開先の村での生活水準の相違」「敗戦とともに逆転した軍国主義と自由主義」「食料難と竹の子生活の疎開者とは対極にある農村の好景気」という対照的な出来事が、ケイの視線で綴られていく。

大正時代のリベラルな教育を受けた両親「パパ」と「ママン」に育てられたケイではあるが、戦時中は疎開先のりりしく健康的な良妻賢母型の〈戦時美人〉七重先生に憧れる。お国のために尽くそうと一生懸命な七重先生に感化され、フランス刺繡やヴァイオリン、素敵なリボンの結び方という〈ママンの文化〉よりもサツマイモの苗の切り口につける防腐用の藁灰の作り方の知識の方がとても重要だと考える〈軍国少女〉的な意識が強くなっていく。もっとも相手の言葉を丸呑みするのではなく、事実を自分の眼で確認したい、真実を知りたいという要求も強い。ケイの「観察する目」は、天皇は現人神か、と確認しようとするエピソードに強く表れている。

時局の変化にも一貫して自己の美意識と価値観を持ち続けようとする母と、それを軟弱だと見なす娘との葛藤を通奏低音に、徴兵忌避の青年の話や満州から引上げてきた少女たちの話などが、村の大人たちの語る謎めいた言葉や、子供たちの「噂」と「嘘」が入り交じったお喋り、という推理小説的要素も見せながら展開する。

作者は当時のことを「少女という枠のなかでより良く生きる道を模索」した「未知の世界への心躍る冒険だった」と語っている。五十年間あたためられたこの小説には、いつの時代にもある「噂」と「嘘」から「真実」を見つけだして欲しいとの、現代の〈少女〉たちに向けられた作者の熱いメッセージが伝わってくる。

（講談社　２０００年2月刊／２０００年5月5日『週刊読書人』）

これを小説といっていいのだろうか。もちろん芥川賞を受賞した立派な「小説」として認知されたのだが。

この作品は従来の小説には収まらない、もっと大きな日本語の底力のようなもの、私たちが日々それとともに生き、私たちの生命そのものと区別できなくなっているような根っこにある日本語のダイナミズムを読み手に喚起する。新しい書き言葉の世界を切り開いた〈文―芸〉作品といって良いのではないだろうか。

町田康『きれぎれ』

町田康はかつて町田町蔵と名乗るパンク・ロックの歌手であった。独特な歌い方とユニークな歌詞で一部に熱狂的なファンがいた。吉本ばななもその一人である。詩集『供花』や『壊色』も高い評価を受けた。一九九八年の『くっすん大黒』で小説家としてデビュー。野間文芸新人賞とドゥマゴ文学賞を受賞した。

ぼやき漫才風とも落語風ともいえる独特の語りは「近来、稀に見る文体」と絶賛され、現代文学の旗手であり救世主であるとまで言われた。その斬新な文章の魅力は**きれぎれ**にも**人生の聖**にも遺憾なく発揮されている。会話を示すカギカッコの使い方や、句読点の打ち方が独特のリズムをつくり、時空を超えたいきなりの場面展開も、そのまま読んで行ってしまえる。

ランパブ、お見合いの席、家庭といった場が異様に面白い世界に見えてくるのも、独特の言語感覚や誇張された言葉の強度に練られた文章のなせる技であろう。

その語りと相俟って町田康ワールドの魅力を創出しているのは、彼の小説のタイトルにもなっている〈人間の屑〉といわれるダメな主人公たちである。**きれぎれ**では母親にたかって生きながら「ありとあらゆる紋切り型・月並」を拒否する、と豪語して滅茶苦茶を行うどら息子である。しかしなぜか憎めない。惹かれてしまう。哀しみをともなった可笑しみが人間の本質であると思わせるような、そんな人物なのである。

「俺」という一人称が自在に繰り広げる語りの地平。話芸と文芸の両方が楽しめる。言葉の力を蘇らせている作家といえる。

（文藝春秋　２０００年7月刊／２０００年8月13日『東京新聞』）

稲葉　真弓『ガーデン・ガーデン』

稲葉真弓は、都会で暮らす女たちの孤独のなかに生じる強靭な生感覚を描く作家である。それはまた女が一人で暮らすことを可能にする空間をつづった都市小説ともいえる。

表題作の**ガーデン・ガーデン**は、古い「路地」の雰囲気を残していた東京・恵比寿が、超高層ビル街「恵比寿ガーデンプレイス」へのかすかな変容を見せ始めていた一九八〇年代を時代設定としている。この小説には夫婦交換斡旋《あっせん》雑誌で働く、離婚した女三人が登場する。

夫婦交換の希望者が送ってくる写真の中のヘアや性器に花や果物のシートを貼って隠したり、固有性を消すために顔や背景を修正したりする仕事をする「私」は、作者自身をモデルにしているらしい。作者はあとがきで「十数年前、不思議な仕事にかかわったことがある」と語っている。

結婚生活だけは絶対に壊したくないと考え、安定した日常生活の倦怠感や夫婦の危機を、他人の視線や性を介して解消させようと意図する夫と妻。伴侶の身体を他者の視線にさらし、さらに他者と交わる肉体を見る夫婦。夫と妻の直接的な関係ではなく他者を媒介に濃密なエロスを紡ぎ、「夫婦の快楽と絆」を手にするのだ。

いっぽう結婚生活の一切の幻想から解き放たれて黙々と仕事をこなし「観察者」を任じている三人も、写真や送られてくるメッセージによって妙なエロスを喚起させられもする。そこには現実感覚の間接的な変容が認められる。

クリア・ゾーンの、閉鎖された都会のビルの窓からマンションに住む見知らぬ女性を見つめる失業した若者の視線。**春の亡霊**の、家を捨てた母が娘の命日に高級ホテルの窓からかつての家を見つめる視線。

三作品ともに直接的な関係性の喪われた世界が、まなざしによって再活性される瞬間がとらえられている。オシャレだが無機質とも思える都市空間に、孤独だが匿名の快楽を可能にする場が見えてくる。

（講談社　2000年8月刊／2000年9月7日　共同通信）

村田　喜代子『夜のヴィーナス』

村田喜代子の眼は常人と違った働きをする。彼女の視線を通すとありふれた日常の光景が未知の世界への扉となり、悲惨な死さえもが美しい絵となる。

表題作の**夜のヴィーナス**は、フィレンツェでヴィーナスに惚れられたという男の話を、自分の体験のように語る女友達の「わたし」が語り手である。男に惚れたのはあの有名なボッティチェリのヴィーナスではなく、彼女に顔も姿も瓜二つにつくられたラ・スペコラ博物館にある解剖蠟人形のヴィーナスである。死体から象《かた》どられた肺、腎臓、肝臓、胃、大腸、小腸、子宮、といった臓物を腹からさらけ出しながらボッティチェリのヴィーナスのまなざしのままにほほ笑むスペコラのヴィーナス。彼は生と死を一身に体現した彼女に女性の美を感受し、心から「いとしい」と思う。彼の心を感知したかのようにヴィーナスのアプローチともみまがう奇妙な事が頻出する。

蠟人形が生身の男に恋をしてしまう。そんなことが……。でも有り得るかもしれないと、おそらく読者は納得してしまう。女を愛でる男の歓びを語る「わたし」の言葉が、「わたし」自身の愉悦として紡がれているから。ヴィーナスは「わたし」でもあるのだ。夢想の中で石畳のフィレンツェの街を「わたし」と臓物を抱えたスペコラのヴィーナスが走る光景はグロテスクでもあるけれど生命の息吹が感じられる。ここには物に命を吹き込み、豊かなイマジネーションの世界を織り成す言葉の躍動がある。

虚空は商売に行き詰まった男との束の間の旅行から帰ってきた娘の、母親への愚痴話で始まる。空《ソラ》という名の高原。行き止まりはまさに空の広がりしかないという場所。牛さえも風の強さに押されて崖から落ちてしまうというソラ。虚無そのもののような空に誘われたかのように男はひょいと崖から身を投げる。「すぐ宙に浮かぶと大の字の綺麗な人型に手足を開いたわ。そして虚空の上に一瞬、神島の人型がペタリと貼りついた」。「空に磔」になった男の姿は勇壮でありつつどこか滑稽で哀しい。死で終わった男と女の結末が妙に明るいのは、男の死をまさに自然の一部として語る女の語り口にあろう。

土地の放つ空気と動植物の生気、自然と人間の交感も、この短編集にはちりばめられている。

馬光ホテルの馬を家族の一員として遇する土地。そこでは人間の男の顔も馬に近づいていく。夜中に馬と遊ぶ女たちの光景は具体的には語られないけれど、不思議なエロティシズムを残す。**茸類**は山奥の集落で律儀に椎茸栽培に従事してきた夫婦の話。枯死した木の内部を熟成させる椎茸菌。その菌が妻に夢魔を孕ませたのか。夫婦の一瞬の危険なエロスが山の香りと交錯する。**土筆女**のツクシは「人の話し声が好き」と言う。別荘に来た女たちのお喋りを聴いたせいか、翌日、顔を出した土筆の群れ。女のエネルギーの源泉ともいえる「嘘」の語りと春を告げる可愛らしい土筆との生命の交感。

九つの掌篇に女たちの様々な深淵が語られていき、最後は**夜のヴィーナス**の後日譚ともいうべき**ウェヌスの増大**で閉じられる。「わたし」はヴィーナスの嫉妬に会わないようお守りも携えて、実際にスペコラのヴィーナスと対面する。そこで「わたし」が感受したものは……。

思いがけぬ接合によって開かれるイメージの豊かさ。それを支え、誘導していく語りの妙。村田ワールドは確かなリアリティを発している。

（新潮社　2000年8月刊／2000年10月20日『週刊読書人』）

林　京子『長い時間をかけた人間の経験』

核の脅威は、今日どれほど日本人に実感されているだろうか。一九四五年八月九日、林京子は長崎で被曝している。彼女は芥川賞を受賞した『祭りの場』をはじめ、原爆症の恐怖を抱えて生きる人の生と、核に依存して国力を誇示しようとする人間の愚かさを繰り返し剔抉《てっけつ》してきた。

心身の安らぎと平穏を求めながらも、八月九日に呪縛されてきた被曝者たち。八月九日を生き延びながらも、人生の途中で次々に逝った人々。子供を望みながらも遺伝も取り沙汰され断念した女性。

産んだけれども、常に脅えとともに在る女性。**長い時間をかけた人間の経験**は、女学校三年十四歳の時に長崎で被曝した作者自身と見なせる「私」を主人公に、まさに「被爆」、すなわち「死」とともに在った「私」たちの生が語られていく。

　古稀をまぢかに控えた「私」は、原爆症ではなく「老醜の死」「人並みの老死」を迎えるかもしれなくなった現実に強い衝撃を受ける。原爆をもう一度落とさなければ被曝者の孤独は体験しなかった者には伝わらないのではないか、という深い絶望を抱えたこともあった「私」の半生とは、一体何であったのか。八月九日の体験を自分の人生に組み込むために「私」はお遍路巡りをする。恩師や友人たちの声を同伴者にして。

　もちろんその答えは出ない。けれどお遍路巡りをしながらの、生きている者や死んだ者との対話は〈長い時間をかけた人間の経験〉の中にこそ、ある光を暗示する。

　トリニティからトリニティへは「私」が、初めて核実験の実施された場所トリニティを訪れる旅である。長崎に落とされたファットマンのブローチが売られているナショナル・アトミック・ミュージアムを経て、ニューメキシコ州アルバカーキに向かう旅で、争いをする人間という生き物についての考えを展開しつつ、歴史と自然と人間が渾然一体となって「命」の世界が在ることが示されていく。そして爆心地「グランド・ゼロ」に辿り着いて、世界で最初に被爆したもの言わぬ自然の痛みを感受する。

　深い精神性を湛えた作品集である。

（講談社　２０００年9月刊／２０００年10月22日『東京新聞』）

河野多恵子『秘事《ひじ》』

理想的なカップルとは、どんな二人のことをいうのだろうか。おそらく結婚する多くの男女が望みながら、なかなか達成することのできないのが〈いつまでも愛しつつ幸福であり続ける夫婦〉のかたちであろう。

河野多恵子は一貫して、人間がだれ一人として他者とまったく同じ感覚を共有することはできないという前提に立ちながら、しかし相手に対する疑惑や疑念の微塵もない〈愛〉の形が成立しうる状況を書き続けてきた。

秘事で描かれるのは、恋し始めたばかりの頃から伴侶の死にいたるまで理想のカップルとみなされ、またそのように在った夫婦の物語である。

五十代で総合商社の役員になった三村清太郎は社内外で尊敬されている。その彼の地位は妻麻子とともに歩んできた人生の結果ともいえる。夫の海外勤務には子供たちを日本に残しても夫婦はいつも一緒であった。結婚式当日の息子に「おふたりは僕の最も大好きな夫婦なんですよ」と言わせるほどの〈一対ぶり〉なのである。

たとえば包丁の音をリズミカルに響かせる妻に「気ぃつけて」と注意する夫に、「分かっているわよ」ではなく「はい」「ええ、ありがとう」と応える妻。日常のさりげない場面に二人の心が浮き上がる。

息子たち夫婦を前にして、「僕の臨終の時」には、「お母ちゃんだけに聞かせたい素晴らしい言葉」があるから、最後は二人だけにして欲しいと語る清太郎。幸福な夫婦のエピソードは様々にちりばめられている。けれど、タイトルはなぜか裏に何か隠された秘密でも示唆するかのような「秘事」である。婚約前、交通事故で麻子は頬を七針縫う怪我をした。清太郎の「俠気」や「自惚れ」ではない結婚の決意。「素晴らしい言葉」とともに「秘事」もそこに関わっている。

肝炎で急死した麻子はその言葉を聞く事はできなかったけれど、読者は確かにその言葉を聞き、理想のカップルの鍵を知り、彼女の死もまた幸福であったと納得するだろう。この〈絶対愛〉ともいうべき世界を日常の細部に宿らせる作家の手法は読みごたえがある。

（新潮社　２０００年10月刊／２０００年12月３日『東京新聞』）

猪瀬　直樹『ピカレスク　太宰治伝』

なるほど、太宰治はこんなしたたかな作家だったのか、と目からウロコが落ちた。

太宰ファン以外の者にとって太宰のイメージといえば、おそらく「人間失格」や「生まれて、すみません」と言った言葉に代表される気の弱い、甘えたような自意識を持った男ということになろうか。そのイメージから小説読まずの太宰嫌いも多いのではないかと思う。著者は太宰の自殺未遂遍歴を追いつつ、その行動の結果とそこから生まれた作品の微妙な差異に注目して、太宰が仮構しようとした太宰像、天性のフィクションライターをあぶりだしていく。

初めの自殺未遂は弘前高校在学中の二十歳のころ、社会科学研究会にかかわっていたメンバーが逮捕される前であった。二度目と三度目は実家からの仕送りが打ち切られそうになった時。四度目は内妻の不倫を知った時である。

著者は、知人や友人の前で悩み、うめく太宰を描写しながら、その根底に自己の生き延びる方策を冷静に計算しつくす顔をとらえる。最後の心中は計算外であったのか。

この評伝のもう一つの面白さは、最後の心中事件でくずかごから発見された「みんな、いやしい慾張りばかり。井伏さんは悪人です」と書かれた遺書の下書きらしき文面をめぐる謎の解明である。井伏鱒二は太宰の媒酌人であり、二人の師弟愛は伝説化されていたといってよい。にもかかわらず最後のセリフは「悪人」である。

周到な調査をもとに綴られる井伏と太宰の心理的確執。名作「山椒魚」や「黒い雨」に隠された創作の秘密。鷹揚に見える風貌を生んだ小心な意識。神話化された井伏鱒二像をくつがえすエピソードの数々。井伏は太宰の鏡ともなって微妙な相似性を映す。

とくに太田静子の日記をもとに執筆された「斜陽」はこの師にしてこの弟子と思わせつつも、師より一枚上手の悪漢太宰治を鮮やかに浮き彫りにして、猪瀬の筆致は見事である。

（小学館　２０００年11月刊／２０００年12月21日　共同通信）

荻野　アンナ『ホラ吹きアンリの冒険』

船乗りとして世界中を駆け巡っていた男アンリ・ガイヤールが、神戸で日本人女性キヌコと出会い、横浜で所帯をもった。その二人の間に生れたのが、この本の語り手であり作者荻野アンナとも重なる「私」である。

「アンリから皺を取り、髪を増やし、性器を女性のそれと差し替えれば私」というほど酷似した娘に対し、この「ガイジン」は生れた当初「誰の子か、わからん」とのたまったそうな。

フランスで生れアメリカで育ったアンリは根っからの旅好きというか、放浪人というべきか、自由気ままに半生を過ごした後、家に落ち着いた。だが八十代を迎えて優しいキューピッドの顔の反面になお悪魔メフィストフェレスの顔も浮かべる。そのような顔を持つ父に、四十代の娘は好奇心を抑えられなくなる。父のルーツと「父であって父でなかった」航海中のアンリ、不在の父を実体化させるべく、父の記憶と古い写真を携えて〈父親探しの旅〉に出るのだ。

父親の故郷フランスのサントの町をたずね、さらに父の母の国アメリカを訪れる。サンフランシスコでは三十七年ぶりに、父と母の家庭内離婚の原因になった異母姉アンヌ＝マリーと、感動的な再会を果たす。姉をはじめ伯父も伯母もとてもエキセントリックで、彼らが語る生涯の物語は父の昔話と同じように奇想天外、波乱万丈である。

三歳の子供のようなピュアな心で動きまわるガイヤール家の資質は、どうやら「私」にも受け継がれているらしく、とうとう父の初恋の女性を求めてパプアニューギニアの島々にも渡る。

父の記憶と「私」の旅で紡がれていく〈父の実体〉は、旅の地のように苦さをふくんだ魅力できらめいている。二十世紀前半の世界漫遊を体験しつつ、ユニークな現在にも出会えるこの物語は、自らを「はったり屋かもしらんな」と語る父の娘の面目躍如たるものがある。

（文藝春秋　2001年1月刊／2001年2月15日　共同通信）

増田　みず子『月夜見《つくよみ》』

不思議な味わいをもった小説である。話の内容は、五十歳間近になった小説家「私」こと岩崎百々子と八十七歳の「ママハハ」千代との現在に至る歴史を綴ったものといえる。

幼い頃に両親が離婚し、その後母は行方不明となり、父も十四歳の時に突然死した。血のつながらない「私」と千代は「心を通じあわせたら、とてもいっしょに暮らしていられなかった」という、ある種の距離を保って四十年以上を関わってきた。だが千代の突然の入院で、二人の関係は微妙に変化する。独りで生きる強さを持ち続けていた千代が、記憶も曖昧になり枯れ木のように朽ちていこうとする様子を見て、百々子の胸には「黒々とした生きる意欲」が沸きたつ。それはまさに二人の濃密な関係の始まりであった。

病院内でのやりとり、看護婦や千代の経営する古アパートの住人との会話、父の死前後の出来事など、二人の不可思議で奇妙なエピソードが至る所にちりばめられている。それぞれが単独の輝きを放ち、小説ならではの楽しみを堪能させる。

この作品のもう一つの読みどころは「私」の日記、百々子の日常を第三者の視点で描いた文章、千代の書いた備忘録、「私」の書いた千代の物語が並行することで現実と幻想がゆらぐ世界が紡ぎだされる点である。それは人間の記憶の不分明さとも重なる。

ところでタイトルの「月夜見」は月読とも書く。日本では男性神月読尊《ツクヨミノミコト》が有名だが、世界各地の神話では月神は循環する自然との関わりから女神とされることが多い。感受された時間は暦として記されることにより、感じることと書くことの融合した「月読」となる。匂いや音や空気の流れを感知する千代は、明らかに自然を読む者である。いっぽう日記は日々記されていくことで時間をとらえる。月は日と、読むは書くと、ママハハは娘と、対立しながら微妙な類似を見せていく。百々子は千代との関わりを日記に記しながら時を刻みつつ、自己の感受した千代を「裏日記」に書く。そこから編まれた小説には「月読」的世界が見られる。血のつながらない女たちの魂の循環が見事に表現されている。

（講談社　2001年1月刊／2001年2月18日『東京新聞』）

東野　圭吾『片想い』

現代社会に生きる人々のさまざまな「生」の問題を、丹念な人物造型と緻密なプロットで描き定評のある東野圭吾の待望の一冊だ。今回は〈性のミステリー〉に迫る。

大学時代アメフト部に所属していた哲朗は、自分が男であることを当然だと思ってきた。だが十年ぶりに再会した女子マネジャー美月は、女としての自分に以前から違和感を持っており、現在は「男」として生きていると語る。

実感はわかないもののショックを受ける哲朗。しかも美月は殺人を犯しており、ずっと思いを寄せていた理沙子（今は哲朗の妻）に最後の別れに来た、と言うのである。

ホルモン注射を打ち性転換途中にある美月をマスコミや世間の目から守るため、哲朗らは美月の逃亡を画策する。うまくいくように思えた計画は、アメフト仲間で今は新聞記者の早田の出現によって意外な展開となる。

事件の真相解明は、そのまま美月の「性」のありようとクロスしつつ、複雑な心と多様な性意識をもつ人々の存在を浮き彫りにしていく。

ところで、人を男と女に分ける決定的要因とは何だろうか。精巣や卵巣の有無であろうか。それともXX-XYといった性染色体であろうか。しかし半陰陽の人もおり、美月のように体は女だが、気持ちは男という「性同一性障害」の人たちもいる。

男でも女でもないし、男でもあり女でもある、と考える者も登場する。男／女という境界は、はっきりしているようでつきつめていくと限りなくあいまいになってゆく。

ジェンダー・トラブルを素材にしながら人は男性的部分と女性的部分から成り立っていると考える作者のメッセージは強く伝わってくる。

ミステリアスな人物たちとスリリングな謎解きを堪能しつつ、この世界が新しく見えてくるぜいたくな本である。

（文藝春秋　２００１年３月刊／２００１年４月19日　共同通信）

江種 満子、井上 理恵編『20世紀のベストセラーを読み解く 女性・読者・社会の100年』

ある作品が多くの読者を獲得してベストセラーになる。なぜこの作品がこんなに読まれるのか。誰でも一度は疑問に思ったことがあるのではないだろうか。そこに「時代を揺さぶるなにか」があったに違いない、とその「『なにか』に迫ること」を目的に本書は編まれた。

つまり編集者や出版社が喜びそうなベストセラーを生むための法則性の発見の書ではない。それらの作品が登場した「時代の政治・経済・教育・文化等々の歴史的社会的状況」や「メディア・ポリティックス」を視野に入れつつ「テクストの筋や主題、レトリックやキーワードを読解」、さらに「読者に対する方策」や「読者によるじっさいの読まれ方」の考察という社会学の方法も導入して〈読まれることの内実を追った、十一人の女性による斬新な文学評論集である。

ベストセラー作品は刊行順ではなく、次の四つの観点から論じられている。「純愛」では『マディソン郡の橋』『花物語』『眞珠夫人』が、「家族」では『家族シネマ』『華岡青洲の妻』『不如帰』が、「貴族性」では『斜陽』『細雪』が、「読者」では『ノルウェイの森』『サラダ記念日』『金色夜叉』が取り上げられている。各論とも読者のセグメントのされ方、販売戦略の方法、芝居・映画・テレビドラマ化される場合の脚色の仕方などを綿密な調査で明らかにしつつ、それぞれの作品が発表、刊行された〈時代の感性〉を浮き彫りにし、テクストの魅力的な読み解きをも行っている。

ところで刊行時、私の周りでも話題となり評価が二分した『サラダ記念日』は、私自身のリアルタイムな〈ベストセラー現象〉であった。俵万智の登場は与謝野晶子以来……という評価もあって、なぜあれほどみんなが熱中して論じていたのかずっと疑問に思っていた。本書のどの論も刺激的な展開を見せているが、長年のそんな私の疑問に答えてくれたのが、阿木津英氏の「『サラダ記念日』――消費社会に馴致された感性の出現」だったので、この論を紹介しておきたい。

『サラダ記念日』が刊行されたのは一九八七年。日本がバブル景気に入った時期と重なる。「出版界全般の商品化大衆化」時代である。阿木津氏は短歌における大衆化時代の到来を、八四年頃から顕著に表れてくる短歌の歌い方の変化で説明。そして従来とは異なった歌い方をする歌人に注目したのは歌壇内部の人間ではなく、本を「流通する商品」として認識していた大手出版社の編集者だったこと。彼ら編集者が無名の新人を売るために取った戦略の数々。たとえばタイトルの決定、広告の順序、全国の高校国語科担当責任者への贈呈（その結果、中高生にも読まれた）などの舞台裏の紹介は「商品」の売られ方がよく分かる。

また読者分析も興味深い。女性読者が圧倒的だが、六十代から七十代の男性読者層が多いのはなぜか。解答は本書を読んでのお楽しみ。

しかしなんと言っても面白いのは『サラダ記念日』の短歌から浮かびあがる「消費を全面的に享受できる感覚」「商品経済社会に馴致された感性」という「コマーシャル・メッセージの文法で作られた主体」の誕生を、歌人である阿木津氏の創作者としての視点が鋭く捉えている点であろう。

編者の目指した「日本の近現代の文化機構の成り立ち」は、もちろん他の論にもちりばめられている。

（学藝書林　２００１年３月刊／２００１年５月25日『週刊読書人』）

大庭　みな子『ヤダーシュカ　ミーチャ』

強い関わりをもちつつも、いつの間にかいなくなってしまった家族や多くの友人たち。長生きをするということは、鮮やかな彼らとの記憶が薄れていくことでもあろう。この作品集には、雲のように変化しつづける記憶が、確かな像となって刻まれている。

作者の分身でもある奈児（ナコ）は、作者と同じように「あの世から戻って来た」ものの半身不随となった。横になってばかりいるナコの語る「うつつと夢のまた夢」の内部世界は、彼女の世話をしながらその語りをワープロに打つ夫の杜詞（トシ）によって綴られていく。そこに編まれていくのはナコが残さなければ消えてしまう、かつて「軀《からだ》を重ねた男」の像が多くの比重を占めている。

その妻ヤダーシュカに魅かれるがゆえの、夫の同僚で大の親友でもあったミーチャとの情事。篳篥《ひちりき》の演奏者ビョン・ワン・リーやゲリラ戦士と名乗るようになったチコ。ナコの情人だった彼ら。「軀を重ねた男は永遠に生きさせるのがせめて女の使命だ」と、ナコは考える。彼女の語りは男たちのある瞬間の像を鮮烈に甦らせる。しかし何といっても、おそらく女性の読者を魅了するのはやはり「軀を重ねた」夫トシである。

ナコが情人の話をするたびに「自分がお世辞を使われているように思う性質」のトシは、女の全行動を全肯定するかのような男性である。

「夢かうつつか、うつつとも夢とも知れず」語られていくナコの話の背後にはいつもトシがいる。我が儘にもみえるナコの行動はトシが引き出しているともいえる。湧きでる雲のように淡々としたなかに艶やかさが醸しだされる古希を迎えた二人のエロスは、まさに幽明境の世界である。

いっぽう過去と現在が交差し、そこから未来が垣間見えるような文体は大庭みな子ならではの妙味である。たゆたう時間の流れに読者もまた身を遊ばせることのできる心地好さは、現在ではとても貴重で贅沢でさえある。

（講談社　2001年5月刊／2001年7月8日『東京新聞』）

佐川　光晴『ジャムの空壜』

私の周りでも不妊症という言葉をよく耳にするが、現代では不妊症は「夫婦十組に一組の割合であらわれるありふれた」出来事であるらしい。

この作品の語り手である二十九歳の「男」は「妊娠とは、性交の反復のなかで不意に、しかしかならず訪れるものであると漠然と考えていた」。しかし医学的見地からは「普通に性生活があり、避妊していないのに、結婚後二年たっても妊娠しない場合を不妊」というらしい。結婚生活四年を経た「男」と妻は「不妊症」の夫婦だったわけである。

検査の結果、三十二歳の妻の子宮の大きさは通常の半分で、「男」の精子も男性平均の半分だと判明する。しかも子宮の大きさは直接不妊症の原因とは関わらないらしい。おそらく多くの夫と同じように「男」は、自分の意志とは関係ないところで漠然と妊娠は行なわれ、子供も生まれてくると思ってきた。だが「不妊の男」は子供がほしいなら、つまり妊娠を望むなら人工授精に頼るか否かの選択を迫られる。妊娠に男の意志が関わってくるのだ。

本文では「正常な男女」が「排卵日前後に性交して妊娠する確率」は「三回に一回」であり、人工授精による確率は「六回に一回」であるなどという、妊娠や人工授精に関する医学的データが引用されている。「男」はデータにのっとり人工授精を「日常生活の一部として周期的にくり返す」ことで、人工授精を「特殊」なものにしない、という選択をする。そこから「男」と妻の日々の生活は理想的な人工授精を行うために動き始める。

作品は「一体なぜこのようなことになったのだろう?」と自問自答する「男」の意識と、人工授精のための夫婦の日常が錯綜しつつ展開される。

大学院進学を目前にしてゼミの教授に反発し、進学をあきらめて銀行に就職したこと。銀行で働きすぎて体を壊し退職したこと。その時、一人娘であった二十代後半の妻が結婚をもちかけたこと。小学校の教員をしている妻の代わりに家事をしながら司法試験の勉強をしていること。「男」の置かれるようになった現在の状況が縷《る》縷《る》説明されるけれど、当然のことながらそれらの経緯は不妊とは何ら関係ない。

ところで「男」の体験は、特殊な出来事の繰り返しのようにもみえるが、一つ一つのエピソードはどこかで聞いたことのある話を思わせて、ある意味でいえば〈平凡〉である。ところがその平凡さが集積されると特殊な物語とも感じられていく。

いっぽう「毎朝六時に目をさまし、夕方六時には二人ともが家にいて、一緒に夕食をし、十一時には床につく」という、人工授精に最も適した日に出会うための二人の努力はけなげで涙ぐましい。けれど、正確な基礎体温を計るために毎朝繰り返される目ざまし時計のベルとともに素早く体温計をくわえる妻の動きには、不謹慎ながら笑ってしまう。

また真面目に真剣に取り組む男の意気込みにも異様な迫力がある。人工授精のための精液を得るために集中する「男」の姿は、アルバイト先の肉店で、肉屋でさえ切り分けが難しいという豚の半身の枝肉から、ロース、ヒレと慎重に肉を切り分け、肉屋に感嘆される「男」の熱意と重なる。それはまさに半分しか精子のない「男」の、男であることの存在を賭けた闘いの様相を呈しているともいえる。

平凡なこと、あるいは平均的なこと、というのはそうしている人が多いということなのであって、その〈平均的である人〉が多数存在しているわけではない。子供が生まれることも、生まれないことも、よくあること、平均的なことである。人工授精だって平均的だ。「男」が悩むのは、人工授精の可否について、生命の尊厳についてなどではない。人工授精を可能にする技術的ディテールをいかに遂行していくかである。それによって人工授精を「六回に一回」ではなく「三回に一回」の日常のありふれた出来事にしようとするのだともいえる。

排卵日の正確さを期するために仕事に集中する妻を規制したり、旅行を取りやめたりする「男」の行動は、平均的な男であることにこだわっている「男」の意識の現れである。授精可能とされた時のために、煮沸したジャムの空壜に精液を入れてもつことや、不要となったそれを「精子の骨壺」として拝みそうになる「男」に、それが象徴的に表現されている。

日常を〈平均〉の集積とみなしがちな現代人の暗黙の前提が「男」の履歴や執着を通して露にされ、その滑稽さを笑うように読者は誘導されていく。小説の題材としておそらく最も困難な〈平均的な人間〉の日常を描くことに挑戦した、新しいタイプの小説である。

（新潮社　2001年9月刊／2001年10月号『波』）

大道　珠貴『背く子』

とても魅力的な作家の出現である。大道珠貴は「裸」によって九州芸術祭文学賞を受賞した新人だが、その独特な文章世界は高く評価されている。書き下ろしの本書も、意外な視点から家族を描いて、読ませる。

主人公の春日は、最近人気の高い奈良美智描くところの、キッと目を据えて世界に立ち向かっている、そんな子供をイメージさせる。

彼女は三歳にして大人に、どうしても警戒心をほどけない子供となった。大人は頼れる。大人にすがっていれば、生きてゆける。でも大人たちがいなければどんなにさっぱりするだろうと、感じている。

家では威張り大ボラを吹き、母親を殴り他人の悪口ばかり言う父親。ハンサムで女にもてるが、内心は小心。黙って父親の言いなりになっている母親。父の論理は絶対で、家族三人力を合わせて弟をつくろう、の一言で春日も子づくりを手伝わされる。裸にされた春日は両親の間に挟まれ、父に体をなめられたり、吸われたりする。

幼児虐待ともいえる場面だが、「たのしいらしい」両親に彼女はけなげに付き合う。「父親の尻を押したり、母親の腰を持ちあげたりと、かなりな力仕事」をこなす。大人の身勝手な論理にふりまわされる春日だが、彼女も負けてはいない。文字を覚え、本を読み、一人で生きていけるようになったら父親は捨てる、と決心する。子供を見くびってはいけないのである。

親類や幼稚園の先生をはじめとする周りの理不尽な大人たちや、そんな大人の世界を反映した子供たちと闘い鍛えられていく、春日の成長の記録であり自己救済の物語である。

四歳にして大人の雰囲気を持つ春日の語る言葉は甘たるい幼児言葉ではない。シニカルな大人の言葉を使いながらまぎれもなく子供の心が描かれる。おかしみを誘う博多弁の会話、直截に疑問を語っていく文体も小気味良い。

（講談社　２００１年９月刊／２００１年10月４日　共同通信）

曾野　綾子『狂王ヘロデ』

大王と呼ばれたユダヤ王ヘロデは、新約聖書のイエスの誕生を恐れてベツレヘムで多数の幼児を殺したという話で有名である。もちろんそれは逸話で歴史的事実ではないようだ。しかし冷酷な統治者で、晩年は病的な猜疑心から子供たちに王位継承をめぐる「父親殺し」の嫌疑をかけ、次々と殺したらしい。彼には虐殺者のイメージがつきまとう。

ヘロデの生涯を語るのは「穴」と呼ばれる口のきけない竪琴弾きである。彼は耳もきこえぬ者とみなされ、王の側で竪琴を弾き、王の素顔、権謀術数を観察する。荒野で自然の声を聞いた「穴」は、陰謀うずまく人の声や噂を耳にしながら世間を学び、大王の多様な顔について語っていく。時に噂にこそ歴史の真実があるかのようにも。

「穴」は王に、荒野に住む人間と同じように都市や国家の微かな空気の動きを読み取る能力を見る。超大国ローマの機嫌をそこねずに属国ともならず小国が生き延びているのは、そんな王の力であると。しかし親ローマ政策はユダヤの民には歓迎されない。エドム人で純粋なユダヤ人ではないことや、差別されていたサマリア人の女を世間の常識を無視して妻にしたことも彼らの気にいらない。大祭司にアレクサンドリアやバビロニア出身の者を登用したことも反感となった。

もちろん批判者を抑圧してだが、ユダヤ人民衆に気に入られようとエルサレムの神殿を当時においては最も壮麗な大神殿に改築した。民に水を供給するため各地に水道橋や導水管を敷設した。彼はヘレニズム文化に心酔しカイサレイアやヘロディオンなどの大都市を造ったが、表面的にはユダヤ教の戒律を守っていた。治政者としての彼は、異質なものを導入しつつ反対派の暴発を押さえてもいた。

曾野綾子は初めての歴史小説としてヘロデを選んだ。グローバル化が急速に進行する現在、各国の伝統的価値観はどう再編されるべきかというアクチュアルな問題を、そこに読むことも可能である。

（集英社　２００１年９月刊／２００１年10月７日『東京新聞』）

井上　荒野『もう切るわ』

「今日はミルフィーユの日だ」と、甘い香りを醸しだすように始まるこの小説は、愛と恋が女《ひと》の心を蝕んでいく恋物語である。

期間限定のミルフィーユが売り出される日。その日はかつて夫と妻の日でもあった。でも夫の愛人が流産した「あの事件」の後、妻にとっては「毎年、この日が来るたびに、好きな人と一緒に食べたいと思」う日に変わる。そして十三年後、一人の男とミルフィーユを食べる。夫との別れの決意と新しい恋の予感。だがそもそも「ミルフィーユの日」は夫が見つけだしたものだった。

この小説は、作者があとがきで記しているように「男の〈妻〉と〈恋人〉のそれぞれの一人称が原則的にはかわるがわる語る」体裁となっている。妻は「私」、恋人は「あたし」として男との関わりを語っていく。

男の〈妻〉と〈恋人〉という設定は三角関係の泥沼を予測させるが、妻は妻の、恋人は恋人の距離を保っていて表立った修羅場は登場しない。それはかつての「私」の家庭の反復のようでもある。画家の父にも愛人がおり、平日は妻のいる家で、週末は愛人と暮らすといった生活が、「私」の幼い頃から父が死ぬまで十数年も続いていた。父の行為に口を噤み、傍目には平静に日常生活を送った母。だが早すぎる父の死は、母の父への復讐とみえなくもない。

「あの事件」の記憶が薄れかけた頃、再び起こった夫の恋。共に暮らした歳月（様々な記憶）が「私」に夫の行動を透けて見させる。人の人生を見るトランプ占いを職業としている夫より、「私」には夫の動きがよく分かる。だが「私」も母と同じように、もう一人の女の存在を問いただささない。それは妻のプライド、女の意地といったものかもしれないが、夫の病気により封じ込めてきた恨みに突然気づかされる。自分に好きな人ができ、夫との別れを決意したから夫が癌になり死ななければならなくなったのではないかと。

この妻の論理は倒錯している。二度も妻を裏切ったのは夫なのである。しかし心はもう他の男性に移っているのに、夫の行動が分かってしまう、心が離れているにも関わらず分かってしまうというやりきれなさが、無意識の攻撃になっていたと言えなくもない。蝕まれた妻の心は、夫の肉体を蝕む。食道楽で甘い物に目がない夫の肉体は、次第に食物を受けつけなくなる。夫に美味しいケーキを食べてもらおうと懸命に作った妻のケーキで、喉をつまらせ死にそうになる夫。

母の十八番《おはこ》のちらし鮨のエピソードをはじめ、この作品には食に関する記述が多い。作者は不安や疑惑を、親愛を表す食の場面にさりげなく挿入する。本人自身も意図しないところで食べものは微かなきしみを発する。トランプ占いに兆しがあるように。

一方、父の愛人が怒鳴り込みもせず、葬儀にも姿を現さなかったように「あたし」もまた「私」の前に姿を見せない。突拍子もないことを思いつき、新鮮な感動を与えてくれる男「歳さん」との「いま」の関係がすべてだと思ってきたから。しかしその思いはかつての「私」にも存在したものであった。妻のいない病室で一夜を共にした「あたし」と「歳さん」には何の疚《やま》しさもないけれど、そこで「あたし」は、「あたし」の記憶していた「歳さん」に出会うことはなかった。

一人称で語られる「私」と「あたし」の記憶はいつしか混在している。しかも病院で「あたし」は「私」の娘に見間違えられる。裏切られた女も愛された女も「愛の記憶」において相似形をなすという、ユニークな作品である。

（恒文社　２００1年10月刊／２００1年11月23日『週刊読書人』）

金井　美恵子『噂の娘』

　噂話の発生源ともいうべき女たちのお喋りがくり広げられる美容院。映画が魅惑的な光を放っていた一九五〇年代、その頃の娘たちの恋愛感情が、当時上映されていた映画や美容院での話題と重ね合わされながら展開する。

　女たちの噂話は、近所の人々の恋愛や不倫関係からはじまり、父母や祖父母の時代の駆け落ちや心中にまで広がっていく。それぞれの話は自分たちが見た映画『情婦マノン』だの小説『危険な関係』なども巻き込んで、「実際におきた出来事」から「はみ出し」「映画か小説のようにロマンチックな」出来事へと変貌し、語られていく。

　移籍に伴うごたごたで顔を切られた長谷川一夫の楽屋でのエピソードや、彼のファンに対する愛想の良さとは裏腹に、カビの生えたカステラを大部屋の俳優たちに振るまったという話など、女たちのとりとめのないお喋りで、映画界に関する虚実が様々に紡がれていくのも面白い。

　この小説の魅力は女たちの過去の出来事と現在時を同時に語って気にしない、そんな女の思考方法と揶揄される、いわゆる論理的でない語り口にある。もっとも語りの視点の軸は、遠い町の病院に入院しているらしい父親の看護で母親も出かけてしまい、幼い弟とともに女所帯七人の美容院に預けられた小学生の少女である。彼女の語る現在時に唐突に「ぷつぷつと弾けながら浮かびあがる記憶の粒」は、さらに出来事にズレや歪《ゆが》みをもたらし、多層な時間の流れを生成させる。

「噂の娘」たちは映画や小説について、自分の記憶をたよりに何度も語る。映画の登場人物たちへ自己投影する女たち男たちには笑ってしまう面もあるけれど、映画ファンの心髄を語って懐かしさを感じさせもする。「思い出すのだ。いや、そうではなく、思い出すのではなく、それを虚しく生きてみる、何度でも、何度でも、何度でも」。

生きてみることの楽しさ、豊かさを思い出させる。

（講談社　2002年1月刊／2002年2月14日　共同通信）

エリカ・クラウス／古屋　美登里訳『いつかわたしに会いにきて』

世の中の仕組みを曲がりなりにも知ってしまった現代の女たち。他者との関係をシニカルにしか眺められなくなった彼女たちは、もう恋人や結婚、子どもや仕事に夢や希望を託すことが困難になっている。そのため自分を生の根拠にして頑張ってもみるのだが、そのシニカルさがつまずきの石となってしまう。

本書は、三十歳前後のそんな女たちの心理と現実に立ち向かう姿を、いとしさを込めて描く。著者のエリカ・クラウスは、アメリカ文学界期待の新人で、一九六九年にコロラド州ボルダーで生まれている。二〇〇一年に刊行されたこの短編集は「辛らつさとウイットの妙味。自由と痛みの絶妙なバランス」「たまらなく魅力的なデビュー作」といった多くの賛辞を受けた。

結婚できない女、不妊の女、ドラッグ中毒の男と別れられない女、暴力的な夫からやっと逃げ出したものの仕事にありつけない女など、夢を捨てるにはまだ早い、しかし思い通りにならない人生を知りつつある女たちの、孤独と不安に揺れる心が十三の短編に紡がれている。もっとも彼女たちの人生をすくいとる最後の一文は、哀しみの中にユーモアがあり、生きていくのも悪くないと思わせる暖かみにあふれている。そこに別の人生の可能性が垣間見える。

「わたしは他人の夫と寝るのが好きだ」という扇情的な言葉で始まる**他人の夫（ザ・ハズバンズ）**。しかも主人公の最初の相手は妹の夫である。自由と自堕落をはき違えた姉が、妹の一言で自分の正体に気づき変容する場面は読ませる。**女装する者**も「自分」と出会う物語で、女を愛したことを認めたくない女の心理を「女装」と表現したなかなかオシャレな作品である。

最後の**身につけていたもの**では、「状況にあわせて正体を変える」つもりの演技がいつしか本質になった女の滑稽さを見事にとらえる。皮肉な視線を放ちつつも全編に流れているのは、著者の女性に対する確かな愛である。

（早川書房　２００２年２月刊／２００２年３月14日　共同通信）

トレッツァ・アッツォパルディ／川副　智子訳『息をひそめて』

家庭が「息をひそめて」いなければならない場所なら、子どもにとってそこはどんなにつらい所だろう。

主人公ドロレスは一九六〇年、英国・ウェールズの中心都市カーディフのイタリア系移民地区に住むガウチ家の六女として生まれた。今度こそ男の子と期待されたのに。しかもその日、一家は父の博打で家も蓄えも失う。さらにドロレスは家族の不注意による火事で、生後一カ月にして左手首が蠟の滴のようになる。

五年後、まるで彼女がその元凶であるかのように家族は散りぢりになってしまう。蠟の手首を美しいと感じる五歳のドロレスには、そんな家庭でも「欲しいものがいっぱい」ある世界だった。なのに、なぜそうなってしまったのか。

母の葬儀を前に三十五年ぶりに家に戻ったドロレスは、その「謎」を記憶を頼りに紡いでいく。父の欲望と暴力、母の秘密と焦慮、子どもたちのいじめと葛藤、周りの大人たちの視線、娘たちが父から受ける暴力をモザイク状に配置し、家族の歴史とその崩壊をイメージ豊かに淡々と表現する。ミステリー的要素をちりばめた内容だが、何が起こるのかは予測できる。にもかかわらず、不安をかき立てられつつ引っ張られる。

著者は、ブッカー賞候補にもなったこの作品でデビューした。新人とは思えない筆力である。

ところでこの作品の舞台のカーディフは、現在イギリス人の住んでみたい都市の第三位だそうだ。かつてウェールズ最大の石炭や鉄の積み出し港があったこの街は、一九六〇年代には移民も多く、犯罪の蔓延する危険な地域だったというが、今は美しい街に変貌した。カーディフ生まれの作者の狙いは、六〇年代の街の記憶を描写することにもあったという。荒廃する家庭と都市は見事に交錯し物語空間を形成している。

マルタ島から来た父は家族を捨てて消えた。だが居場所を求めて彷徨《さまよ》い続けていた幼女の魂が、街で「欲しいもの」に出会う最後は、静かな感動に満ちている。

（早川書房　2002年4月刊／2002年5月16日　共同通信）

スーザン・ヴリーランド／長野 きよみ訳『ヒヤシンス・ブルーの少女』

柔らかさと透明な光が織り成すフェルメールの絵は、見る者の心をも優しい光で包む。けれど世界中に三十数点しかないといわれる彼の絵は、その希少価値ゆえに贋作事件や特異な盗難事件に巻き込まれてきた。画家は妻と十一人の子供を残し、四十三年の生涯を終えたという。署名のない絵やパン代の支払いとなった絵は、どこかに存在するのだろうか。

青いスモックを着、窓辺のイスに横向きに座る「少女の絵」は、まさにフェルメールの光と色を放ち、見る者の心をふるわせる。「少女の目にあるあこがれ」は見る者に「生命」を感受させ、生きているように語りかけてくる。

米国の新進女性作家ヴリーランドは、そんなフェルメールが描いたかもしれない知られざる一枚の絵と、その絵に魅了された者たちの人生を静謐《せいひつ》な筆致で八つの連作短編に点綴《てんてい》する。

現代米国が舞台の冒頭作**十分に愛しなさい**で、この絵の所有者となっている、友人付き合いもなくひっそり暮らす数学教師の喜びは、暗いひそかな楽しみでしかない。彼の手には、ユダヤ人家族をガス室に送った父の、人に語れない秘密が隠されていた。二作目には第二次世界大戦中のアムステルダムでナチの恐怖に脅えつつも「少女の絵」に魅了され、自分の人生の始まりを予感するユダヤ人少女と家族のつつましい生活が描かれる。

三作目は十九世紀、四作目以降はさらに十八、十七世紀と時代がさかのぼり、絵の流れと画家の生まれたオランダの歴史がつむがれていく。そして最後の謎、絵を描いた画家とモデルの少女との思いにたどり着く。

すぐれた芸術作品は時に人の人生を狂わせもする。だがヴリーランドは、人の生活がパンのみで生きているのでなく、芸術によって慰められ、満たされ、さらに輝きが与えられることを温かなまなざしで描く。人々の生活の一瞬を穏やかな日常の光景の美しさにとらえたフェルメールの絵のように、読む者を静かな感動に引き込む。

（早川書房　２００２年６月刊／２００２年7月11日　共同通信）

池澤　夏樹編『ことばのたくらみ――実作集』

活字離れと言われながらも私たちは、新聞、雑誌、メールでと日々、無数の文字列と遭遇し続けている。しかし、そこにある文字との関係は、いつも約束に沿った日常の一部でしかない。現代の文学状況を多様な角度から分析したシリーズ「21世紀　文学の創造」の一書『**ことばのたくらみ**』は、ありふれた日常性を超え出る言葉の次元をかいま見させてくれる。

村田喜代子や山本昌代の現実とも非現実ともいえない世界に浸り、過去と現在が錯綜する金井美恵子の語りに身をゆだね、藤沢周や平出隆の風景を見、松浦寿輝の幻想空間に身を置き、藤井貞和と高橋睦郎がつづる言葉の持つ歴史・身体性に触れ、池澤夏樹や大城立裕の寓意に見立てた現代批判に耳を傾ける。

ここに集まった言葉たちは、普段の「読み」「書き」の中におとなしく収まっていた「音」や「文字」「意味」が自己主張をはじめ、互いにぶつかり合うダイナミズムにあふれている。それゆえに魅了されつつ拒絶反応を起こす読者もいるかもしれない。

たとえば多和田葉子の「文章なのかオブジェなのか分からない」言葉の群れや、平野啓一郎の紙面に散乱する言葉たち。言葉たちをつないで読もうとすると、一瞬の時間差が生まれ、身体が躓《つまず》いてしまう。そこでは無意識的で自動化された「読む」という行為を自覚せざるを得ない。

一方、私にとってなじみの琉歌やおもろに連なる高良勉の言葉には快さを感じた。だが、読む機会のなかった下北半島と青森の言葉による向井豊昭と工藤正廣の作品では、身体の揺れる感じを味わった。「恐山だば飾りコでねえにし」とか「たんだ話こ、続げでいだんだおん」とか、文字を目で追っていると言葉が知らず知らずつぶやきとなり、さらにその音を耳が聞く。文字が読者の身体機能を誘発し、未知の領野を幻視させるのである。

こうした力動性を感じさせる作品がこの実作集には満ちている。

（岩波書店　２００３年１月刊／２００３年２月27日　共同通信）

アン・パチェット／山本　やよい訳『ベル・カント』

この小説は一九九六年にペルーでおきた日本大使公邸占拠事件に触発されて書かれている。あの事件ではテロリストと人質との間に、外部からはうかがい知れない交流があったと伝えられている。物語はそこに焦点が当てられ、ある時間だけ出現した閉鎖空間での人々の変容を、愛による変容として描き出す。

凍りつき分断された空間を融解させたのは世界的に有名なオペラ歌手ロクサーヌの声だった。ターゲットにしていた大統領の代わりに政府や企業の要人とともに残された彼女は、その声の響きで人質ばかりでなく犯人たちをも魅了してしまう。拘束が長びくにつれ彼女の歌声を聴くことのできる場にいることこそが最高の幸福なのだという意識が双方に芽生えていく。

人質は監視され、自由を奪われた状況であるにもかかわらず、ゆっくりと音楽を味わう時間を得、「自由」についてこれまでとは全く異なる価値を見いだしていく。

革命の大義とは無関係に、生活の糧を得る仕事として襲撃に参加した少年や少女たちに人質たちは親和感を持つようになり、養子にすることや結婚をも考えるようになる。

閉ざされた空間での錯覚であるのかもしれないが、言葉は通じなくとも相手のまなざしや振る舞いを通して敵を理解すること、そして愛することを、作者は鮮やかに表現する。そこには人間への信頼が色濃くにじみ出ている。

この小説は、女性作家によって英語で書かれ英国で出版された優れた作品に与えられるオレンジ小説賞を受けるとともに、米国ではPEN／フォークナー賞も受賞。事件の特異性は普遍性へと高められ、匿名的で冷血なテロリストとして「処分」され忘却されようとする人々へのオマージュともいってよいだろう。

「ペルー事件」はその後の過激なテロ事件とその報復戦争という事態の連続で塗りつぶされそうになっているが、そうしたことの一つとしてしまってよいものかどうか。事件の当事者として関わりを持ったわれわれにも再考を迫る書でもある。

（早川書房　2003年3月刊／2003年4月10日　共同通信）

綿矢　りさ『蹴りたい背中』

十七歳で文学賞を受賞した『インストール』もそうであったけれど、綿矢りさは現在の新しい感性を描くのがうまい。風俗チャットで儲けている小学生の男の子と、登校拒否の女子高校生の交流は、社会からズレているようでありながら、まっとうでもあるような不思議な印象を醸し出して、ベストセラーとなった。

本書もまた「同じ溶液に浸《つ》か」らず「他人と飽和」しない感性を、新鮮な言葉で紡ぐ。

高一になったばかりのハツとにな川は、すでにクラスの「余り者」である。ハツは中学時代に過剰に仲間に適合しようとした振る舞いの後遺症で、今は仲間やグループになじめない。一人で走る陸上に没頭し、一人をよしとするも「耳が痛くなるほど高く澄んだ鈴の音」で「さびしさは鳴る」。それでも群れるより孤立と向き合う。

にな川はハツ以上にクラスから孤立している。モデルのオリチャンが彼の心を占め、学校では抜け殻状態に見えるのだ。ハツはかつて偶然にオリチャンに会ったことがあった。それを知ったにな川は、オリチャンに会ったことのある人物に会えたことをオリチャンとの「運命的」な繋がりと感じ、ハツを部屋に招く。

ケースに納められていて濃密な存在感を漂わせるオリチャングッズたち。にな川は俗にいうオタクだけれど、自分の欲望に純粋にマイペースに向き合っている。そんな「切な」くて、それでいて「不気味」な部屋の住人に、ハツは眼が離せなくなる。学校でもハツの視線は彼を追う。

しかしハツのいることさえ忘れ、オリチャンのＤＪに聞き入っているにな川の、「もの哀しく丸まった背中」を見ているうちに「蹴りたい」衝動にかられ、一瞬のうちに蹴ってしまう。

群れることを嫌悪して孤立に耐えているハツではあるけれど、クラスの交友関係を相関図に描けるほどにクラスの動向に精通してもいる。そこにハツの心の痛みも、またあるのだが。それに比べてにな川には、オリチャンの世界しかない。現実と切れかかっているにな川の危うさ。

「いためつけたい。蹴りたい。愛しさよりも、もっと強い気持ちで」と、ハツは思う。それはハツの恋のカタチを示す。「痛い」と感じる身体感覚で、にな川を現実に引き戻そうとする恋心なのだ。

群れもせず、孤立にも陥らない他者との関係。今の社会で最も難しいのがその距離感であろう。孤独、淋しさ、哀しみ、そして愛といった私たちの〈現在〉が、クールな言葉で切りとられている。

（河出書房新社　2003年8月刊／2003年11月6日『ダ・カーポ』）

上田浩二、新井訓『戦時下日本のドイツ人たち』

歴史を考える時には、いつも複数の視点が必要だと思う。複数の視点を交錯させることによって、見えていたと思っていたものが、まったく違う相を表すことがある。戦時下（ここでは一九三七年から四七年を指す）の日本には、約三千人のドイツ人が暮らしていたという。あれから半世紀を過ぎて、歴史の闇に消え去ろうとしていた彼らの記憶を、「聞き取り」という形で掬い上げたのが本書である。

外交官をはじめ、ひともうけしようとして来た貿易商。学問を教える「お雇い外国人」。日本文化を学ぶ留学生。日本に遊びに来ていて第二次世界大戦が始まり帰れなくなった者。ナチス嫌いで本国を出てさまよい、日本にたどり着いた者。ヒトラーのオランダ急襲後に、オランダ領のインドネシアから「難民」として日本に送られた女性と子供たち。

二十四人が紹介されており、一人ひとりの履歴も面白く、びっくりするような出来事が詰まっている。記憶を掘り起こしているからだろうか。彼らの日常生活は、あのころの世界情勢と密接に絡まっていき、もう一つの歴史を再現する。また食料難の窮状をみかねて、リュックサックいっぱいの食料を運んで来た「お手伝いさん」の話など、彼らの語る日本人との出会いにも興味深いエピソードがちりばめられている。

献身的な日本人に支えられていたことも語られているが、「鬼畜米英」という言葉も飛び交っていた。米兵に間違われる可能性もあるわけで、防衛のための「ドイツ人社会」も形成されていった。そのドイツ人社会を震撼させたのが、ゾルゲ事件である。

ゾルゲはハンサムでとても目立ち、とくに華やかな女性関係のうわさは、皆の気晴らしのゴシップ話だったという。ある意味で愛される人物だったようで、誰一人、スパイだと考えた者はいなかったらしい。

このように、今では思いがけない日本人の振舞いや、歴史的事件の素顔をかいま見ることのできる、楽しくて貴重な一冊である。

（集英社　2003年8月刊／2003年11月6日　共同通信）

多和田 葉子『エクソフォニー』

「エクソフォニー」聞きなれない言葉だが、分解してみれば「音の外」といったところだろう。これが今「母語の外に出た状態」を表す言葉として使われはじめているらしい。その中から出現した文学を「エクソフォン文学」という。二十年以上をドイツで暮らしている多和田葉子は、その地を基点に世界各地を旅し、時にシンポジウムに参加し、時に朗読をする。それは「言葉」と「音」に出会う旅でもある。

旧フランス植民地のセネガルではフランス語で書くのが普通だった。だが最近では、英語で書く作家も現れた。過去の強制された言語政策に抗議する時に「母語に帰還するのではなく、個人の選択の自由を最大限に利用して、全然別の言語を選ぶという態度に、清々しいものを感じも」する。沖縄生まれの私は、特にこの部分に共感した。

母語を奪われることとは悲劇だが、「より遠い異界に飛び立つ」環境が生まれたとも見なせるわけである。別の言語との出会いを面白いと感じ楽しみ、ただなぞるのではなく「両方の言語を意識的かつ情熱的に耕して」いくと、新たな表現の可能性も拓けてくる。「あらかじめ用意されている共同体にはロクなものがない。暮らすということは、その場で、自分たちで、言葉の力を借りて、新しい共同体を作るということなのだと思いたい」。まったく同感である。様々な声が出会う複数言語状況を創り出すことが重要なのだ。

多和田はいつも「わたしは境界を越えたいのではなくて、境界の住人になりたいのだ」と語っている。二つの（あるいは複数の）言語が出会う場所で、言語同士の翻訳不可能性に出会う。そんな「その場所にしかない奇妙な地方性が濃密になる瞬間が大切だからこそ、国境を越えたくなるのだ」と。言語をコミュニケーションツールとして使うだけでなく、言語の持つ歴史的・文化的背景にも触れたいとする願い。だからその地の言語を喋れなくても、その言葉の意味を分からなくても、多和田は話す相手の身振りや言葉の響きから、文字の綴り（姿形）から、その場所の言語の意外な顔を発見する。それは日本語でも例外ではない。日本語になった漢字の出自を辿れば、思いがけない姿形や意味に遭遇する。方言や個人のなまり方からも単一と言われる日本語の多様性と奥行きを引き出してみせる。

置かれた様々な言語状況を楽しみつつ言語と触れ合う快感が語られていくが、もちろんそんな時ばかりではない。意味の分からない言語に長時間さらされ「異言語が身体に侵入してくるなまなましさ」から悪夢を見て、「泣いたり、喚き散らしたり、人を殺したくなる」状態になることもある。だが母語の外に出て複数言語の飛び交う世界に身をさらすことは、「個々の言語が解体し、意味から解放され、消滅するそのぎりぎり手前の状態」を味わう快楽ともなる。そこに行き着くのが多和田の望みでもあるようだ。

学問的な言語学や音韻論と体験旅行記の中間に広がる知的旅行記でありつつ、読者に身体的とさえいえる快楽を誘発する稀な書物である。（岩波書店 ２００３年8月刊／２００３年12月12日『週刊読書人』）

奥泉 光『新・地底旅行』

日本ものの地底旅行という言葉でまず、私が思い浮かべたのは『神道集』に出てくる甲賀三郎の冒険譚だった。兄に「人穴」に落とされた三郎が、妻との再会を求めてさ迷い歩く地底の異郷は、パラレルワールドのはしりといえようか。チベットの地下にあるといわれる理想郷シャンバラも魅力的だ。地球空洞説は、学校の理科で近代科学を学んだ者にはお笑いだが、ナチスも絡んだりして怪しい光を放っていた。

かように地底は、宇宙とはまた違った意味で謎の空間として人々の想像力をかきたててきた。しかし極め付けはなんといってもジュール・ヴェルヌの『地底旅行』であろう。本書はこのヴェルヌのパロディである。

舞台は明治末。理学の分野で本邦の頭脳と目される稲峰博士が、令嬢の都美子と共に富士山中で忽然と消えた。地底に潜ったらしい二人の捜索を行うべく挿絵画家野々宮と作家の富永丙三郎、稲峰の弟子で都美子に恋する物理学者水島鶏月、稲峰家の女中サトの一行は、青木ケ原の洞穴への突入を敢行する。

暗闇の中での危険な岩下り。急流に翻弄されたり、はぐれて光が消えた闇の世界に残されたり、恐竜の棲息する島と海が出現したりと、ヴェルヌの『地底旅行』を再体験するかのように彼らの探索は繰り広げられる。

信玄の隠し財宝が目当ての口ばかり達者でお調子者の丙三郎と、優柔不断で状況に流されやすい野々宮。学問的世界に没入してしまうと周りが見えなくなる鶏月に、力持ちだが地底で洗濯もするサト。洞穴の道がロシアと繋がっているかもしれないとロシアとの戦争を想定し、彼らを追ってきた帝国陸軍の軍人たち。非情な軍人との絡みも描かれるけれど、丙三郎と野々宮の、危機がちっとも危機感を醸し出さない掛け合いは、エラソーな明治風文体と相俟って思わず笑ってしまう。

前半が冒険譚とするなら、後半は伝奇ファンタジーの色彩が濃くなる。漱石のパロディ『「吾輩は猫である」殺人事件』の猫は、太古の地球文明に関わりのあるらしい「光る猫」となり、恐竜から進化したと思しき高度な知能をもつ恐竜人も登場する。『鳥類学者のファンタジア』で言及された世界の根源を音と数で表すピタゴラス派の宇宙論を体現する「宇宙オルガン」の建設に邁進する宇宙生命体など、古今東西の綺想が織り合わされていて、その手の話に通じた人なら思わずニンマリする道具立てである。

筋に沿って地底旅行を堪能できるのはもちろんだが、その一方でこの作品が参照する書物の世界が一種のパラレルワールドのように読者に関与し、読書する楽しみの幅を広げてもいる。さらに映画からの引用も多い。こうしたパラレル性は幾重にも折り込まれているので、読み手は幾層もの物語を同時的に読み進むことができる。エーコの小説などに感じられる知的なエンターテインメント性という、日本の文学にちょっと欠けている領域を奥泉氏の「猫三部作」は満たしてくれる。続編が読みたくなる一編である。

（朝日新聞社　２００４年1月刊／２００４年2月14日『週刊現代』）

舞城　王太郎『山ん中の獅見朋成雄《シミトモナルオ》』

女の子の成長物語を描いた『阿修羅ガール』は三島由紀夫賞を受賞したものの毀誉褒貶が激しかった。流れるようなスピード感のある文体と暴力が横溢する舞城ワールドは、好悪がはっきり分かれるようである。

福井県西暁《にしあかつき》の十四歳の中学生獅見朋成雄《しみともなるお》には、代々続く「鬣《たてがみ》に似た毛が首の後ろから両肩に伸びて腰にかけて逆三角形を作るように生え広がって」いる。オリンピックの強化合宿に誘われるほどの駿足を持ち、力も強い。彼は、山の奥に一人で住み、茶を嗜み、書を極める奇人杉美圃《すぎみほ》モヒ寛《かん》を、書の師としていた。ある日、モヒ寛が何者かに襲われたことから、成雄の日常は大きく変容する。

異形の者たちや不思議議な馬が出現し、彼らに導かれるように成雄は森の中の異界へ迷い込む。異界といっても人間界の延長にある場所で、そこでは「究極の食」の追求の結果、女性の肌を器に人肉を食う「人盆《ひとぼん》」が賞味されていた。

そんな世界に違和感もなく入り込む成雄。鬣に獣の性を感じていた彼は、そこで鬣を剃ってもらうが、自己を喪失したような気分を味わい、かえって人格が変わったように殺人を犯す。成雄を通して現れ出る獣性は怒りを伴った根源衝動の噴出であり、動物の生存衝動とつながる。この怒りを社会化しつつどう存続させられるのか。

舞城がこだわる暴力は、その極限的様態にも関わらず、動物と人間の境界を分かつ倫理を見出したいというマットウな意志に貫かれている。

彼には、『千と千尋の神隠し』の千尋のように湯屋での修業が課される。しかしその修業はメルヘンチックなものではなく、かなりエロチックである。

「しゃりりぞじ　じょいわおん」「しゃりひしいいいいじはり」「なじゅるしいいいさし」といった、「人盆」のために女性の肌の毛を剃る音が繰り返し繰り返し反復され、読者の身体感覚にも強烈に響く。

反復される言葉や擬音語の多様は、舞城作品の特徴でもある。墨を擦る「しゅりんこき　しゅりんこき　しゅりんこき」「せかりきんす　せかりきんす」といった言葉の響きは、まるでまじない言や呪詞のように不気味であり魅惑的である。

思春期の男の子の混沌とした精神世界を、荒ぶる神スサノオや竜退治の英雄の姿に重ねて描きつつ、人間のなかに潜むドラゴン（暴力性）をも浮き彫りにする。神話的要素を様々にちりばめながら男の子のビルドゥングス・ロマンは語られていく。

（講談社　２００３年９月刊／２００４年２月18日『ダ・カーポ』）

中村うさぎ『イノセント』

現代日本人の「愛」のかたちを、資本主義社会の根幹をなす「金」の問題に引きつけて表現するのが、中村うさぎの得意とするところである。自身も、執着したブランド物を手にいれるために借金を重ねて買いあさり、歌舞伎町のホストにハマって千五百万円余をつぎ込んでいたりもする。どうやら自分の愛する物や人と共に在りたいと願うなら、そこに金銭が絡んでしまうのが現代社会なのだという認識は、自身の体験から導き出されたもののようでもある。

もちろん「愛」も「金」で買える、という単純な話ではない。買える愛もあろうけれど、人間の性として究極的には金を超えた精神的な「愛の絆」を求めてしまう傾向があると、看破してもいる。愛に惹かれ、愛に飢え、愛を求める者は多いけれど、「愛」が生み出すリスクを背負い破滅にまで突き進む者は少ない。うさぎの描く破滅に向かう者には人間の愚かしさや悲しさが溢れている。しかし愛すべき資質と見る作者のまなざしもきちんと書き込まれている。彼女の作品は身体を張った体験から紡ぎだされているのだ。

田舎から上京して専門学校に通っていた真面目な女の子川上洋子は、ちょっとした好奇心からホストクラブに出向き、ホストの尾崎玲哉にはまってしまう。ホストに貢ぐ金が欲しくて香奈という名でキャバクラに勤めるが、借金はかさみソープ嬢となる。そして最後はガソリンをかぶって焼身自殺する。牧師である彼女の父は、娘の内面を知るべく関わりのあった人々に話を聞いてまわる。物語の前半は父が聞いた人物たちの語りと、それぞれの人物について洋子／香奈が記した日記が交互に綴られていく。同じソープ嬢でマンションで香奈と一緒に暮らしていたレズビアンの篠崎奈々子。キャバクラのマネージャー浅川孝一郎。専門学校の同級生で一緒にホステスになった桜井ひとみ。香奈の死にヤクザが絡んでいるのではと疑問をもつ週刊誌の記者高木弘文。香奈に金を無心された会社員の岡田真一。

ある人物や出来事について、複数の視点から語る方法は中村うさぎの得意とするもので、ここでもその手法が取られている。週刊誌などに取り上げられる人生ではないか、と考える向きもあるかも知れないけれど、年齢や仕事によって書き分けられる語りは、現代社会に生きる人々の姿を捉えていて、それだけでも魅力的である。巧みな語りに導かれつつ香奈の像が明らかになるかと思えば、謎は深まるばかり。「本当にいい子」で「すごく真っ直ぐで嘘がなくて」という評から、「人を憎めば憎むほど、相手に対して偽善チックにふるまう」など、両極端になっていく。日記にも「香奈は私の手に負えない。あの女は、私じゃない。腹黒くて嘘つきで、罪悪感のカケラもない恐ろしい女」と、分裂しつつある「自己」が記される。

さらにインターネットのサイトでハンドルネームマリアを名乗る香奈のメールや、サイトでカウンセリングを行なっていたセラピスト宇佐美早苗と、香奈と関係していた弁護士北条誠の発言は、虚言と妄想に彩られた香奈の内面を垣間見せる。ネット上で展開される香奈に関する情報も虚実入り交じり「本物」の姿どころか、果たしてそんな人間が居たのかさえあやふやになっていく。養女であった洋子。父の過去。そして一千万円の借金と消えたホスト玲哉の行方。香奈が恐れていた謎の人物Mの存在。香奈の死は「もうひとりのわたしの死」という奈々子の言葉や、「洋子を殺したのは香奈」というひとみの言葉の意味は……。

後半、謎解きは高木によってなされる。それはミステリー仕立の人間模様を楽しみつつ本を読みながら納得してもらうことにして、作者はこれまでの男女の愛とは位相を異にしたキリスト教的「愛」の欺瞞性をここで問題にする。人を愛することだけを教えられ憎むことを罪悪と感じる洋子の設定に、少々無理が感じられなくもない。また三浦綾子の『氷点』の世界を背景にしていても父親の罪の問題は、強引なシチュエーションに見える。けれど「愛」の強要に「無垢の魂」が崩壊していく様相は見事に捉えられている。

それにしても中村うさぎは親という存在に常に否定的であるように思う。『愛と資本主義』でもそうであったが、幼子のイノセントは親の愛によって歪んでいく。子の出生は親のどんな「愛」の結果なのだろうか。

（新潮社　２００４年2月刊／２００４年3月号『波』）

山崎　洋子『ヴィーナス・ゴールド』

元町に中華街、桜木町、伊勢佐木町といった港横浜をとり囲む地域は、エキゾチックで華やかな雰囲気に包まれている。

横浜は私のエリアでもある。よく行くのは伊勢佐木町の古本屋だ。意外かもしれないが、野毛から伊勢佐木町の界隈はちょっとした古本屋街なのだ。有隣堂やカレーミュージアムから続く二km程のメインストリートには古くからの高級料理店や衣料品店の間に新興の店が建ち、古さと新しさがごちゃまぜになった面白さがある。さらにメインの通りの脇には無数の横道があり多国籍的状況を醸していて、ちょっぴりスリリングな場所となっている。

ランドマークタワーのあるみなとみらいの、その反対側には場外馬券売り場やストリップ劇場、ソープランドが並び、ファッション雑誌がとりあげる桜木町とはまた異なった人々の流れがあり、別の顔を見せている。エキゾチックでファッショナブルな外貌と皮一枚で隔てられすれ違う人々、すれ違う欲望。

山崎洋子は横浜を舞台に小説を発表しているが、そこにはいつも思いがけない横浜がある。今回の舞台は、東京の山谷、大阪の釜ヶ崎と並んで　日本三大「ドヤ街」の一つといわれ、桜木町や伊勢佐木町と微妙な距離で接している寿町である。

二年前まで赤坂の広告代理店に勤めていた二十代の灯子は、両親と弟と暮らす家で何不自由ない生活を送っていた。しかし、父がリストラされ、起死回生で始めた脱サラに失敗。莫大な借金を残して死んだ後、母も自殺未遂を繰り返し精神に変調をきたす。弟も働きすぎて交通事故を起こし重体となる。今は、家も、職も、家族も友人もなくした状態だ。

最近のリストラが生んだ絵にかいたような悲劇、だが誰にでも起こりそうな転落の構図である。闇金融から逃げ続ける灯子の恐怖。所持金も底をつき公園の障害者用トイレで寝るまでになる灯子の身体から発散される「獣の臭い」。親の破綻で追いつめられていく子供のやる瀬なさ、落ちていく人間の身体感覚を見事にとらえたスピーディな文体で、導入部分を一気に読ませる迫力はやはりベテランの味である。

死を覚悟した灯子はピエロに声をかけられ一夜の宿を与えられる。その後、彼女はNPO法人アホウドリの援助を受けて寿町の住人となる。そこからは、複雑な人間模様が綴られていく。

元町にアクセサリー店を持ちながらアホウドリの代表を務める代沢芳子。ドヤ街のもめ事をおさめ、年とったホームレスの看護をする前科三犯の元ヤクザ倉島。ホームレスを支援するためにアホウドリが設立した「かあちゃん弁当」の店長で料理人の有吉要。飯炊きの在日二世でオカマの牧村。泥棒の両親に育てられた覚醒剤常習者の高見愛子。

肉体的、精神的に虐待を受けてきた者たち。灯子は、様々な辛酸をなめ、ある過剰さを秘めた者たちが集っている「かあちゃん弁当」で働くことになる。

そんなある日、五十歳から六十歳位のピエロ姿の女性の溺死体があがる。灯子を救った人物なのか。さらに転落から力強くドヤ街で生きている若い女性の物語をテレビ化したいとプロデューサーの麻生茉莉が現われる。日本人離れした容姿の魅惑的な茉莉の存在は、ドヤ街の人々の心にさざ波を立てていく。ピエロの正体をめぐって、ドヤ街の住人たちの何重にも錯綜した人生がやがてクロスしていく……。

意外な展開は読んで楽しんで頂くとして、この本のもう一つの眼目は、敗戦国日本が葬った孤児たちの悲惨な歴史を浮かび上がらせたことであろう。

横浜にも戦後米兵に犯されて生まれた多くの混血児たちがいた。秘かに処理されたり、売られたりした彼らの多くは行方が定かではない。もちろん町には親と死に別れたり、捨てられた子供たちもいた。姥捨山、爺捨山とも呼ばれるドヤ街に流れ着いた老齢のホームレスたちの過去は、「ファミリーレス」となった子供たちの戦後の歴史と交錯する。

日本の戦後復興物語のなかで忘れられた弱者。誰もその声を代弁してこなかった人々の存在とそのライフヒストリー。山崎洋子はその届かなかった幼児たちの悲しみを、叫びを、そして彼らの苛酷な人生をミステリーの形で提示する。私たちが忘れようとしてきたことを改めて思い起こさせる。力作である。

（毎日新聞社　２００４年８月刊／２００４年９月25日『週刊現代』）

笙野　頼子『金毘羅』

笙野氏は、奇想天外な着想で文学の可能性を広げてきた作家である。もっともその奇想天外性は、作家自身の分身ともいえる「私」が存在するこの「日本」という社会に対する違和感に由来する。

男と女の役割分担をはじめ社会の仕組み全般と闘争するその小説は、当然のことながら書き手を呪縛する言葉の制度とも闘わなければならない。女、男、人、神といった基本語から、その意味をいちいち問い直しながら小説を書いていく。

金毘羅の語り手である女性作家の「私」は、そんな「難儀」な人生を送ってきた。だが「四十過ぎて」「自分が金毘羅だったと判」る。笙野氏の生年月日と同じ一九五六年三月十六日「ひとりの赤ん坊が生まれてすぐ死」ぬ。その死体に伊勢の御山様の神意で「野生の金毘羅の魂」を持って宿ったのが「私」だった。

本作に登場する「野生の金毘羅」とは、伊勢を頂点とする神に滅ぼされてきた神々をウィルスのように乗っ取ってはびこる実体のないもので在りつつ神仏習合する「国家に対抗する個人の極私的カウンター神」だ。しかも「私」は「男」のはずなのに、とりついたのは「人間の女」という神と人間、男と女を「習合」した金毘羅である。

伊勢を頂点とする日本神話を「金毘羅の一代記」という形で読み替えていく作業は、「私」の「極私的」自伝との重ね合わせにより展開される。「マイノリティとされてしまう側」からの視線は、日本神話構成のトリックさえも明るみに出していく。この辺りの神話解釈はスリルがあって刺激的である。

国家神道への「反逆」ともいうべき本書は、流通する文学言語への反逆ともなっている。話し言葉と書き言葉の「習合」した文体は、一人称的でありながら三人称的雰囲気を湛えた笙野言語ともいえるものだが、ここにおいて普遍と個、主観と客観、フィクションとノンフィクション等の二項対立は知らぬまに混交されていく。まさに金毘羅的空間の創出だ。無数の読みを可能にする開かれた小説となっている。

（集英社　２００４年10月刊／２００４年11月４日　共同通信）

岩見　良太郎『「場所」と「場」のまちづくりを歩く』

ここ数年、丸の内、六本木などの都心ばかりでなく、多摩ニュータウンや千里ニュータウンなどの郊外の大規模団地群の再開発も進行中である。私の生まれた沖縄では返還された米軍基地跡地が、様々なまちとして生まれ変わっている。数十年かけて魅力的なまちづくりを模索している地域もあるが、私が毎日金網越しに見ていたアメリカ地方都市を思わせる広い芝生と大きな木のあった米軍住宅地跡は、マンション群と大型店舗の林立する醜悪なまちに変貌した。市場経済のみを優先した結果なのだろう。沖縄という場にふさわしい「まちづくり」という発想は、そこにはひとかけらもない。

観光客として惹かれるまちに出会うことは多い。でもずっと暮らしていきたいと思えるようなまちに出会えたことはほとんどない。生活していくためのまちは与えられるのではなくつくっていくものであろうが、そこに住人の意思はどのくらい反映されるものだろうか。

岩見良太郎氏は都市工学が専門である。氏は学生の頃から区画整理・再開発の運動に関わっていた。その運動を通して区画整理や再開発がまちづくりではなく「まち壊し」なのだと気づいていく。そして各世代の人間が働き、生活し、余暇を楽しめる場所であることに加えて、その地域に暮らす人々の横のつながりが育まれる「住民主体」の場となるまちづくりこそが重要だと認識していく。氏はその理念を「場所と場のまちづくり」と名づけ、「日常のくらしをより豊かに」しながら「コミュニティづくり」をめざしているまちを、日本とイギリスのまちづくりの現場に求めていく。

本書は「まちづくりから見たイギリス社会」と「日本のまちづくりを考える」の二部構成になっている。なんといっても楽しめるのはイギリス編である。二〇〇一年八月から二〇〇二年九月までイギリスに滞在した氏は、十八世紀にロバート・オーエンが構想したユートピア、ニュー・ラナークをはじめ、田園都市レッチワース、サッチャー政権下で実施された巨大再開発地域、ロンドンテームズ川沿いのドックランズやマンチェスター、そして最近のコミュニティ主体の再開発地など、時間の許す限り「まちづくり」の現場を訪ね歩いている。

現場に行き、まちの人と出会い、話を聞き、住民が行政とどのように関わっているのかを具体的に知る。イギリス人の日常の暮らし、イギリス社会の歴史と文化にも眼を向けながら「場所と場のまちづくり」の理論は深められていく。岩見氏が写した百枚の写真も魅力的である。

日曜日に近所の人が集まるコミュニティとしてのパブの役割や、失業者対策にも貢献する地域に根差した図書館の紹介、ベッカムとの出会い、ケチンボ大家との駆け引き、氏自身の体験を記したコラムも興味深い。
イギリスまち歩きの書としても十分楽しめるが、現在行われているまちづくりを見直し自分の住みたい理想的なまちを思索するいくつものヒントがちりばめられている理論書でもある。味読したいユニークな研究書である。

（麗澤大学出版会 ２００４年７月刊／２００４年11月５日『週刊読書人』）

トニ・モリスン／大社 淑子訳 『ラヴ』

女たちの友情や愛は、男たちによって引き裂かれる。

ノーベル賞作家トニ・モリスンは、虐げられてきた黒人の歴史を多層に紡いでいくが、そこにはいつも家庭の中で父や夫から肉体的・精神的な虐待を受ける娘や妻が描かれる。彼女たちは連帯を願うけれどどすれ違いが起こったり、時には無力さゆえに互いを貶める言葉を吐く。愛は屈折した形でしか表現されない。とくに女たちの愛は。

黒人のホテル王ビル・コージーの孫娘クリスティンと極貧の家の娘ヒードは「互いにぴったりの人間」だと思えるような、運命的な出会いを感受する。幼ない二人は相手が自分であるように純粋に強く惹かれあう。

だが二人の遊びは祖父が十一歳のヒードを再婚相手として選んだことで破綻していく。クリスティンは、義父の意向を受けた母メイに寄宿舎に入れられヒードも「あたしの家」も奪われる。大人たちの欲望に心を傷つけられた少女たちは、自分を守るために心の痛みを相手への憎しみへと向かわせていく。

一九七一年にすべてを支配していた祖父が亡くなる。だが、その死には奇妙な噂がつきまとい、三十年近く続く三人の女たちの確執は、より凄絶な遺産相続争いとなる。男性遍歴を重ね、長い放浪の果てに落ちぶれて戻ってきたクリスティンは、ヒードの管理する屋敷に強引に居すわる。さらにメイが死んだ後も二十年近く二人の闘いは続く。全編に一九六〇年代の公民権運動の盛り上がりと共に起こった黒人への悪意に満ちた事件がちりばめられている。三人の女たちの生と愛は、家庭環境とそんなアメリカの歴史が連動する重層的な構図の中に形づくられている。

最後に幼い二人の愛が憎しみに変わった動機が明かされるが、そこで読者は男への激しい怒りと悲しみを感じつつ、女たちへの深い愛に包まれるだろう。元ホテルの料理人Lの魅力的な語りと、過去と現在、現実と幻想が交錯するミステリアスな空間に、真実の愛が刻み込まれている。

（早川書房　２００５年3月刊／２００５年5月2日　共同通信）

李喬《リー・チャオ》／岡崎　郁子、三木　直大訳『寒夜』

明治以降の近代日本の形成は中国・朝鮮と深くかかわるものとして記述される。歴史のなかに現れる中国、気軽に訪れることのできる観光地としての中国、私たちにとって比較的なじみのあるこの二つの中国観から、すっぽり抜け落ちている台湾が、この小説から現出してくる。

物語は、清から割譲され日本の植民地となる直前から始まり、帝国の終末期のルソン島の戦場で終わる。ほぼ日本の統治時代全期を舞台に、その時代を生きた一人の農村女性と彼女の家族の歴史が綴られていく。彼らは十八世紀に広東からやって来た客家《ハッカ》人の末裔で、一八九〇年になってやっと山間部に開墾する土地を得た。主人公灯妹《トンメイ》は、この家に「嫁」として買われてきた女性である。

第一部「寒夜」では飲まず食わずで耕した土地が、水害や台風で一挙に流される悲劇。地主と小作人の階級格差。「台湾人」同士の土地をめぐる争い。さらに一八九五年、日本の植民地にされ、日本軍によって土匪《どひ》として虐殺される農民たち。無残な結果に終わった抗日運動。清朝と日本に翻弄される「台湾人」の過酷な歴史が、灯妹と、母を日本軍に殺され抗日運動にかかわる夫阿漢《アーハン》との恋愛関係を通して展開されていく。

第二部「孤灯」は一気に一九四三年に飛ぶ。六男明基《ミンチー》が徴兵され、長男の明青《ミンチン》の息子建生《チェンション》も志願させられ、フィリピンに送られる。ここでは台湾人が日本人を四本足、日本人協力者の台湾人を三本足と呼ぶ関係の中でも、時に互いが助け合いながら悲惨な戦場を生き抜く明基の意志が克明に描かれていく。憎悪を抱き続けてきた四本足や三本足を見捨てることができない明基に、泣き言を言わず家族のために働き、生きることを優先させてきた母灯妹の命が継承されているといえる。

阿漢との間に十人の子供をもうけ、僅かばかりだが土地を手に入れた灯妹は、ある意味で自己決定権をもたなかった「台湾」の一つの独立の形を象徴しているのかもしれない。

（国書刊行会　２００５年12月刊／２００６年2月26日『中日新聞』）

谷村志穂『余命』

この五月に四人の知人をがんで喪った。あらゆる治療方法を試して凄絶な闘病生活を続けた知人。闘うことをせず、静かに病気と向き合っていた知人。彼女たちの病気と向き合う姿勢は違っていたが、一分一秒でも長生きしたいという気持ちは、痛いほど伝わってきた。人生と真摯に取り組んでいた人達だったので、今は、彼女たちが充分に楽しみ、生きたと信じている。とくに告知される死とは、生と向き合うことでもあるのだから。

余命の主人公滴《しずく》も待ち望んでいた妊娠が分かった途端に、がんの再発を知る。滴は現在、総合病院に勤める三十八歳の外科医だが、二十四歳の時に右乳房の全摘手術を受けている。何事もなく十四年が経過し、結婚十年で授かった神の恩寵のような赤ん坊。彼女は延命はできるが根治することはなく「死へと向かうなだらかな航海」に出るだけの治療を拒否し、「急ピッチでがんを促進させる危険が伴う」けれど、「未知の希望がある」「新たな命の創造」に賭ける。

しかし、滴が最も辛い決断をしたのは、妊娠を告げた夫に再発を隠し通すことであった。滴は高校生の時に母を膵臓がんで亡くしており、その後、再婚した父とは疎遠になっていた。がん手術の時に支えてくれたのが同じ医学部出身の夫百田良介であった。良介は医者の道を諦めてカメラマンとなり、ほとんど収入はないが、妻を肉体的にも精神的にも守ってきた。夫の愛に包まれ至福の時を過ごしてきた滴は何よりも夫のことを知り尽くしていた。再発を知った夫は赤子より自分を選ぶだろう、と懸念する。そして病院を辞め、最も相手を必要とする時期にすべてを打ち明けそうになる妻の心を閉ざして、身籠った母として、彼を連絡のつき難い島での写真撮影の仕事に追いやる。

谷村志穂は、がんの進行に伴う肉体の変容と夫への渇望、妊娠による身体の増殖を微細にリアルに描いていく。その筆致は苦痛と喜びがない交ぜになった女性の身体をとらえて見事である。

物語は滴の病だけでなく、病院にいる複数の患者たちの脅え、不安、悲しみ、喜びを綴る一方で、滴の故郷奄美の自然の豊かさと力強さも表現する。その島に住むことになる息子と夫の姿も。激しさの中に静謐を秘めて、周りのすべてのものがいとおしくなる一冊である。

（新潮社　２００６年５月刊／２００６年７月１日『週刊現代』）

笙野頼子『だいにっほん、おんたこめいわく史』

刺激的な作品である。脳が奇妙にブロックされたり、活性化されたりすることの楽しさとでもいおうか。その語りが、表現が、そしてその設定された世界が、私たちの日常的な日本語に、見慣れた風景に、滑り込んできたりはじき出されたりする、その感触もこの作品の醍醐味である。

笙野頼子の小説は、現在の制度を形づくっている深層の抑圧装置、つまり古代から続く日本神話や明治以降の文壇・論壇が形成してきた無責任体制の抑圧的な「言説」との、常に闘いであった。『水晶内制度』では女尊男卑の女人国ウラミズモを設定して女性を抑圧する現代日本社会の構造を描き、『金毘羅』では日本宗教の成立を辿りながら国家に邪魔者扱いされる者の内面を浮き彫りにし、そこから国家と対抗する存在「極私的カウンター神」である「私」を創出した。

本書では、ロリコンという言葉に代表される「少女」を搾取する構造で成り立っている現在のおたく文化や、それに迎合する文壇人、論壇人、文化人が痛烈に批判されている。

個人を抑圧し共同体の連帯を無意識下に統制する社会・国家を構築する「にっほん」の独裁政党「おんたこ」。それは反権力を装いながら逆説的に権力の中枢に居座る者たちの集団である。簡単にいえば一部左翼や、反国家のポーズをとりながら国家に擦り寄る文壇人やおたくを指す。批判精神は強烈だが、堅苦しい作品ではない。2ちゃんねる的言語、伊勢の遊女の語り、小説内に挿入された「笙野頼子の後半生」、さらに作家自身の分身と誤解させる「作者」や「おたい」、「笙野」が入り乱れるその言語感覚に爆笑、苦笑、哄笑しつつ読み、いつしか音読へと誘われる言葉のライブ感もある。

また思考を形式化する言葉を、「日本語の文脈をずらして」「ロリ・フェミ」、「知と感性の野党労働者党(略して知感野労)」と笙野語に変換し、鉄槌を加える。捏造と曲解によって見えない形で私たちの意識を縛る透明な言葉のシステムをも粉砕させる壮快な小説である。

(講談社 2006年8月刊/2006年9月10日『東京新聞』)

竹内 浩三文・絵『竹内浩三集』

言葉がすっと身体に入ってくる。嫌味やてらいのない真っすぐな言葉たちの群れ。

「生きることはたのしいね　ほんとに私は生きている」。

素直な心がふんわりと、読む者の心をつつむ。こんなに率直に生きることを肯定していいのだろうかと、一瞬考えてしまう賢しらな自分が恥ずかしくなる。純朴という現代では失われてしまった美を、浩三の詩は感受させる。勇ましい言葉や華やかに彩られた言葉に隠された欺瞞を、彼の感性は鋭くとらえていた。だから彼は、人は弱くて悪いこともするけれど「ひとを信じよう　ひとを愛しよう　そしていいことをうんとしよう」「みんなが　みんなで　愉快に生きよう」と、飾らない言葉でうたう。

竹内浩三は大正十年、伊勢に生まれた。中学の頃からマンガや文章を載せた雑誌を創っている。本書には、まったくなんてヘタなんだ、と思いつつも笑みがこぼれてしまう文章の優しさとマッチした心なごむ絵が、ふんだんに入っている。彼の言葉はどれも人のよさとユーモアにあふれ、詩の響きを奏でている。

そんな前向きの生を戦争は踏みにじる。しかし戦地でうたった「戦死やあわれ　兵隊のしぬるやあわれ　遠い他国で　ひょんと死ぬるや　だまって　だれもいないところで　ひょんと死ぬるや」の詩から醸しだされる深い生命への慈しみは変わらない。

ひたすら「生きたい」とうたった浩三だが、一九四五年にフィリピンで戦死。戦地でも書き続けられた言葉は宮澤賢治の本をくり抜いた中にはめ込まれ姉に届けられたという。彼の言葉はこうして生き残った。

「みんながみんなで　めに見えない針で　いじめ合っている　世の中だ」と、まるで現代社会を読んだかのような「よく生きてきたと思う」の詩。「おだやかな顔をして　人をいじめる　これが人間だでも　ボクは人間がきらいにはなれない」。現代を生きる若い人にこそ届いて欲しいと願わずにはいられない言葉の世界である。

（藤原書店　２００６年10月刊／２００６年12月7日　共同通信）

稲葉 真弓『砂の肖像』

珠玉の、というまさに言葉どおりの短編集である。

私たちは日々、様々な出来事に出会い、驚いたり、笑ったり、怒ったり、嘆いたりする。しかし、初めての恋の喜びも、大切な人の死の悲しみも、時の経過とともにその感覚は薄れ記憶も曖昧になっていく。ここに収められた五つの短編では、そんな記憶のありようとは逆に、時間の経過が人や物を鮮やかに浮かびあがらせていく。

稲葉真弓の小説は、もう若くはない女性の都会での一人暮らしを描いたものが多い。彼女たちは寂しさを抱えているが決して孤独ではない。仕事を持ち、独りであることの凜とした強さと艶やかさが匂っている。一定の距離を置いた他者との関係はベタつかず、それでいて深いつながりを感じさせる。それは、五つの短編の語り手「私」に共通する資質でもある。さらに「私」につながる共通点は、石や砂に興味を持ち、想像力が豊かだということだ。そのせいだろうか。ほどよい距離感をもった「私」が出会うのは、風変わりな人々や過剰な出来事である。「私」は、今は喪われてしまった人や物との交感を、豊かな言葉で確かに刻む。

この短編集は石をめぐる物語でもある。**石に映る影**の石は、石の中に水を湛えたメノウの原石だ。「私」の趣味は豪華な宝石ではなく、他人から見れば「みっそかすの駄石」だが、これは墓石屋を父にもつ友人から贈られたもの。水の影が「私」を虜にし、大切な人を思うように「美しい石の内面」を考える。石の愛称はニコ。「影」に惹かれる「私」と意気投合したのが偶然に知り合ったK。彼女は「なりたいものがない」と言い、気ままな生活をしているように見える。「私」は何をしているのか、どこに住んでいるのかも知らないまま、一方的な呼び出しに応え、お喋りを楽しむ。いつしか連絡が途絶え、数年後、交通事故死したKのことを知る。

石に閉じ込められた水は生きているのか死んでいるのか、そもそも石そのものが「生なのか、死なのか」、という「私」の自問は、Kの生とさらにKのお気に入りだった人物ニコの生と重なる。モデルでロックミュージシャンで女優だったけれど、どこにも属していなかったかもしれない「暗黒の堕天使」と呼ばれた実在の人物ニコ＝クリスタ・パフゲン。ニコの歌う「生きさせて　死なせて」という、はざまに在るものの生の重さと軽さが読む者の心を打つ。

ジョン・シルバーの碑は、何万人に一人という難病に罹り右足を切断せざるをえなくなった母の、さっそうと二本足で歩いていた頃の情景を「私」の記憶に留める物語だ。実家の井戸に幼い子供の「私」が落とした石の「因果」がめぐって母の足の腫瘍になったのでは、というような思いも、母と娘の確かなつながりを感じさせる。二度と見ることのできないものへの慈しみに溢れた佳品だ。

小さな湾の青い王は、「私」の小屋がある半島が舞台だ。都会の生活に疲れた「私」には、小屋の「からっぽ」な雰囲気が心になじむ。人気のない寂しい湾の深い岩の空洞に棲む蟹への独り同士の思いは「あまやかな快感」を伴う。湾で偶然出会った父と耳の聞こえない娘と「私」のダンスは、生き物たちのカーニバルのようだ。寂しいけれど濃密で華やかな自然との交感が楽しい。**フードコートで会いましょう**は、産まなかった子供への自責の念を抱えた女性のお話。身体の穴をふさぐ祈りのように人形のお腹に埋め込まれたビー玉と、卵を抱く鳥のように石を抱く女の姿が切ない。

砂の肖像は、雑誌の掲示板に載せた「砂や石を集めています」という「私」の文章に応えたM氏との交流を描く。世界各地の珍しい石や砂に続いて送られてきたピンクのスター・ルビー、琥珀のブレスレット、アクアマリンの裸石。贈り物に秘められたM氏の思い。会った事も声を聞いたことさえない二人。砂や石に太古の地球の鼓動を感じとる精神が二人を結びつけている。見えない時間や消失したものを想像する力。ここには確かな生命の輝きがある。

女性たちに独りで生きることの勇気と潔さを与えてくれる作品集である。

（講談社　２００７年４月刊／２００７年７月６日『週刊読書人』）

中上　紀『月花の旅人』

人には特別の土地や風景という自分と運命的に深くかかわる場所を感じ取り、そこに惹きつけられていく「遺伝子の記憶」のようなものがあるのだろうか。中上紀はそんな遺伝子に操作されるかのように、自己のルーツと「パラダイス」を求めてアジア各地を旅する女性を主人公に小説を書いてきた。本書の舞台は沖縄久高島、北京、西安、熊野、とくに父・中上健次の故郷、紀伊半島が強い求心力をもって主人公たちを動かす。

北京留学中の亜子は、徐福伝説に興味があるという波多と出会い、彼に強く惹かれていく。徐福とは、二千二百年前に秦の始皇帝の命で不老不死の霊薬を求めて三千人の若い男女と共に蓬萊山《ほうらい》を目指して旅立った呪術師である。彼の船団が到着したという伝説は日本各地に残されている。亜子の父と波多の故郷熊野もその伝承の地だ。波多の姓はもちろん秦《はた》につながる。

二千年前の不可解な記憶に苦しめられてきた波多は、記憶の意味を解明すべく始皇帝陵のある西安、沖縄の久高島など、徐福と関連する場所を旅している。そして偶然にもそれぞれの地で亜子と出会う。

物語は、徐福伝説や浦島伝説などの不老不死にまつわる話、生きたまま俑《よう》（人形）にされた兵俑の「人形伝説」、熊野の山奥に住む少年の「語り部」が語る波多の前世、亜子が翻訳した中国女性作家の小説世界、さらに秦の時代の村に紛れ込んだ亜子の体験、といったように現在と過去、伝承と虚構と幻想が織り重なりながら展開される。

また兵馬俑と不老不死をめぐる推理、波多と亜子の時空を超えた愛の行く末など、ミステリータッチの歴史ロマンも堪能させてくれる。謎をめぐる旅の記述は、土地への畏敬の念と深い愛情にあふれている。

さらに父の遺作『異族』との連環を思わせる視点も興味深い。波多と同じようにルーツを追って旅する男たちの物語は、「私が居るこの場所が極楽浄土」と断言する亜子の言葉で、見事に相対化されている。

（毎日新聞社　２００７年７月刊／２００７年９月16日『東京新聞』）

星野　智幸『無間道』

日本社会が息苦しくなってきたのは、一体いつからだろう。今世紀に入って自殺者は毎年三万人を超えている。政府やマスコミはそのデータを伝えはするけれど、原因や理由を深く問うことはない。あたかも本人の意志として自殺が決行されているかのように。

自殺が日常化した光景を、星野智幸は、私たちが忘れかけていた地獄のモチーフを散りばめながら硬質の文体でまざまざと私たちに突きつける。**無間道**で描かれる東京らしき都市は、遺体（本編では

「逝体《いたい》」と表記される）を焼く煙で空気が濁り、火葬されない遺体が道路を覆って腐臭を放ち、遺体には奇妙な生きものたちが蠢いている。

遺体処理の徒労感は、生きている者の精神を蝕む。死ぬことに意味を見出せない主人公は、家族や恋人の死も他人事である。しかし彼もまた自殺した記憶がないままに甦生していた。「大量に積み重ねられた自分の逝体」。何度も何度も反復される自死。時空を微妙に変えながら何度も何度も繰り返される悪夢のような地獄の様相。

死ぬことを「自生」と思わせるゲームのような地獄の光景は、簡単に人を使い捨てるまぎれもない日本国の現実である。

煉獄ロックでは、「神意」という意味不明のシステムで人々は管理されている。子供と大人、生殖能力のある者とない者、人々はあらゆる機会に隔離され選別されていく。そして「空気中に魂を吸いとられる」ように、「死んでも何の問題もない」と思うようになる。

システムの意思に忠実でなおかつ神意に叶ったものだけが優遇される社会。社会構造に疑問を持ったり、そこからの脱走を企てた者は「煉獄」を生きることになる。

切腹では、すべてが上辺だけの他人事が跋扈《ばっこ》する学校生活で、「本気」を「リアル」を希求する子供たち。ロシアンルーレットのような「死」に直面することのリアルをやり取りする子供たち。

読者の身体感覚にも痛みを伝える文体は、かつての地獄絵巻の持っていた力さながらに読む者の身体をもゆさぶる。強度ある言語感覚も魅力的だ。

現代日本社会の地獄マンダラがここに在る。

（集英社　２００７年11月刊／２００７年12月６日　共同通信）

角田　光代『三面記事小説』

日々さまざまな犯罪を報道する新聞の三面記事。殺した相手を床下に埋め二十六年間その上で暮らした男。インターネット上の闇サイトに一五〇〇万円で不倫相手の妻の殺害を依頼したものの、それが半年間も実行されなかったので警察署に「だまされた」のではないかと相談に行った三十二歳の女。十六歳の男子高校生を自宅に泊め、「みだらな行為」をした三十八歳の女。担任教師の給食に薬物を混ぜた中学二年の女子二人。自宅で勉強中に押し入った男に殺された中一の女の子。介護疲れで母親を殺害した長男。

記事は起こった事実だけを記し、その背景を語ることはない。角田はそんな記事から発想を得、その背後に独自の物語/フィクション世界を紡いでいく。おそらく三面記事の犯罪は、日常生活における小さな夢や希望、不満や鬱屈から徐々に醸成されていくものであろう。**三面記事小説**には、自身でも制御できない満たされない思いや欠落感、そのような人間の内面を捉えた六篇が収められている。角田の短編テクニックを堪能できる一冊だ。

郊外の一戸建てに住み専業主婦として何不自由ない暮しをしているはずの姉は、いつも夫の浮気を心配する愚痴を、妹に語ってきた。団地に住む妹は、姉の家を羨みながらも優しくて仕事のできる夫の居る小さな幸福を嚙みしめていた。妹が一戸建てを持つようになった頃、姉からの連絡はぷっつりと途絶える。外部との接触を断ちトタンで囲んだ「要塞のような家」に住む姉夫婦。その頃妹は、夫が子供もいる別の家庭を二十六年間続けていたことを知る。タイトルの**愛の巣**という言葉が虚しい。

ゆうべの花火は、気軽に付き合い始めた男に執着していく女の話である。男に妻子がいたことを知り、闇サイトに妻への嫌がらせを依頼。段々とエスカレートしていく依頼に、女の滑稽さ悲惨さが浮かびあがる。インターネット社会は、金で「愛情」も「欲望」も買えるという幻想を現代人に与えた。さらにこれまでだと躊躇した犯罪をお手軽にし、犯罪だという感覚も麻痺させた。現実の状況に眼を背け、金で何でも解決できるとする安易で短絡的な思考が行き交うネット社会。そこから生みだされた意識構造が冷徹に捉えられている。妻と子供を大事にして家族を養っている、よき夫・父親である男の気味の悪さを、普通の日常感覚として捉える筆致も秀逸だ。

彼方の城は、自分の夢見てきた現実と実際の日常生活との乖離を認めようとせず、現実から眼をそらし束の間の快楽に身をゆだねる主婦の姿を描く。男らしくしかも優しい男と恋愛し結婚して、素直で頭のよい子供たちに囲まれた家庭という、かつて少女漫画の世界で夢見た幸福は、現在ことごとく裏切られている。離婚して高校生の息子と中学生の娘と暮す主婦は、漫画喫茶で知った十六歳の高校生を「夢」の代償として囲う。成熟できない女の欲望が痛々しい。

永遠の花園と**赤い筆箱**は、中学生という不安定な年齢の、ある意味で一途で純粋な少女たちの心が引き起こした犯罪である。幼なじみの同級生菜摘と亜実は、いつも一緒だった。菜摘とずっと一緒にいたい、と願う亜実。しかし外の世界への関心が、菜摘を変える。菜摘を汚すものへの激しい殺意。至福の時間を止めたいとする亜実の潔癖性が、心に沁みる。**赤い筆箱**の、徐々に醸成されていく姉の妹に対する被害者意識。現実が溶解していく筆の運びは、人間の心の闇を捉えて迫力がある。

光の川はタイトル自体がシニカルである。短編集全体に通底するが「光」は主人公たちとは関係ないところで弾けている。小さな幸せを願う普通の人の思いがいつしか反転し、犯罪を引き起こしていく過程を描いていく手腕は見事という他ない。

（文藝春秋　２００７年９月刊／２００７年12月７日『週刊読書人』）

金原ひとみ『星へ落ちる』

金原ひとみは存在の不安と欲望を身体感覚を通して描く。身体に刻印されるスプリットタンやピアスが話題になった芥川賞受賞作『蛇にピアス』。食べては吐く「噛み吐き」行為を繰り返す少女の愛を描いた『ハイドラ』。現代の極限的な身体状況ともいえるそれらは、この世界に確かな手ざわりを求めてもがく人物たちの姿である。

現代社会のエッジにある彼らは、過剰とならざるを得ないほど生きることに真摯である。現代の若者たちは他者との濃密な関係を嫌う、と言われる。淡白な、ホドの良い関係を求める彼らに「恋愛」は不可能だという説もある。肉体をも含めた相手との共存意識の強い金原ひとみの小説の主人公たちは、そういった意味で現代の若者の対極にある。彼らは接点として肉体を欲する。

星へ落ちるは、相手を求めつつ叶えられない一人の女と二人の男の、欲望と孤独を描いた連作中編である。登場するのは四人で、二つの三角関係が交わる形になっているが、女と男の両方から愛の対象とされる男は、誰にも執着しない、誰も束縛もしない、と表明しており、彼の位置は空洞となっている。中心を欠いた三人の不安と脅えと嫉妬、そして猜疑心。

突然行方をくらました女へ、ケータイから哀願する男の声とメールが届くとき、女の身体に監視されているような恐怖心が生まれる。「彼」を引き止めようと自殺を仄めかし自傷行為を繰り返す「僕」。また憧れの男と暮らし始めた女も「愛」の勝者ではない。「彼」の執着しない態度に不安と恐怖は、いっそう増幅される。女も食べて吐くことを繰り返す。

三人の相手と永遠に繋がっていたいという欲望は、自ら抑制せざるをえないために深く内向する。

焦燥と脅えがない交ぜになった語り口は、一途な思いも気味の悪さに変え、いつまでたっても相手に辿りつくことはない。現代人の身体感覚を形成するパソコンゲームに、人を二十四時間束縛するケータイ。肉体の代替物としてのケータイは、相手との対話もモノローグに変えてしまう。

恒星の周りを惑いめぐる惑星のように彼らの孤独が伝わってくる。読み終わって「星へ落ちる」というタイトルの意味が切なく胸に響く。


（集英社 ２００７年12月刊／２００８年2月9日『週刊現代』）

桐野　夏生『女神記』

古事記の創世神話では、女神イザナミと男神イザナキが互いに求愛し目合《まぐわ》いして国土を産む。人間界の男女が、愛して求めて結婚して子を産むように。このように「夫婦」神が国土を産む日本型の神話は、世界でも稀だという。

桐野九年ぶりの書き下ろしである本書は、古事記におけるこの夫婦神の神話に、ヤマトから遥か南の小さな「海蛇の島」（イザイホーで有名な久高島か）をも舞台にしつつ神と人間の男女の愛憎を交錯させている。世界三十二カ国共同プロジェクト「新・世界の神話シリーズ」の日本代表作という意味では現代の神話といえるだろう。

古事記で、国土や自然界の神々を次々に産んでいったイザナミは、火の神の出産がもとで死んでしまう。死を穢れとして拒否されたイザナミの愛は怨みとなり、「あなたの国の人間を、一日に千人縊《くび》り殺」すと言挙げする。それに対しイザナキは、一日に千五百人の産屋を建てると返す。女神は死の支配者とされ、性と生を司るのは男神となる。

桐野は、古事記の中の人間の起源を語ったともいうべきこの部分に注目する。古事記神話を変奏させながら島の物語に接合させる。

さて、海蛇の島では二人の姉妹が生まれた。生に関わる光の巫女カミクゥと死に関わる闇の巫女ナミマである。二人の女性はイザナキとイザナミのアナロジーといえる。

だが、産み出すことに疲れたイザナキは、永遠の命を捨て人間になる。ナミマの娘夜宵を愛したイザナキは、黄泉に下りイザナミに彼女の死の延期を懇願するが、自《みずか》らは死んでしまう。

イザナミは怨みを抱えた行き場のない魂が集う黄泉の空間を支え、「怨んで憎んで殺し尽くす」「破壊者」として君臨してきた。しかし男神の死によって生と死の対立という構造は崩れ、ここで女神の破壊が再生を産みだすという一極構造に変化する。それはまさに姉妹で生死を司る海蛇島の構図と重なる。桐野は死と生の循環を司る女神を誕生させたのである。

（角川書店　２００８年11月刊／２００８年12月11日　共同通信）

ノーマ・フィールド『小林多喜二――21世紀にどう読むか』

小林多喜二の『蟹工船』がブームだという。非人間的な搾取の構造を描出して、プロレタリア文学の意義を世に知らしめた作品である。発表から八十年、人が奴隷的に扱われる社会は消滅したはずだったのに……。今を生きる現実として共感をもって読まれているのだろう。

その状況はある意味で憂うべき格差社会の反映とも見なされる。だが、多喜二の周辺と作品を丹念に追ったノーマ・フィールドは、いつの時代でも多喜二の「命をかけた運動と文学」は、人に「あなたのように本気で生きてみたい」と思わせるのではないかと述べる。

あらゆる結果に個人の「自己責任」を問い、国家や企業が果たす役割を隠蔽する現代社会の構造。ノーマ氏は、多喜二がこの格差社会と共通する「個人の心理と社会的構図の接点を早くも直観」していたと見なす。多喜二の小説は庶民の生活が「如何にして惨めか」を書く。自分を守るためにスパイになった者、家族のために売笑婦になった者など、社会構造に翻弄される個人が描かれる。しかし、どのような人間に対しても「個人を責めない」「冷笑もしない」多喜二の本質が見えるという。

プロパガンダを振りかざし他者を糾弾する狭量なプロレタリア文学とは明らかに異なる。革命の話も個人の問題から問う。戦後文学につながる実存的な側面を、ノーマ氏は多喜二の文学に認めている。その文学から聞こえてくる「希望は絶対に譲らない」という声も、現代に響くものであろう。

ノーマ氏は『蟹工船』以外の小説は「女性抜きには語れない」と指摘するが、多喜二が身請けした田口タキなど、彼と女性たちの関わりを、ノーマ氏もまた魅力的に綴る。さらにあの時代に原稿や手紙を護り多喜二を「大事に思ってきた」人たちの声を、冷静だが暖かな筆致で紹介する。人々にユーモアと笑いの記憶を残した多喜二も新鮮だ。何度でも出会いたい多喜二が、そこにいる。

（岩波書店　2009年1月刊／2009年3月22日『東京新聞』）

姜《きょう》　信子『イリオモテ』

記憶はどのようにして伝承されるのだろうか。自分の体験ではないにもかかわらず、一つの歌が過去を想起させることがある。生まれた島では生きていけぬ人々。炭鉱労働者や移民となって島から島へと渡った者たち。居場所を求めて彷徨《さまよ》い「この世を底から支えて生きて死んでいった」物言わぬ人々の周りには、いつも歌があった。

半島から来た一族の子供として横浜で生まれた姜信子は、島々で歌いつがれてきたラッパ節や南洋帰りなどの様々な歌を通して、そんな語らぬ者たちの「ケハイ（気配）」を感受する。姜がケハイたちの声に敏感なのは、彼女もまたたどりつくべき場所の見えない「旅の子」であるからだろう。

姜の先導者になるのは『ナミイ！ 八重山のおばあの歌物語』にも登場する三線《さんしん》おばあである。石垣島で生まれたおばあは親に売られ、石垣島から那覇、サイパン、台湾と流れていった島々で、三線を弾いて生きてきた。歌を「耳と体と心に刻んだ」三線おばあの声に溶け込んだ「島々の山野や海辺に打ち捨てられ朽ち果てた名もなき」旅人のケハイは、いつしか姜の身体にも刻み込まれていった。

姜自身とケハイがシンクロした身体は「私」となって、流れていった歌のように横浜から炭鉱の町・筑豊、巨大な鉄の都八幡、台湾や西表島の地獄の炭坑跡と旧炭鉱町、そしてハワイの移民の町と旧ハンセン病隔離地域を旅する。

「私」の旅の記録は、おばあの歌を基調に先人たちの紀行文や批評が交差する形で展開していく。「私」は過去と現在、東の島と南の島を旅して、多くの旅人と旅の子を生んだもうひとつの日本のなかの記憶、国家によって打ち捨てられた人々の記憶を甦らせていく。

「私」の語りは、現代の私たちが排除してきた歴史の痕跡を生々しく浮かび上がらせ、読者をその現場へと連れ戻すのである。


（岩波書店　２００９年６月刊／２００９年９月６日『東京新聞』）

―２０１０年～２０１５年―

加藤　幸子『〈島〉に戦争が来た』

〈島〉とは何か。本書の中に島の名称は明示されないが、著者は「八丈島を訪れたことで、この小説は生まれました」と述べている。

四方を海に閉ざされた島は閉鎖空間と見なされがちだが、海はあらゆる場所に開かれているともいえる。島に流れ着いた異国のものを「宝物」と見なす島の娘キヨの感性は、そんな島と海の関係性を表す。それはまた流人であろうと、島には他者を受け入れる素地があることを示してもいる。

物語は、他の生き物も人間と同等の生命をもつ存在と見なす著者の発想を踏まえ、まず島の視点から島の成り立ちが語られる。何度も噴火を繰り返し、今なお荒々しいエネルギーを内に潜めている東山と優しい表情を見せる西山。キヨはそんな二つの面を持った〈島〉を体現してもいる。

悠久の時を経て流人の次に島にやってきたのは軍用飛行場を造るために連行されてきた四百人の朝鮮人労働者である。キヨはマレビトである朝鮮の少年インスと情熱的な恋に落ちる。だが「帝都防衛」という名目で訪れた三万人の日本兵の駐留によって、二人の関係も引き裂かれる。海がいつも宝物を運んでくるとは限らないが、逆説的に「戦争」は二人の愛を永遠にしたともいえる。

戦争終結から六十五年の時を経て島に来たのは、光るキノコの話に「体の奥底で共鳴」したカメラマンの有希である。そこはキヨとインスが別れた洞窟でもあった。島の外部者である彼女が撮影した場所は、作業中に倒れた朝鮮人が人柱にされた滑走路や、疫病に罹った朝鮮人が火葬された百畳敷きの海岸である。観光地ではない島の風景をカメラはとらえていく。

そしてキヨが孫照彦に導かれて訪れる日本軍の造った蟻の巣のような地下要塞巡りは、読者に圧倒的な追体験をもたらす。仮想の島としての八丈島は、よりリアルな歴史の証人となって読者に迫るのである。

（新潮社　２０１０年7月刊／２０１０年10月31日『東京新聞』）

角田　光代『ツリーハウス』

角田光代の小説には、居場所のなさ感を抱えた者たちが多く登場する。デビュー作「幸福な遊戯」には「家族の影」のない若い女性が、同世代の男二人と一軒家を借りて住むという血のつながらない者同士の疑似家族関係が夢想されていた。『東京ゲスト・ハウス』では気ままな旅を続けてきた若者たちを、最低料金で受け入れる下宿のような一軒家が、根を断ち切られたような若者たちの帰る場所となっていた。責任を持たない緩やかな関係を求める彼女、彼らのつながりは簡単に破綻してしまうのであるが、自分を押しつぶしてしまいそうな何か得体の知れないもの（時にそれは家族である）から取り敢えず逃げる、移動する、そしてさ迷う人物たちの浮遊感を、角田は見事に紡ぎ出す。

角田は、社会にうまく溶け込めない不器用な若者たちがつながりあえる住処・場を模索する。そこには二〇〇二年に『空中庭園』で描かれることになる、若者たちの背後にあるべき血縁家族の絆が切れ、すでに家族の住む家（場所）が虚妄となっている現実認識がある。家族の実態を引き受けようとしない親。そこでは当然子供も違う所へ、楽になれそうな場所へひたすら逃げることしか考えない。

人は様々な束縛から逃れて一人で気ままに生きていきたいという欲求と、他者とつながりたいという欲求を併せ持つ。**ツリーハウス**はそんな人間の両義性を見据えつつ、血の絆を超えて人と人とをつなぐ関係性とそれを担保する場を描き出す。角田が抱えてきたテーマの集大成に加えて、昭和と平成の「記憶」の再構築と未来への展望も目指されている。

新宿角筈《つのはず》で中華料理の店、翡翠《ひすい》飯店を営んできた藤代泰造。彼の死は孫の良嗣の、「無干渉無関心」で「無職無気力人間の巣窟」である藤代家のルーツを辿るきっかけとなった。祖父母の出会いが満州であったことを知り、三年前に正規の仕事を辞めた二十八歳の良嗣は、元高校教師で六十歳近い無職の叔父太二郎も伴い、八十七歳の祖母ヤエと大連へ旅する。

物語は二〇〇八年の旅の現在と、昭和十六年に開拓移民として満州に渡った泰造を起点とする藤代家の家族の生活が幾重にも錯綜する形で展開される。さらに彼らの人生は、社会的出来事や事件と連動する形で語られる。朝鮮戦争、ガガーリンの宇宙飛行、学生運動、あさま山荘事件、新宿西口バス放火事件、オウム事件、阪神大震災などは、戦後に生まれた四人の子供と三人の孫の生き方と連動する形で記される。それらは泰造とヤエの人生も照射する。

泰造は自分が抱いていた満州の「どこまでも開けている世界」と異なる移民団の現実に違和感を覚えて脱走。ヤエは、静岡から東京、満州へと流れてきて初めて「自分の意志で生きる場所を選べ」たという実感を持つ。故郷に居場所のなかった二人が、未来を託した「新天地」が満州であった。しかし解放感のあった生活は、敗戦であっさり崩れる。新京で食堂を営む中国人の助けもあり、満州から逃げ帰るが、故郷に居場所はない。戦後のどさくさに紛れて新宿の「他人の土地」に店を構えることになる。「嘘っぱち」の「時代に抗う方法」を逃げることにしか見出せなかった祖父母。夢の挫折を自殺や、宗教団体に入ること、仕事を辞めるという楽な方向に逃げることで解消してきた子や孫。家族の生を通して昭和と平成の歴史が浮かび上がる。

さて、祖母との旅を終えた良嗣は、見知らぬ人が勝手に住み着き「簡易宿泊所」のように感じていた家が、満州での夢に破れて日本に戻ってきたものの帰る場所のない人々の逃避場所だったと気づく。「私ヤエと、泰造を訪ねてくる人があれば、それがだれであれどうぞもてなしてください」と記された祖母の遺言は、自分たちを助けた満州の食堂のように翡翠飯店が他者に開かれた〈場〉であり続けることを願っている。さらに藤代家の男には自分とは血のつながらない子を自分の子供として育てようとする意思があり、女性もまた産めない女性のぶんまでたくさん産んで、共に育てようとする気概がある。そんな「規範」のなさが新たなつながりを構築するのであろう。未来を紡ごうとする柔軟で自在な精神の息吹が感じられる書である。

（文藝春秋　２０１０年10月刊／２０１０年12月10日『週刊読書人』）

田辺　聖子『われにやさしき　人多かりき』

このエッセイ集は二〇〇四年から二〇〇六年にかけて刊行された『田辺聖子全集』全二十四巻の「自作解説」を、テーマによって並び変え纏めたものである。一九二八（昭和三）年生まれで十代から同人誌に書いていた田辺の五十余年に及ぶ文学活動が辿られており、読み応え十分である。田辺文学の軌跡を作家本人の言葉によって綴った「自作解説」集であるばかりでなく、多くの人々に生かされて小説を書き続けてきた作家の自叙伝ともなっている。もっとも田辺は「まがりなりにも小説家（作家、なんていいたくない）」と語っていたが、純文学と大衆文学の垣根を越えたその小説世界は意外に骨太で、どの作品にも息づいている大阪弁による柔らかい反逆の精神は、明らかに「作家」のものといえる。さらに付け加えるなら、大阪弁の伝統を継いだその作品群は日本語文学の幅を広げてもいる。

田辺は一九六四年に『感傷旅行』で芥川賞を受賞した後の「物書き」活動に対して、「純文学修行の辛さに負けて大衆小説書きに堕した」というような批判を何度も受けたという。そんな批判に対して田辺は「私はただ、〈私の夢〉を書き綴りたいばかり、夢の尖鋭は〈恋ごころ〉」と語り、女と男の「真実」を描き続ける。さらに「小説の効用は〈人生のおちょくりかた〉を暗示する点にもあると思う。艱難辛苦の人生、〈おちょくら〉ないで、どうして凌いでゆけよう」という。理不尽な社会の構造を批判するにしても、その批判はあくまでもユーモアに包んだ辛口批評でなければならないと語っているのだ。

さて、田辺作品の最大の魅力といえば、女手という「やさもて」の筆づかいで書かれた文章であろう。戦中派の田辺は、敗戦で社会の価値観が大きく変ったはずにも関わらず、シングルの女性への蔑視や偏見が色濃く残る状況に「なぐりこみ」をかけた。三十過ぎの独身女性をオールド・ミスと貶めていた社会に、彼女たちを戦後を奔放に可愛く生きていく「ハイ・ミス」と名づけ、新しい女性像を突きつけたのである。ハイ・ミスという言葉は「姥ざかり」とも連動し、現在の「カワイイ」の元祖ともいえるだろう。

本人が〝夢みる夢子さん〟と規定するので、少し弱いイメージもある田辺だが、その作品のカワイイ世界は、これまでの日常が違って見える強さがある。田辺の小説は声高に女性解放や社会の変革を唱えず、笑いつつ楽しみつつ読者の意識を自ずと変えてしまう。

本書の最後には田辺文学を心から楽しみ愛した文学研究者菅聡子の「〈ただごと〉こそ文学の神髄—田辺聖子はかく語りき」が収録されている。菅が指摘するように「難解な言葉ではなく、優しく易しい言葉で、人の世の真実を語る」「女手」こそ田辺文学の真髄である。

今年八十三歳になる田辺の仕事の範囲は広い。詩や俳句や川柳に親しみ、晶子や久女や一茶の伝記をものしつつ、岸本水府を軸に『柳多留《やなぎだる》』に匹敵する近代川柳史『道頓堀の雨に別れて以来なり』も書き上げている。古事記や源氏物語など、古典への造詣も深く、多くの田辺聖子訳に挑戦している。小説とは異なる様々な文学ジャンルに対する自在な読みと解釈もまた、本書の魅力の一つである。

（集英社　２０１１年３月刊／２０１１年８月26日『週刊読書人』）

金原ひとみ『マザーズ』

母の孤独と愛と幸福を圧倒的な筆力で描いて、金原ひとみの新境地を拓いた小説である。読者の身体感覚に訴える緊密な文体は、読む者の身体性をも揺るがす。

登場するのは小説家のユカ、専業主婦の涼子、モデルの五月、それぞれ二歳の娘、九ヵ月の息子、三歳半の娘を持つ二十代の若い母親たちである。同じ保育園に子どもを通わせる三人の「孤独な育児」体験が、交互に語られていく。育児をめぐる夫との意識のズレ、夫の無理解は、彼女たちの内面に深い傷を負わせる。ユカは薬で、五月は不倫で、何とか安定を保っているが、不器用な涼子は発散する方法を息子への虐待へと向けてしまう。

ユカの見る幻覚、五月の不倫相手とのセックス、涼子の虐待、どの場面も強度の身体感覚が描写されているが、圧巻は虐待場面だろう。自分の肌で深く抱きしめたいと思いつつも暴力の衝動から逃れられない涼子。子どもを愛おしいと思う感情は小説の至る所にちりばめられており、愛しつつ虐待する母の心の闇は読者にも痛い。

「可愛くて可愛くて仕方なくて、八重歯と奥歯でぎたぎたに噛み殺してやりたい」というユカの言葉もまた、母たちの子に対するアンビバレントな愛情を象徴する。

育児からの逃避先を薬や不倫に求めたユカや五月も深い痛手を負う。涼子も含めた彼女たちの回復には夫との関係の改善が重要な鍵とされている。「幸福」な家族をつくり上げるにはマザーズの背後にファザーズが必要だとでもいうように。確かに小説の後半にはさらに悲惨な出来事が待ち構えているが、それを乗り越えようとする夫婦の姿も示されている。

もっとも作家金原ひとみをイメージさせる小説家のユカは、「私の求める愛も幸福も充足も、全て小説の中にしかない」と断言している。二児の母となった金原の体験と、フィクション性の境界も興味深い。

（新潮社　２０１１年７月刊／２０１１年10月２日『東京新聞』）

金原ひとみ『マザーズ』

金原ひとみの小説は過激なセックスやドラッグ、身体改造といったアイテムで注目されてきた。もちろん**マザーズ**にも閉ざされた自己意識を解放する手段として性や薬による男女の関係性は多様に描写されている。しかしこの小説の白眉は、男女の性愛に勝る、まさに愛の原型ともいえる母子密着の身体感覚が見事に表現されていることにあろう。二児の母となった金原の体験が、これほどまでに深く愛と孤独を捉えていようとは。金原の新境地といえようか。

登場するのは二十代の若い三人の母たち。二歳の娘がいる小説家のユカ。三歳半の娘を持つモデルの五月。九ヵ月の息子を抱える専業主婦の涼子。小説は三人の視点から交互に語られていく。生き方も生活レベルも異なる三人だが、妊娠、出産により「自分」が変容したという共通意識をもっている。妊娠による身体の変化や、「私」の意志とは関りなく「私」の人生を左右してしまう「絶対的な存在」を胎内に感受してしまうのだ。この感覚は男性には理解不可能かもしれない。

しかも出産後には「可愛くて可愛くて仕方なくて、八重歯と奥歯でぎたぎたに噛み殺してやりたい」という衝動も生まれる。肉体が持つ強い力。愛情は明らかに身体を媒介にして成り立っている。

ところで、育児に関する夫の無理解は、彼女たちの内面に深い傷を負わせる。精神のバランスを保って育児をするためにユカは薬に、五月は不倫に逃避する。逃げ道の探せない涼子は虐待へと向かう。泣きながら、取り乱しながらも、一方で冷静に現状を把握しつつ息子を虐待する涼子の孤独は、読む者を震撼させる。深く抱きしめたいと思いつつ暴力を振るう涼子の行動は、母たちの閉塞感を象徴する。小説の至る所にちりばめられている子どもを慈しむ言葉も、逆説的に母たちの心の闇の深さを表しているようだ。

ユカや五月も薬や不倫で痛手を負う。涼子も含めた彼女たちの回復には夫との関係の改善が重要な鍵とされている。「幸福」な家族をつくり上げるにはマザーズの背後にファザーズが必要なのだとでもいうように。

小説の後半には、母と子を巡る悲惨な出来事が待ち構えているが、その出来事を境に彼女たちは夫と向き合っていく。小説の最後の言葉に一筋の希望の光も見える。

（新潮社　２０１１年７月刊／２０１１年10月８日『週刊現代』）

江國　香織『金米糖の降るところ』

大人の複雑な恋愛心理と少女の一途な恋が、モザイク状に織りあげられた上質で瀟洒な恋愛小説である。

佐和子カリーナと十和子ミカエラ。ブエノスアイレスの日本人居留区で生まれ育った日本名とアルゼンチン名をもつ姉妹。幼い頃、星空に感動し、その星は金米糖が散らばっていると信じて、星が日本にも届くようにと金米糖を地面に埋めた二人。

しかしその一方で、十代の頃の二人は、男性を信用せず、「男の人は全部共有しよう」と決め、同時にではないが「意識としては一緒に、男性を探検」していた。居場所を確保するために結婚しているように思えるコロニアルの大人たちを見て「生涯結婚しない誓い」も立てていた。「男の人の思いどおりになんか絶対にならない」と思いつつ「自分だけを愛してくれる男」を求めてもいた。「共有」は「愛」を知る手段であり、完璧な愛を求める故の行為だが、周りから見ると歪んだ愛にしかみえない。純粋さ無邪気さは、光の角度によってグロテスクにも見えてしまう。彼女たちの二つの名前のようにそれらは同居する。

さらに二人の行為は、あの名作「禁じられた遊び」を連想させる。江國文学の魅力の一つに、登場人物たちを取り囲む「もの」の存在感がある。本書でそれは何といっても十字架であろう。無垢な心が生みだす禁断の行為。姉妹で共有してきた時間と記憶、そして新たな旅立ちを、十字架のエピソードは見事に象徴する。

さて、姉妹の世界は、佐和子が日本に留学して出会った竜哉の「共有」を拒んで変容していく。一人の男を巡る二人の女の恋の物語にもう一つの光をあてるのが、ミカエラが複数の男と身体を重ねた結果生まれた娘アジェレンのガラスのように透明な恋である。六十歳近い男に対する十九歳の娘の一途な恋は、母親たちの恋愛を反転させつつその類似性をも浮き彫りにする。

静謐と情熱、弱さと力強さ、幼さと成熟さをあわせ持った三者三様の愛の形は、読者に様々な思いを喚起させる。

(小学館　2011年10月刊／2011年12月号『潮』)

瀬戸内　寂聴『烈《はげ》しい生と美しい死を』

六十年近い作家生活で瀬戸内氏は時代の倫理にとらわれない、己の本能に忠実ともいえる一途な女性たちの姿を共感をもって描いてきた。『田村俊子』では、自由に我が道を歩いた田村俊子を、『かの子撩乱』では夫を含めて二人の愛人と生活を共にした岡本かの子を、『美は乱調にあり』では愛と社会改革に生きた伊藤野枝を、『遠い声』では幸徳秋水ら社会主義者たちと関わった管野須賀子を、『青鞜』では平塚らいてうを中心に女性だけの雑誌「青鞜」に集った人々を描いた。

これらの評伝小説には、自分の信ずる道を選びとろうとする女たちが、結果的に世間の良識や常識、結婚制度に反逆する形にならざるを得なかった状況が描かれていく。それは夫と子を捨て、複数の男性と関わりを持ちつつ作家を目指していった瀬戸内氏自身と重なるものでもあった。本書は、出家以前の自身の軌跡と評伝小説が交差する形で展開され、性と愛を軸に「自由」を獲得しようとして闘った女たちの百年の歴史が浮き彫りになる。

本書が「この道」として『東京新聞』などで連載が始まった二〇一一年は、女性の解放を言挙げした「青鞜」の創刊百年、また管野須賀子が大逆事件の被告として処刑されてから百年に当たる年であった。この年を起点にすれば、百一年目の今年は女性の新しい世紀の始まりともいえる。瀬戸内氏は未来の百年に向けて何をなすべきかを、この本に登場した女性たちの声から聞き取って欲しい、と述べている。

瀬戸内氏は、関東大震災のどさくさで虐殺された野枝も、上海で客死した俊子も「烈しい生」を生きて「美しい死を」迎えたと考える。そして「生きるということは、一瞬一瞬、真剣に、生命の火を完全に燃焼しつづけ、自由になることだ」とのメッセージを未来を担う若い女性たちに送る。九十歳を迎え、なお反原発集会へ参加する氏もまた「烈しい生」を生きている。

（新潮社　2012年6月刊／2012年8月26日『東京新聞』）

富岡　多恵子『ト書集《とがきしゅう》』

詩（韻文）から小説（散文）へ移行した富岡多恵子は、詩の言葉と散文の言葉に違いはあるのか、という問いから、書かれた言葉と発声された言葉（歌、唄、謡）の相違は何か、ということにも注目してきた。それは〈ものを書く〉という行為は、どういうことなのかを厳しく問い続ける、ということでもあった。

本書には、一九七二年から二〇一一年までの三十年間に書かれた講演録やエッセイ、文庫本に掲載された「自作解説、後記」などが纏められている。「自作解説、後記」は、「作者にとっては、芝居の台本でいえばト書のごときものではないか」と思い、本のタイトルにしたという。何度も繰り返し語られてきたことだが、富岡多恵子は「自分のつくったものの前に作者がシャシャリ出て説明するのを嫌ってきた」。「つくったもの（書いたもの）」が読み手に「モノ」を言わなければしょうがない、と。

しかし本書は、ある意味で「富岡文学」を解く「作家自身の解説書」ともいえる。テーマ別に分類された「序章　わたしの土地」から「いまどきの景色」「女と男」「書くことの裏と表」「作者はどこにいる」、そして最終章「めぐりあう」までの「文章」には、「書きたい」という思いも含めて「人間の表現欲の不思議」を知りたいとする富岡多恵子の声が至る所に響いているのだ。芝居や写真についても述べられているが、本書で圧巻なのはやはり「文字」を使って「書く」表現者のこだわりに迫った部分であろう。

「めぐりあう」には、□□記号を多用して「日記体随筆」を書いた中勘助、短歌に句読法を導入しようとした釈迢空、詩も小説も書き続けた室生犀星、英語で詩を書き始めた西脇順三郎についての文章が纏められている。彼らがなぜそのような方法を選び取っていったのか、既成の詩論や文学論といった机上の空論からではなく、彼ら自身の日常的な生活の場、生まれ育った「土地」の記憶、風景、家族などから、さらに彼らが創作活動を行っていた時代への違和感をも視野に入れつつ、「表現者に身を寄せるやり方」で、彼らのこだわった方法の意味（謎）を解き明かしていく。そこには一つ一つ論を詰めていく方法で謎を解明する推理小説的な面白さがあり、語られている表現者たちへの興味も呼び覚ます。

評者は何度も富岡の評伝『室生犀星』『中勘助の恋』『釈迢空ノート』を手にとった。これらの評伝は、対象とした表現者の文学認識に迫りつつ、対象を捉える書き手の文学認識をも浮き彫りにする。

「実作者」が他の表現者に向かってなされた「評論的エッセイ」は、まさにその実作者・作家の表現（文学）を読み解く鍵でもある。

富岡は、英語を母語とする人間にも難解だと言われる句読法や名詞にこだわって詩や散文を書いた「スタインは言葉と文学に対してたえず挑戦的に新しい方法を実験したひとである」と述べているが、富岡もまた『逆髪』や『ひべるにあ島紀行』に顕著なように、様々なコトバやカタリを駆使して「小説」とは限定しにくい表現を実践して「文学」に挑戦し続けている。

ところで、松本清張の『波の塔』を論じた「恋愛という犯人」は、恋、恋愛、愛、というｌｏｖｅとは異なる日本語の語感の相違を明示した上で、女と男の性に関する認識のズレから起こる事件の犯人は「レンアイ」で、「ナゾ」の答えは「問」、という結論を導き出す。コトバとジャンルの詳細な分析と定義による「読み」は新鮮であった。

作家ばかりでなく〈ものを書く〉人間への柔らかいが、鋭い批評の眼が向けられた「ト書」集である。

（ぷねうま舎　２０１２年８月刊／２０１２年11月30日『週刊読書人』）

尾形　明子『華やかな孤独　作家林芙美子』

巷間に流布する林芙美子像は、貧しい境遇から『放浪記』で一躍売れっ子になった作家であろうか。文壇での毀誉褒貶も激しく、葬儀委員長川端康成の「一、二時間もすれば林さんは骨になってしまいます」「許してやってください」という挨拶も有名だ。

芙美子に関する評伝や伝記、研究書は多いが、本書は独特の手法で書かれている。芙美子の詩や小説、日記、書簡ばかりでなく、小説の要約、芙美子についてのエッセイや評伝、研究書からの言葉がちりばめられたコラージュの手法で、林芙美子が丸ごと堪能できる「作品」となっている。尾形氏は「放浪記」が掲載された『女人芸術』研究の第一人者である。雑誌に関わった多くの女性作家に「聞き取り」を行い、『女人芸術の世界』や『「輝ク」の時代』を上梓してきた。

研究活動から再現された、芙美子について語る女性作家たちの率直な言葉は、芙美子の置かれていた嫉妬や羨望に囲まれた状況を物語る。芙美子の方は彼女たちの言葉に挑戦するかのように、次々に作品を発表していった。ひとり素手で後世に残る「作品」を書くことに命を賭けた芙美子。尾形氏の筆は、そんな芙美子といつしか一体化している。俗世にまみれつつも創作に没頭して孤高を貫いた作家の声が熱く迫ってくる。

（藤原書店　２０１２年10月刊／２０１２年12月９日『東京新聞』）

津島佑子『ヤマネコ・ドーム』

本書は、気を緩めてしまうと一瞬、どの時代のどこに居るのか分からなくなってしまうほど、三人称の多声が響きあう巧妙な語りで展開されていく。

登場する人物も多彩である。戦後に米兵と日本女性との間に生まれたミッチとカズ、ミキなど多数の「混血孤児」。母子家庭のヨン子とター坊。ブリトン人とアイヌの女歌手。ブルターニュの「魔法使い」に、城館の女主。時間と空間は錯綜しつつも、ベトナム戦争や湾岸戦争、チェルノブイリに9・

11、ケネディの暗殺事件などの、世界への参照点が織り込まれている。
冒頭の現在時は3・11後の五月。場所は、見えない放射性物質に汚染されている東京。六十歳を過ぎたミッチとヨン子は、世界の変異を眼にして八歳と七歳の時に遭遇した、オレンジ色のスカートを池の水に浮かべて死んだミキちゃんの記憶を呼び起こす。子供たちにオレンジ色は原発の爆発のように、一瞬にして安穏な生活にひびを入れた禍々《まがまが》しいものとして共有された。

その感覚を最も体現していたのが殺人犯と目された九歳のター坊である。数年に一度の発作と、それに関連するかのようにオレンジ色を身につけた女性が殺害されるがそれに説明はない。ター坊は、放射能に代表される見えないものの脅迫から逃げられず、破壊的になっていく力を表すのであろうか。

最後は、ター坊の死後「放射能の煮こごり」のような部屋で暮らす彼の母親を、ミッチとヨン子が連れ出す場面で終わる。行く先は、植物や動物や生者や死者が共に生存するブルターニュの森がイメージされつつも隔離された場所である「ヤマネコ・ドーム」ということになろうか。だが、絶望の中に血にも国にもこだわらない新しい関係を築こうとする希望の声も聞こえる。

戦後六十年の世界の経験と彼らの経験との重なりによって、致命的な暴力性が潜在する私たちの生きてきた歴史を改めて辿り直す物語となっている。

（講談社　2013年5月刊／2013年6月30日『東京新聞』）

林　真理子『正妻（上・下）』

日本という国が大きく変化した幕末は、魅力ある人物にこと欠かない。ここに登場するのは徳川幕府最後の将軍慶喜である。慶喜とその時代に関する書の嚆矢《こうし》といえば渋沢栄一の『徳川慶喜公伝』である。司馬遼太郎『最後の将軍』もこの書に負う。二書とも男たちの政を中心とするが、本書は慶喜を間に挟み、公家の姫君と江戸の町娘を軸に据える。

公家の女は美賀（のちに美賀子）。今出川家の娘だが、疱瘡に罹った大納言一条忠香の娘千代姫の身代わりとして一条家の養女となり、慶喜の妻となった。もう一人は、江戸浅草の火消し新門辰五郎の娘お芳。銀座尾張町に住む慶喜の側室を看取った縁から、家茂の後見職として上洛した慶喜の世話をする妾になった。

慶喜はとても魅力的な人物だ。新しいもの好きで、幼少から英邁の評判も高く、政治に対する深い洞察力と論理性を持つ。身分の上下にこだわらない。必要な人材は登用する。開明的な人物である。薩長と新選組が相対する騒然とした京の町を危惧し、町人の新門辰五郎を二条城の警衛に当たらせ、弟昭武のパリ万博随行員として農家出身の渋沢を抜擢した。無邪気なほどにも女好きだが、容貌にもすぐれ、率直で恬淡な性格は女心も虜にした。

そんな慶喜の側にいて、江戸幕府崩壊の決定的瞬間に立ち会ったのがお芳と美賀。お芳は京に居て、天皇の攘夷論や蛤御門の戦闘に苦闘する慶喜に接する。二条城や大坂城での生活、そして逃亡。偶然のアメリカ軍艦による救出。江戸に向かう開陽丸での嵐の航行。慶喜の奇矯な振る舞いと、同行する松平容保、定敬、老中板倉らの緊張感。体を張って逃げる理由を詰問するお芳。理由を知ることはできないが、慶喜の意志を感知する。圧倒的な臨場感に満ちた場面である。

一方、夫が将軍になった後も大奥に入ることを拒否し、一橋家の邸の奥で暮らす美賀に時世に関する情報をもたらしたのは、慶喜の命で美賀にフランス語を教えた軍艦奉行小栗忠順や、結婚前から仕えていた富良太である。慶喜の謹慎が解かれたのが明治二年。別居から十年の歳月が流れ、静岡で共に暮らすことになる。美賀が最も知りたいことは、「逃げ出した将軍」「日本一の卑怯者」と言われながらも沈黙を守る慶喜の胸中だ。だが、夫は固く口を閉ざす。

真実が明かされるのは二十余年後。乳癌に侵された美賀は、慶喜の勧める西洋手術を受ける条件に真実を語ることを求める。その妻に夫は応える。夫の愛に悩み自殺を図ったこともある妻。ここでまさに「正妻」となり、正史の唯一の目撃者ともなる。

皮肉とユーモアに満ちたアップテンポの江戸言葉と、公家のおっとりした口調の対比も楽しい。個人としての女性を通して幕末を描いた、林真理子らしい作品だ。

（講談社　２０１３年８月刊／２０１３年８月17日・24日合併号『週刊現代』）

水田　宗子『大庭みな子　記憶の文学』

水田宗子氏はとても魅力的な女性表現者である。あえて「女性」と冠したのは、水田氏の表現活動の背景に、男性言説が中心をなす近代文学の表現の場において書き手である女性たちの苦悩や意味を掬いあげようとする女性としての使命感が見てとれるからである。

最初の刺激的な評論集『ヒロインからヒーローへ』には、男性的価値観が支配する近代・現代文学の流れを追いつつ、書くことの意味に苛まれつつも表現せずにはいられない国を超えた女性作家たちの〈狂気〉と〈沈黙〉に至る内面が明らかにされていた。水田氏は、一九七七年に『詩集　春の終りに」を上梓している詩人でもある。この詩人の感性は、「実存の無」を見てしまった女性作家たちの新たな表現の地平に寄り添うものであった。女性の自我の在りようとその表現の分析は、自己の内部の声を紡ぎ出す詩人の眼と、それを感受する読者の眼、そしてテキストを詳細に読み解く学者の外部の眼とが綯《な》い合わされて生まれたものであった。**大庭みな子　記憶の文学**でも三つの視点を縦横に駆使して大庭文学の全容を解読し、大庭みな子の作家としての軌跡を追っている。

本書は、大きく三つのパートから成る。一つは一九九〇年代から二〇〇〇年代に書かれた評論で、大庭の作品の系譜と作家としての変容が語られていく。一九六八年に群像新人賞を受賞した『三匹の蟹』を裸の実存に向き合う女の孤独を描いて二十世紀の疎外された人間像を浮かび上がらせた小説とみる。『霧の旅』を「性的他者」である男との「自我の葛藤」を描きつつ、他者との共生を模索した小説とみる。それは「作者自身による作家への自己出産の旅」を描いた「自伝的物語」であると指摘する。代表作『浦島草』は、「ヒロシマでの被爆経験を通しての文化的他者との遭遇」と、そこから「生き延び」「生き残りの術を探る」「女の意志の物語」とみなす。そして大庭文学のこれら女性たちの「生き延び」、生き残る力を顕在化した存在としての「山姥」への言及は、ジェンダーの問題を考える上でも注目に値する。

水田氏はすでに『ヒロインからヒーローへ』で、『山姥の微笑』の「里の女（主婦）」に「制度化された女の性」と「神話化された女の性」の融合をみてとっていた。里の女とは家の女でありつつ山姥の力を隠し持つ複層的な者の謂いであると。さらに本書では彼女ら山姥は「物語の根源」にあり、死んだ者をも含む多くの沈黙を「語ることへと衝き動かす生きる欲望を貯える」者だと指摘する。作者の声ではなく複数の声が響き合う『啼く鳥の』や『寂兮寥兮』は、「小説（言葉による自己表現）」から「物語（声の集まりによる語り）」への変貌という様相を読者にみせるが、そこにこそ「大庭みな子の逆説的な自己主張と自己表現」があると解く。山姥の読み替えにより小説と物語の融合を可能にした大庭文学を、水田氏は「近代文学の流れを大成させ、また終焉させた女性文学なのではないか」と語っている。

二つ目は二〇一三年に書き下ろされた「記憶の文学」(一)〜(五)である。ここでは大庭の「記憶とは個人、自分の経験したことの記憶だけではなく、自分の生涯で出会った人や、本や芸術作品を含めて心に響いたことの集大成」であるという言葉を軸に、ポストヒロシマの文学の可能性をとくに『浦島草』を中心に展開していく。

『浦島草』は、「「惨事のあと」を生き続ける人々の記憶」を「直接に持たない現代人」が、その記憶のトラウマをどのように自分の実存と結び付け、引き継いでいけるのかという「課題に向き合う寓話」で、「他者の傷跡を忘却ではなく回復の文化表象にする」表現が目指されているという。「沈黙したまま深層に埋められた当事者の記憶＝傷を自己探求の物語の中で語り直すことを通してのみ、記憶は継承されうると大庭文学は語っている」と、水田氏は論ずる。大庭作品をポストメモリー、ポストヒロシマの文学と位置づけるのだ。

水田氏の指摘は、書き手ばかりでなく大庭作品を読む読者にも向けられているように思う。沖縄の惨劇も広島の惨事も知らない戦後生まれの筆者をはじめ、二十一世紀を生きる読者もまた「自己探求」の中で「記憶の共有」を期待されているのだと思う。それが大庭文学だけでなく文学に関わる者の在り方だというように。

水田氏の批評の面白さは、自身も現代を生きる書き手として、また読者としての感覚と位置を保ちながら、〈文学の価値〉を同時代・次世代に伝えていく評論家の使命も果たす、という三位一体の展開になっていることである。そんな水田氏の立ち位置を明瞭にするのが三つ目の、大庭氏との対談を収録したパートである。ここでは一人の読者として書き手として大庭氏の体験にも向き合う。その一方で女性表現の可能性を追求してきたフェミニストとして、作家大庭みな子の意表を突く、表象の問題点を提示するという側面も見せる。

本書は大庭文学を読み解く様々なキーワードに溢れているばかりでなく、未来を紡ぐ文学の可能性をも感受させる。

（平凡社　２０１３年５月刊／２０１４年３月15日『ＲＩＭ』）

松山　巖『須賀敦子の方へ』

ナタリア・ギンズブルグやタブッキ、ウンベルト・サバなどのイタリア文学を、美しいとしかいいようのない「匂いたつような」日本語で翻訳していった須賀敦子。須賀の文章の魅力は翻訳ばかりでなく、イタリア生活での体験や出会いを綴った『ミラノ　霧の風景』や、敬愛する作家の足跡を追った『ユルスナールの靴』などにも溢れている。歴史的文化的背景をきちんと押さえ、具体的な時と場所や語られた言葉を交ぜながら、その時を生きていた人物たちの存在感を紡いでいく。そこには須賀の対象への深い思索の跡もくっきりと刻まれている。

著者の松山が十六歳年上の友人須賀敦子の生涯を辿る本書も、そんな須賀に倣うかのように彼女の文章からその声を聴きとり、そして関連の深い場所をめぐり歩きつつ縁《ゆかり》の人々に話を聴き、自分の思索を深めている。須賀は生前、学生たちに文学を講じる際、「対象とする作家がいつ生れ、どの国の、どの土地に育ったか」を常に念頭に置くよう、繰り返し諭したという。松山も「作家の思考」は、その「環境」から生まれると考えている。

松山が須賀と出会ったのは一九九一年。六十代の須賀は、すでに最後まで変わらなかった「揺るぎなさ」を身につけていた。松山は彼女のしなやかな強靭さの由来を、まず父親の強い勧めで読み始めた森鷗外の『澀江抽斎《しぶえちゅうさい》』に置く。そこから須賀の家庭環境、十六歳での敗戦、十代後半でのカトリックへの入信、学生時代の友人との関係、フランス留学を取り上げ、「じぶんのあたまで、ものを考えることの大切さ」に到達していく過程を、多層な文・声を織り込んで明らかにしようとする。

一九二九年生まれの女性である須賀が対峙しなければならなかった興味深いエピソードも多い。須賀の足跡を丁寧に掬いとり対話する松山の思索からは、響き合う魂のハーモニーが聞こえてくる。

（新潮社　2014年8月刊／2014年10月12日『東京新聞』）

桐野　夏生『奴隷小説』

ショッキングな題名である。「奴隷」は二十一世紀においては克服されてきたものと考えられてきた。だが桐野は、私たちの世界が暴力に囲繞《いじょう》され、暴力によって奴隷化が進行していると見なす。時代も場所も異なる七つの短篇を収録した本書は、ボコ・ハラムやイスラム国の事件と響き合って私たちに恐怖をもたらす。しかし、アジアの風習とされる「誘拐婚」や、男の欲望で物化される日本の少女アイドルたちの現状を考えてみると、「奴隷」という形は現代社会にも潜んでいるといえる。

桐野はとくに女を差別し物（奴隷）化する現代社会の無意識を鋭く捉えてきた。その系譜に連なる

雀には、女を男の快楽と子供を産む道具として扱う社会に反逆し舌を切りとられた女たち、さらに目も抉《えぐ》られた女が、**泥**には誘拐され花嫁（実質的には性的奴隷）になることを強要される高校生たちが登場する。

本書は「奴隷小説」と名づけられているが、一方で奴隷状態から脱出する方法を示唆した小説でもある。女たちは真実を語る口、真実を見る目を失っても立ち向かう意思を示し、自由のために死を賭して拒否の言葉を発する意志を持つ。

山羊の目は空を青く映すかの、収容所で生まれ育った者の、射殺されるとも外部への好奇心を持ち続ける心。ここにも理不尽な力に対抗する光が確かに射している。

（文藝春秋　2015年1月刊／2015年2月22日『東京新聞』）

中島　京子『長いお別れ』

中島京子の『FUTON』は田山花袋の『蒲団』に、『小さいおうち』はバージニア・バートンの『ちいさいおうち』にインスパイアされて生まれた。これらの小説は、先行作品の時代状況を現在の社会と巧みに縒《よ》り合せながら、時代の変化に左右されない人と人とのつながり、人間の純粋な心や愛の形を紡ぎ出す。

本書もまた、レイモンド・チャンドラーの同名小説をイメージさせる。チャンドラーは、マーロウを裏切った友人との関係を、中島は「アルツハイマー型認知症」を患った東昇平と、妻曜子や家族との関わりを描く。中島は小説のタイトルの意味を、本文中で「少しずつ記憶を失くして、ゆっくりゆっくり遠ざかって行く」認知症が「長いお別れ（ロンググッドバイ）」だと記す。中島の**長いお別れ**は、友の姿が時間の経過と共に少しずつ明確になっていくことで哀切な別れが到来するチャンドラー作品の構造を、反転させたものといえるだろう。

七十歳からの十年にわたる昇平の認知症は、物忘れや記憶違いから始まり、家族の名前を忘れ、意味をなさない言葉で話す、というようにエスカレートしていく。しかし中島は、昇平を取り巻く深刻な状況を、明るいエピソードに変換する。一部の記憶が失われても、孫が「おじいちゃんって、天才だよ」と感嘆する場面や、感じのいい若い女性たちにはキチントしたマトモな反応をみせる場面など、温かみのあるユーモアに満ちている。

さらに感動的なのは、夫と妻の絆の深さである。もちろん夫には妻という記憶はないのだが、顔を見ると安心する。そんな夫の表情に励まされ、妻も老老介護の過酷さを乗り越える。記憶がゆっくりと消滅していく過程で生まれた魂の結びつきともいえようか。

認識する力は解体されて、不揃いの個別的な力の集まりになってしまっても、その奥にあって、それらを生み出す信頼の力のようなものの存在の確かさを読者に感じとらせてくれる。

（文藝春秋　２０１５年５月刊／２０１５年６月28日　共同通信）

―沖縄関連　1988年〜2015年―

田場　美津子「猫のように」

田場美津子氏には、いわば「安子もの」とでもいうべき作品群がある。海燕新人賞を受賞した「仮眠室」や、「水の記憶」、「無音」などがそうで、いずれも少女期に沖縄戦で家族全員を失ったひとりの女の一生と、その娘安子の成長を描いている。そこには、血縁を奪われ、この世界にたった一人ポンと放り出された女性の生きてゆく強さが表現されている。多くの肉親を失いながらも、戦後をたくましく乗り越えてきたさまざまな沖縄女性たちの姿が重ね合わせられているのである。

彼女は、男に頼ろうとしない強い母でもある。だから夫に新しい女性が出現して別れ話が出ると、あっさりと別れを承諾してしまう。

そのような母に育てられた安子は、母の死後一人になってしまうけれども、一人であることを当然の感覚として生きている。田場氏の造型するヒロインに共通する特徴は、女と男、妻と夫、そして母と子という関係にほとんどこだわらないということである。人間関係への思い入れが希薄なのである。

最新作**猫のように**には、家族関係に確かな手ごたえを持てなくなった女性が描かれている。

主人公久子は三十代半ばである。夫は会社員でまじめに勤めており、夫の両親と同居していても強い対立はなく、中学一年の一人娘もおばあちゃん子ではあるけれども素直に育っている。久子に平穏な暮らしを不満とする具体的な理由はないのだが、なぜか切実に家を出たいという欲求が高まり、夫の了承を得て、一人の生活を始める。

家族のいる家から逃げ出したいという気持ちに強いて理由をつけるとすると、女は家庭にいて家を守るものであり、性生活においても、夫婦で楽しむというのではなく夫の要求にこたえるのが妻なのだ、と考える男の身勝手さに対する嫌悪感が、結婚生活のなかで徐々に形成されていたからだともいえる。だがそれが決定的な理由でもない。

母子家庭で育った久子は、かつての自分と同じような生活レベルの苦労を娘には味あわせたくない、自分と同じ境遇には娘を置きたくないという感情はある。だが、その感情は血のつながった家族は一緒に暮らさなければならないという方向にいくのではなくて、不自由なく育ててやれる人間がいれば母親は必要がないという発想に向かうのだ。久子は娘を愛しているけれども、自分の生んだ子を自分の所有物と見なす発想が皆無なのである。家からの逃走は、久子の既成の家族関係における妻・母・嫁という役割への無意識の拒否反応といえる。

しかし久子自身、「家を出てのちも戻りたくなれば素直に謝って戻るつもりだった。戻りたくない気持ちになれば、それも素直に受けいれたかった」と考えているように、家族を拒否する明確な意識があったわけではなく、夫の側、現在の場からのとりあえずの逃走であった。

だが自分で稼ぐ一人暮らしの生活は、思いがけない解放感を久子に与える。夫から恋人ができたという話を聞かされても、少しも動揺しない。家族や世間体を考え平凡な日常生活を求める夫にとって、妻は不可解な存在であり、自分と全く価値観の違う他者として恐怖の対象となる。さらに意識のズレは屈折して、お互いが理解し得ない異物となってしまうのだ。

むしろ田場氏は、主人公の意識を物とのかかわりで表現することが多い。「水の記憶」では水であり、「無音」ではワープロであったりする。**猫のように**では、はっきりと家族との決別をなしえない久子の中途半端な気持ちを、家の物置にあった古い品物や粗大ゴミで拾った物をアパートの部屋に置き、それらが「部屋になじんでいる」という形で言いあらわしている。この作品の前身ともいえる「感光」では、久子と同じように家を出たいと考えていたヒロインの決心は、建設中の橋の完成にゆだねられていた。そこには「成就したんだ。橋だから竣工だろうが、成就と言いたい」とある。

田場氏は、主人公の住むアパートの外観や部屋の内部のようすなどを執拗に描写する。自分のいる場を自分自身の意識や感覚で納得せずにはいられない。まるで自分自身の存在を物と一体化せずにはいられないかのように。そして物が自分になじめば、それはその生活を受け入れる決定をしたことになるのだ。物になじむ感覚に反比例して人間関係は希薄になってゆく。

生身の人間よりも、パソコン・ウォークマン・テレビゲームなどの物に親しみを感じる人間が増えているとは昨今よく言われることである。物と直接的感覚で結んだ関係に、人間関係より確かな手ごたえを感ずるのだ。人間をあらゆる関係から切り離された一個の物であるという認識にたって捉えたとき、その関係性もおのずと変化する。血のつながりにこだわらず、物とかかわっていく作品世界は、きわめて今日的な状況を表しているといえる。

(『海燕』福武書店 1988年8月号/1988年8月12日『沖縄タイムス』)

田場 美津子『仮眠室』

女と男の根源的関係を描くことは現代小説の大きなテーマの一つだが、その場合、一部のフェミニズムを信奉する女性達や一部の男性には、女と男の関係ではなく人間としての関係が重要なのだ、との主張がある。そこには「産む性」としての女の身体性を意識的に排除しようとする動きが見られる。だが、人間存在を生理的な部分と社会的な部分のシンクロナイズしたものとして捉えると、女の場合、いわゆる女と男を同一存在とみる「人間性」と同じ程度に「オンナ性」が問題となる。とくに子供を孕む・産むという状況においては、生理的な部分がより多く露呈してしまうのは当然のことである。

田場美津子の小説集**仮眠室**には、「産む性」を声高に主張することなく、身体性と社会性の両面を生きて在るものとしての女の生の二面性がくっきりと描かれている。この作品集には四篇の小説が収められているが、どちらも母と娘という女の立場を軸に、夫・父という役割を含めた男の意味が問われている。海燕新人賞を受賞した**仮眠室**には、男を夫・父親という社会的役割に置くのではなく、性欲の対象として捉える女性「私」が造型されている。

「私」は少女期に沖縄戦で家族全員を失い、その時から同じく家族の行方の知れない男と一緒に暮し、娘を産み、男を助けながら戦後を強く生きぬく。そこで「私」の新しい家族が出来るはずであったのだが、男は両親が見つかり許婚者まで出現したことから元の家族への執着をみせ始める。「私」は戦後の混乱を通して強い絆で結ばれていたと思っていた男の心変わりに啞然とするけれども、男の意識が許婚者への性欲に促されていることを知り、別れをあっさりと承知してしまう。

「私」は、去ろうとする男を通して自分が求めていたのは、夫・父となるべき男ではなく、眼で見ることができ、手で触れることのできる確かな手触りとしての具体的な人間であったことに気づかされる。おそらく戦争で一瞬のうちに家族全員を失った「私」は、血縁の母・父・きょうだいの関係も幻想でしかないということを無意識のうちに感じていたのである。生物的に人間は一人で生きて、一人で死んでゆく存在である。ゆえに生きて在るあいだは他者を必要とする。「私」の欲しているのは生き物の感覚としてつながれる男なのである。

同様に**水の記憶**、**無音**、**猫のように**の作品の女性主人公に共通するのも、性欲の対象としての男には執着するけれども、人格を持ち社会的役割（夫・父親）を担った男には関心を示さないという意識だ。**仮眠室**の「私」は、男と別れたあと同じ職場で働く別な男と体の関係をもっているけれども、体以外のいかなる関係をも拒否したいと考えている。体以外の関係は、社会的なつながりを構築していくことであり、社会生活すべてにおいて相手と「命の関り」を結ぶことだとの発想が「私」にあるからだ。「命の関り」はすでにいる娘だけで十分だと考えているのである。

男にセックス以外は何ものをも期待しないという女の姿勢は、田場美津子の描く女性に特徴的なことだ。それは性行為の場における男と女の濃密さと日常生活の関わりにおける希薄さとの対比によって強調される。

ところで「命の関り」を拒否したいと考えていた「私」であったけれども、避妊の失敗でみごもる。新しい「命の関り」を拒否したいと考えている「私」は、当然のことながら堕胎する。「私」と同じ日に堕胎を終えた女性が病院の仮眠室で自分の糞尿にまみれて寝る姿に慄然とする。女の身体から放たれ異臭を撒き散らす排泄物は胎児のイメージと重なり、「私」は人間の男が味わうことのない人間の女の屈辱感を味わう。ここには「出産は快楽」などという安易な発想はない。自己の関知しえない部分で身体が反応してしまう女の肉体に対する強い不信感だ。そこから田場美津子の造型する女性は、肉体性を持たない物への執着へと向かう。

猫のようにでは、夫はもちろんのことだが子どもにも執着しない女性が造型される。ここには、女の場合「産む性」であるゆえに生物的な意味での母と子の関係性は否定しないけれども、産みの母親が社会的な母親である必要はないとの見方が示され、しかも男と女が社会的に生きる場において、妻・夫、母・父である必要性はないとの発想も呈示されている。とくに男には夫であることも父であることも求められていない。男と女と子の関係だけで充分だという認識だ。

田場美津子の小説には、男女関係、家族関係の変容が示されている。

（福武書店　1988年11月刊／1989年1月14日『図書新聞』）

森　禮子『神女《かみんちゅ》』

二年ほど前、宮古の伊良部島《イラブ》にある御嶽《ウタキ》（村落の守護神のいる聖域）を訪れたことがある。御嶽はツカサ（村の神事を司る最高女神）の後に従って入るところなので、ツカサの先導なしに御嶽に入ることは許されていない。だから案内してくれた地元の二十歳を過ぎたばかりの女性は、入ることは恐くてできない、だが、あなたは他所の人間だからタタリもないだろう、ここからは一人で行ってください、と言ったのである。

私も沖縄に生まれ、沖縄で育ったのではあるけれど、私よりずっと若い彼女の言葉がその時はとても信じられなかった。それまでにも地図や案内書を頼りに、沖縄本島の御嶽をまわっていた私にとって、御嶽巡りはかつての信仰の跡地を尋ねることでしかなかった。しかし彼女にとって御嶽は、日常生活と強固にむすびついた神聖な場所であったのだ。

この小説を読みながら、本土から沖縄に来てカルチャーショックを受け続ける主人公辻野に、あの時の自分のとまどいが重なった。

辻野は、東京で建築事務所をもつ設計士である。本土の人間だが沖縄に住む決心をした友人の精神科医佐々木の住居設計依頼で、沖縄にやって来た。空港に降りた途端にまったく了解不可能な沖縄の言葉に驚かされるが、空港の待合室に置かれた供物は逆にノスタルジーを呼び醒ます。その後、精神の安定を求めてユタ（一種の占い師）の判示を仰ぐ女たちに出会い、近代的設備をもつ病院の中でさえおこなわれるマブヤーグミ（何かの原因で落ちた魂を体に戻す儀式）を見学して、沖縄文化に触れていく。

辻野を通して、地元の人間たちにとっては単なる日常生活の一部に過ぎない出来事が、独特な沖縄の宗教のかたちとして顕れてくる。そこに住む人々にとっての日常的行為であるユタ通いやマブヤーグミなどが「信仰」として立ちあらわれてくるのは、辻野の心がそのような行為をあらしめる精神の内部に深く共振しているからでもある。

辻野は妻子と別居し、金と仕事に追われる東京での生活に疲れを感じており、無意識のうちに魂の安らぎを求めている。跡継ぎの長男を産むことができないため婚家を追い出されるかもしれないと考え、ユタに縋って金を失う沖縄の女たちを目の当たりにして、苛立ちも覚える。だが現代医学が治療出来ない精神の傷をユタの言葉で癒そうとする心のありようや、女たちの暗いはずの魂になぜか感じられる不思議な生命力に、より親近感を抱いていく。

この作品には現在の沖縄が抱える問題、基地に依存した生活の後遺症、沖縄独特の相続形態、本土の人間と沖縄の人間の意識の落差などが様々な形で提示されている。沖縄の現状は十分な説得力をもって描出されているけれど、作者の眼目は、どのような事態であろうと何かを信じて生きてゆこうとする人間の心の在り処に向けられているようだ。

主人公と様々な過去と生活を持つ女たちの関わりのなかに、生きることと信仰が不可分にある生活、信仰を生活としてみる視点が非常に鮮やかに浮き彫りにされているのだ。

作者はクリスチャンであるけれども、生きることとは何かを信じることなのだという、いわば宗教の原初意識に、キリスト教も沖縄の土俗宗教もないのだと考えているように思われる。それにしても、なぜ沖縄の作家にこれだけのものが書けないのか、残念でならない。

（講談社　1989年3月刊／1989年5月22日『週刊読書人』）

崎山　多美「水上往還」

崎山氏はこれまで、島（離島）に生まれながらも島を捨てざるを得なかった人間の、島に対する払拭できないこだわりの意識をさまざまなシチュエーションで描いてきた。**水上往還**もその延長上にある。

明子の家族は二十年前に貧しい島を捨て、都市に移り住んだ。だが、ひとり祖母は街の生活には耐えられぬといって島に戻り、二年後風邪であっけなく死ぬ。六十代の早すぎる祖母の死は、「島を捨て祖母への思いやりを欠いた子や孫への懲らしめ」として島の人々の目に映り、さらに「遺骸や位牌を島から持ち出してはならぬ」という遺言は、街で生活する家族の重い枷《かせ》となった。

祖母の一周忌を過ぎたころ、明子の父・金造は膠《こう》原病に侵され、以後十七年間、病苦に苛まされてきた。生死の間《あわい》にある金造が突然、十七年間廃屋に放置したままであった祖母の位牌を街に移すと宣言する。金造は島の人間に見られることを頑に拒否し、位牌を夜陰に乗じて、漁船でひそかに持ち出す計画を立てる。

金造は位牌を持ち帰ることだけを主張し、その行為の意味については頑強に沈黙を守る。この沈黙には、島の呪縛と人間の固有の意思のかかわりが見事に表現されているのである。

ところで、九州芸術祭文学賞選考委員である雨宮秀樹氏は「この作品の特質は南島を描くのに陽光を用いず、闇をもってしたことである」と指摘している。

確かに沖縄の島々の夜の闇は深い。それは都市化され闇を失ってゆく日本の現在と、対照的な原初の地点を指し示している。闇はすべてを包含し、すべてを隠すことによって、霊魂や眼に見えないもの、何物かに囚われた人間意識の内奥を顕にする。こちら側とあちら側、生と死の境界を曖昧にし、あらゆるものが混然一体となった世界を出現させるのだ。それは金造の沈黙の世界に通底するものでもある。

位牌だけを持ち帰るつもりであった金造は島に到着後、「位牌ばかりを持ち出しても魂は従いて行きゃせん。ちゃんとした手続きをとって許しを請わねばよ」といわれて、それに従う。島の老人の霊を慰める唱え言の最中に、明子は夢と現《うつつ》の境に誘われ、子どもの頃の自分と祖母に出会う。「光」を手にいれたことで不夜城と化してしまった現代の都市に住む人間は、見えるものしか見なくなってしまったのみならず、みえないものの存在をも抹殺してきたように思われる。そういった意味でこの場面には、死者との約束が成立し、過去と現在の交歓が成立する自在な島の闇の豊饒さが鮮やかに描き出されているのである。

島のもう一つの特長は、周りを海（水）に囲まれていることだろう。水は隔てるが、また繋ぐものでもある。かつて古い集落と新しい集落の間を流れる川の渡守りをし、その後漁船で島と島とを往き来し、いま明子と父を島に運んできた船長は、ギリシャ神話に出てくる「カロンの艀《はしけ》」の船頭のメタファでもある。水上は黄泉の国と生者の国をつなぐ場なのだ。

明子は闇のなかで海から岬を回り、干潮時の水中から次々に姿をあらわす珊瑚礁に遭遇して、島が生きていることを実感させられる。明子は帰りの舟から祖母の位牌を海に投げ入れる。それが最大の供養だと信じたからだ。古事記の「黄泉の国」、聖書の「生き物の集まる家」というように、死者にも生存の場は存在する。南島ではそれが「珊瑚礁の海」であるのだ。夜の南島は、時が自在に往還するトポスといえよう。

小説の衰退が言われて久しいけれども、崎山氏は島という閉ざされた空間設定によって、逆に小説空間に広がりをもたせた。かつて島尾敏雄は「ヤポネシア論」で、夜の海に囲まれた島は広大な大陸をイメージさせると述べているが、崎山氏の小説にもそんな予感がある。ますますの活躍を期待したい。

（『文學界』文藝春秋　１９８９年４月号／１９８９年７月15日『沖縄タイムス』）

大城　立裕『ノロエステ鉄道』

〝沖縄〟とは何か。〝祖国〟とは何か。そして沖縄人の、さらに沖縄人の日本人としてのアイデンティティとは何であるのか。大城立裕の文学は、常にその問いを発し続けている。

一九〇八（明治41）年に実施されたブラジルへの第一回移民から一九八〇年代の現在まで、南米移民の生活を様々な角度から照射したこの短篇集『**ノロエステ鉄道**』も、本質的にその問いの延長上にある。ここでは日系一世、二世、三世のアイデンティティが、現地の人々との関わり、祖国への忠誠が要求される戦争という場で追求されている。

ノロエステ鉄道には、日露戦争の徴兵から逃れるため、恵まれた生活を捨て最初のブラジル移民に加わった夫婦の、その後七十年間の辛酸な暮らしが、今は孫（三世）までいる老女の語りで表現されている。四人の子供の死と引き替えにノロエステ鉄道は敷設されたが、祖国を裏切った罰としては余りに大きな代償であった。

南米さくらでは、ボリビア移民の困窮を聞き、一九六三年に移民した息子を十五年後に連れ戻しにきた父親の視点を通して定着の意味が見つめられている。現地政府の政策に翻弄されながらも土地に定着しようとする農業移民と、石油で一攫千金をもくろむ出稼ぎ、という構図の中に祖国の意味が暗示されている。

はるかな地上絵では、ペルーでナシカラーという場所を探して欲しいとユタ（巫女）から依頼された新聞記者が、沖縄出身の老人や地元の人と話を交わすうちに、やがて空からしか見ることができないという広大なナスカの砂漠絵に導かれていき、ナスカにナシカラーとの接点を見出そうとする。ここでナスカは、望郷の念を抱きながら再び故郷の土を踏むことのできない沖縄人の魂と、今は存在しないナスカ人の祖霊との交感の地として捉えられている。

ジュキアの霧には、貧しい祖国のために働くのが移民の務めだと思い、息子の名も忠誠と名付け、第二次大戦中も祖国の勝利を信じて戦い、戦後も「勝ち組」として行動した男の祖国への忠誠が描かれる。だが、息子は父親に愛想をつかし、日本国家も彼の忠誠に何も答えない。祖国に裏切られたということを認めまいとする頑なな意識には、棄民されても現地に同化することができず、なお祖国への幻想に縋《すが》って生きることしかできなかった一世の悲劇が表されている。

ところでこの短篇集には、自分の夢を息子に託そうとする父親の熱い思いが各作品に描かれているのだが、男のこのような発想が消失した時、国家・民族という思想も消滅し、人間のアイデンティティの問題も宇宙的な広がりのなかで捉えられていくのではないだろうか。次の**パドリーノに花束を**は、別の意味でそんな予感を感じさせる作品である。

パドリーノに花束をには、一九八二年に起こったマルビナス（フォークランド）戦争をきっかけに、日本とアルゼンチンの二つの祖国を持つ日系一世、二世の微妙な立場が描かれている。しかしここには、二つに引き裂かれた生の苦悩というよりも、二つの祖国を選択できる〝自由〟が前面に出されている。

一つ、二つの祖国でなく、三つ、四つと無限に祖国が増えていくことは恐らく国や民族を無化する方法であるはずだ。作品全体に流れている沖縄のアカバナーやアルゼンチンのトボローチや日本のサクラの花を、南米や沖縄に根づかせようとする意識には、移民の未来のアイデンティティの在りようが、確かに読み取れるのである。

（文藝春秋　1989年11月刊／1990年1月15日『週刊読書人』）

三木　健『原郷の島々　沖縄南洋移民紀行』

ゴムぞうりばきの国際交流、この本を一読してそんなイメージが浮かんだ。

一九八五年の夏、三木氏はかねてからの憧れの地であったミクロネシアとポリネシアに、五十日間の旅をした。訪れた島はパプアニューギニア・ガダルカナル・マジュロ・ポナペ・トラック・パラオ・ヤップ・テニアンなど二十島近い。戦前・戦後を通して日本や沖縄と関係の深い島々である。

旅の目的は同地域に住む沖縄出身者の生活を取材することであったが、三木氏の関心は広くネシア（島）の人々とその世界観に向けられている。

ホテルに到着すると、公式訪問以外の時間には、ゴムぞうりばきになって街に出ていく。市場で椰子を買い、木陰でそのジュースを飲みながら、悠久の時間に身をまかせる。路地を歩き、どんどん人の輪の中に入っていく。ラバウルで親しくなった少年たちからもらったビダルナッツ（初めての者には興奮作用があるという）で気分が悪くなったこと、ソロモン諸島のツラギでカツオ漁船に乗り込み、地元の漁師と一緒になって漁をしたこと、グアムのホテルでポリネシアン・ダンスを踊り、その日のチャンピオンになったことなど、憧れの島に来た喜びと好奇心が随所に溢れている。言葉の壁も、よそ者を優しくもてなす島の人々の誠意で乗り越えられていく。

かつて三木氏は、ゆったりした時間、やさしいもの腰にネシアの共通感覚を見出し、ミクロネシア、ポリネシア、メラネシアに琉球弧を繋げた『オキネシア文化論』を発表している。この著書もそこに連なる「ネシアの発想」を表現することにある。太平洋の島々とオキナワとの類似を強調しすぎる面もあるように思うが、もっともそれは共に島の現在を生きる者として、ネシアを捉えようとした熱意によるのであろう。

ともかくここには、多くのネシアの人々との素敵な出会いがある。気取りのない普段着の姿で、一人の人間が他者と真摯に向き合った魅力的な一冊である。

（ひるぎ社　1991年9月刊／1991年10月15日『沖縄タイムス』）

上原　栄子『辻の華―くるわのおんなたち』

沖縄における独特の女たちの姿として広く知られているのはノロやユタであろう。彼女たちは祭祀集団として、あるいは精神的支柱として村落共同体の絆を堅持する役割を果たした。その一方で貧しい沖縄の政治・経済の基盤を陰で支える女たちがいた。それはジュリ（尾類）と呼ばれる遊女たちである。

沖縄の遊郭は冊封で来島する中国人や薩摩の役人から一般の婦女子を守るという意図のもとに一六七二年に羽地朝秀によって整備されたと言われ、すでに存在していた私娼を辻や仲島に集めて公娼にしたと言う。辻遊郭は王府時代から社交の場として発展し、明治時代には政財界の要人、教育界の指導者などを始め、あらゆる階層の男たちを集めたと言われる。沖縄の遊郭は売春の地であると共に男たちのための宿屋・料理屋・社交場であるという花柳界の機能を果たしていたのである。

「辻」という言葉には別れ道という意味がある。そこには別の境界に入るという雰囲気がただよう。辻は男たちにとってはもちろん別世界だったわけだが、女たちにとってもそのイメージはあったように思う。ジュリは貧しい家の犠牲になって売られた娘たちである。沖縄では「物呉《ムヌク》ゆしど吾御主《ワンウシュー》」という俚諺があるほどに人々の生活は困窮していた。この本の著者上原栄子も四歳の時に売られて来たが、どの家（楼）も御殿のように見え、出された食べ物は凄いご馳走のように見えたと言う。貧窮に喘ぐ娘たちにとって辻はまさに異界であった。そしてジュリとは異界に咲く花だったのである。

辻の華は辻に売られ、二十五年間をそこで過ごした上原栄子（一九一五年生）の半生の記録である。大正期から一九四四年の十・十空襲で辻が焼失するまでの辻遊郭の在りようが、そこで生活した者の眼を通して詳細に描出されている。東京の吉原、京都の島原など、日本各地の遊郭とは異質な形態を有していた辻遊郭の内実が、ユーモアをもって語られており、内部の人間の捉えた歴史的資料としても貴重である。

沖縄の遊女組織の最大の特色は「約三百軒もあるといわれた妓楼のどこにも、女たちを支配する男性が一人もいなかった」ということにある。辻の楼は「詰尾類《チミジュリ》」とも呼ばれた一人の旦那だけを守る抱親《アンマー》が、二〜五人くらいの芸妓を抱えて経営しており、そのアンマーの中から選ばれた年寄り、中元老、大元老が辻全体の運営にあたったという。女だけの社会を女だけで統治する、極めて稀なかたちであった。

抱親たちの手腕のみせどころは自分一人が大金持ちになるよりも、抱妓《かかえご》を何人「立身出世」させたかにあったという。「銭は乞食でも稼げるもの」という言い伝えがあり、抱妓は「一人の女」「一人の人間」として暮らす知恵と、義理・人情・報恩を厳しく躾けられた。三味線、歌、踊りに加えて、料理、機織りなどの技術も身につけさせられた。独立した部屋を持ち、客に出す料理は自分の部屋で作った。「身体を売る」といっても常連の二、三人の殿方を持つということで、フリーの客はとらず、一晩に一人の客しか相手にしなかった。客になるには必ず紹介者を必要とした。また「詰尾類」は、一度旦那と決めて仕えれば取り換えがきかず、金の切れ目が縁の切れ目、ということは許されなかった。没落した旦那の面倒を見るために糸紡ぎ、布織りの仕事をこなしていた詰尾類も多かったという。

さてもう一つの独自性は、子供を産むことが罪悪視されていないことだ。妊娠すると五ヵ月目に「寿」と書いた腹帯を締める祝いをし、出産すると楼中が「産し繁盛」と喜びあった。産婦の胎盤の上を、下半身を裸にして三度またぐと子供が産まれると言い習わされていて、子供の欲しいジュリはそうしたという。「子どもをつくったら花魁の恥」といわれた東京の吉原とは大違いである。抱妓が男児を産むと高校や大学に出すことを誇りにしていた抱親の中には、子供の将来を懸念し、自分は廃業して祖母として子育てに専念する者もいたという。抱親と抱妓との関係は養母と養女以上であり、血は繋がっていないけれど〈家族〉を感じさせる。

かつての生活を振り返るとき、人はどうしても悲惨なことや陰惨なことには眼をつぶり、美化しがちになる。**辻の華**にもその弊害はあるかもしれない。けれど著者は心の底から辻の生活を懐かしんでいる。

もちろん人身売買は肯定されるべきではなく、〈育てらん親ぬ　ぬゆでわんなちゃが　花ぬ島うるち　哀りしみて〉と、「育てられないのになぜ産んだ」と嘆く遊女の歌った琉歌もある。問題にすべきは、その嘆きを封じ込め「親に孝をつくす」ことを当然と考える風土であろう。

辻遊郭は吉原遊郭のように完全な管理売春ではなかった。そこには公認された制度の中ではあったけれど、貧困の中では得られなかった別の〈自由〉が存在したことも確かなようである。上原栄子は戦火で焼失した辻遊郭に、戦後すぐ料亭「八月十五夜の茶屋」を開店した。晩年は女性差別として廃止されたジュリ馬祭りの復活にも奔走した。辻遊郭への愛着はその死まで一貫している。

今後、女が政治的にも経済的にも力をもてば売春は消えてなくなるだろう。だが彼女の「愛着」が早く昔語りとなるためにも、この本に学ぶことは貴重である。


（時事通信社　１９７６年12月刊／１９９２年春号『新沖縄文学』）

崎山　多美『くりかえしがえし』

沖縄の島々には、今も古代的空間が色濃く残っている。現在の人間達も祖霊に守られ、祖霊と共に在るという信仰は、まだ根強い。同じ祖霊に連なるシマ（共同体）の紐帯は、祭祀を軸にして堅く結び合わされてきた。

もっとも近代化によって、シマの絆が失われつつあることも確かである。私自身、かつて宮古の伊良部島《イラブ》の御嶽《ウタキ》（祭祀を行う場所・聖地）を尋ねた時、「司《ツカサ》（祭祀を行う最高神女）の先導がないので」といって、自分は決してウタキの領域に足を踏み入れなかった案内の二十代の女性の言葉に驚いた一人である。彼女の日常に、厳しい掟をもつ祭祀空間がきちんと生きてあるという事実は、那覇生まれの私には衝撃であった。

この短編集『**くりかえしがえし**』は、シマというトポスを支えてきた祭祀と島人の心の在りようがシマの人間と外部の人間の眼を通して語られている。

くりかえしがえしは、エリアーデの『永遠回帰の神話』をプレテクストに、祭祀が研究の対象とされた結果消滅し、無人島になってしまったシマの話である。表題作が閉ざされたシマを表現しているのに対して、「水上往還」では死者の霊が甦る場として、**シマ籠る**では　外部の人間を受け入れる場としての開かれたシマが描かれている。

崎山多美は変容する琉球弧を目の当たりにしながら、シマの普遍性にこだわり続けている、現代には稀有な作家である。

（砂子屋書房　1994年5月刊／1994年8月号『すばる』）

目取真　俊「水滴」

昨年の又吉栄喜『豚の報い』に続いて、今年は目取真俊**水滴**が芥川賞を受賞した。最近、沖縄という地は文学をする者にとって「豊饒の地である」というようなことをよく聞く。

今、なぜ「沖縄の文学」なのであろうか。五木寛之が自戒を込めて語っているように、「失われた共同体への郷愁」を、本土の人々が沖縄文学に求めているからなのであろうか。それも否定できないことのように思われる。

共同体の喪失は、自分が他者と繫がっているという感覚の持てない存在の不安感をもたらす。「僕は何」／「私は誰」と問い続ける『新世紀エヴァンゲリオン』の異常な盛り上がりも、そんな状況の中でなんとか存在の根を獲得しようとする若者を描いているからだといえるだろう。そんな存在の不安感の対極にある、確固たる存在感を醸し出しているのが沖縄の小説ではないだろうか。

又吉栄喜の『豚の報い』には、ウタキ、ユタ、豚肉料理といった沖縄的風景に加えて、苦難をしたたかに、しかし温かみも失わずに生きる沖縄の女たちの姿が見事に表現されていた。この小説にも家族を失った孤独な若者が登場するが、彼は女たちとの交流を通して自分の父を祖とするウタキを開くことにより自己のアイデンティティーを確立する。

「風の河」で文学界新人賞を受賞した小浜清志は、「島」を存在の根拠とする小説を書き続けている。「消える島」や「地の闇」など、島を出て他者との交流がうまくいかなくなった島人の危うい存在状況を逆手にとり、「島」を生の根拠にすることで危機は回避できるのだという視点を打ち出している。

九州芸術祭文学賞を受賞した崎山多美の「水上往還」にも、島を出て街で暮らすようになった家族の「根」の喪失感が描かれているが、この小説でも、位牌を島の海に残すという方法で「島」との紐帯《ちゅうたい》が語られていた。

三者の小説には、土地に結びつくことによる癒しと安心感が認められる。そこには確固とした「沖縄共同体」の一つの姿がある。現在、日本（本土）全体において、生の根が切断されているという不安感覚が根強いといわれている。「沖縄文学」はそこからの回避を示す作品としてとらえられているようでもある。

いっぽう目取真俊の小説には、近代人が切り捨ててきた「闇」の部分が見える。

かつて宮古で御嶽《ウタキ》を訪ねた時、案内してくれた二十代の女性はツカサの先導でなければと、決して御嶽の中に入らなかった。その畏れと敬虔さに当時の私は不可思議な感じをもった。また奄美では「最近は見かけなくなったけれど、子供の頃はケンムン（キジムナー）が走り回っているのをよく見た」という、私と同年の男性の言葉にも驚かされた。多くの人々が迷信や不合理として切り捨ててきた「見えないもの」に対する畏怖と親愛の念が、そこには確かに在った。

目取真俊**水滴**には、そんな人が生きていることへの畏れの感覚が「沖縄戦」を通して新たにとらえ返されている。**水滴**は男の右足がある日、冬瓜のように膨れ、そこから水が出、その水を沖縄戦で戦死した兵隊が夜毎飲みに来るという荒唐無稽な話である。戦友を見殺しにしてしまったかもしれないという男の負い目（心の闇）が生み出した幻想と片付けることもできるが、冬瓜や水は第三者の目にもはっきり見えるのである。

目取真俊は戦後生まれで、もちろん沖縄戦の体験はない。彼は体験に則った沖縄戦ではなく、「沖縄戦」が一つの風土、土地の記憶となってしまったものとして描く。五十年経とうと、心の痛み／闇は現在も息づいているのだ。それはまさに破壊された「自然」の痛みを描いた話題の『もののけ姫』につながる世界である。

闇の喪失がまだリアリティーを喚起しつつ描き出せる空間。まだ十分には寸断されていない共同体の存続している領域。そしてどちらも失ってしまった本土と同時的にある地域。沖縄文学は、いましばらく魅力を発し続けそうである。

（『文學界』文藝春秋　1997年4月刊／1997年7月31日『沖縄タイムス』）

池上永一『レキオス』

新しい沖縄の風を感じさせる一冊である。

沖縄は霊能者であるノロやユタへの信仰が存続する霊的現実と、中国や日本、アメリカの支配を経てきた政治的現実が複雑に絡みあった地である。さまざまな異文化を取り込みつつ生き延びてきた沖縄の地に、時間と空間を支配する力〈レキオス〉が潜在していた。という奇想天外な設定のもとに、その力をめぐる軍事・情報戦が伝奇SF的手法で展開する。

レキオスとは十六世紀の大航海時代にポルトガル人トメ・ピレスによって著された『東方諸国記』に登場する琉球人のことを指す。しかし著者はレキオスに二十一世紀的解釈をほどこす。多くの矛盾を抱えながらも「太平洋の要石《かなめいし》＝キーストン」と見なされてきた基地の島。その島を「要のもの（レキオス）」と変換することで、世界制覇の中軸に置くという発想が楽しい。

ユタのオバァ、金髪の天才人類学者、冥想するインド人、怪しげな中国人、日系三世の軍人、米国と琉球の二つのアイデンティティーを併せもつ「アメレジアン」の高校生たちは、多義的な沖縄の状況を体現する。彼らは強烈な個性を発揮しつつ人種、性別を超えて沖縄の空気を醸し出す。

しかもウチナーグチ（沖縄言葉）に米軍占領下のウチナー英語、最近のウチナーコギャル言葉、そしてラテン語に聖書や沖縄の古文書『おもろさうし』からの引用と、異言語の混交によって構築された文章世界は、霊的現実と政治的現実が混然一体となった沖縄の時空と呼応して違和感がない。

沖縄の文化や歴史に加えて現代の難解な物理学理論も、ユーモラスに説いてくれるのでとても読みやすい。現在の状況を含めた沖縄の歴史も、いつの間にかすんなり頭に入っている。マルケスの『百年の孤独』に匹敵する傑作だと言ってみたくなる。沖縄のアイデンティティーと多文化とが見事に融合したファンタスティックな作品といえる。

（文藝春秋　2000年5月刊／2000年5月25日　共同通信）

池上　永一『ぼくのキャノン』

ファンタジーの王道をいく奇想天外の発想で、池上は様々な「沖縄」の物語を紡いできた。けれど、どうやらそこに伏流していたのは、理不尽な形で失われた島の自然や島人の命に対する、哀惜の念であったようにも思う。沖縄における理不尽さの最たるものが沖縄戦であろう。

本書で初めて池上永一は沖縄戦をテーマにした。悲惨で、書くにはあまりにも重すぎる歴史。「でもそれから六十年近く経った現在、沖縄戦はそろそろ物語になる時期に達した。僕でなければ、誰がこれをやるの？」と、作者の言葉が帯に記されている。この自負に違わない世界を私たちは感受することができる。

珊瑚礁の海に面した小さいけれど何故か沖縄一豊かな村。グスクの一番高い所に置かれ、村の守り神として崇められている「キャノン様」。沖縄戦で帝国陸軍が残したカノン砲が、なぜ神となったのか。デイゴの木のタブーや村の掟。村の財源の出所は？

謎を孕んだ物語世界を、個性的なキャラクターたちが盛り上げる。村を統べるマカトオバァ、隻腕の海人樹王、泥棒の天才チヨ。彼らの孫で、身体能力抜群の雄太、頭脳明晰な博志、盗みの才能をもつ美奈。秘密結社の「男衆」に、某国の美女軍団を思わせる「寿隊」。村を嗅ぎ回るアメリカ人に、リゾート開発を画策する日本大企業の若い女社長。それぞれの人生を謎と絡ませながら、物語はファンタジックにユーモラスに展開する。

ところで村においては、帝国陸軍の残した遺物もアメリカ軍の落とした不発弾も、共に外部からの侵入者に他ならない。だがこの作品では、そうした戦争の傷跡をも明るい未来を創造していく糧にする。沖縄戦をマイナスイメージで捉えるのでなく愛する者たちを無駄に死なせない未来へとつなげる核にする発想だ。

沖縄戦で家族を喪ったマカトや樹王の、身体を張った村を守る意志は感動的である。そして孫たちの、祖父母の意志を受け継ぎつつも他者を排除しない共同体の模索は、新しい沖縄の風を感じさせる。池上は、誇りを持って暮らせる故郷を創っていく、そんな可能性を秘めた子供たちを、愛情深く描き出している。

（文藝春秋　2003年12月刊／2004年3月7日『琉球新報』）

目取真 俊『虹の鳥』

〈癒しの島〉とはまったく対極にある陰惨な暴力に満ちた沖縄が、ここにはある。

二十一歳のカツヤと十七歳のマユ。中学時代から教師や大人を震撼させてきた比嘉は、二人を徹底的に痛めつけることで、自己の支配下に置いてきた。カツヤは恐怖と自己保身から精神的に比嘉に縛られてもいるが、その冷徹な力に惹かれてもいる。

小さくて中学生にしか見えないマユだが、性的虐待を受け、薬漬けにされ、売春させられている。精神も肉体も既に壊れているように見えながら、時々鋭い眼差しを宿す。屈服しない精神というようなものが彼女を生きながらえさせてきたのであろう。背中に彫られた極彩色の鳥の頭はタバコの火を何度も押し付けられ瘤になっている。それは繰り返された暴力の痕跡を物語る。

ベトナム戦争の頃、ヤンバルの森に棲む「虹の鳥」伝説が、米兵の間で語られていた。その鳥を見ることができれば「どんな激しい戦場に身を置いても、必ず生きて還ることができる」という。しかし生き残るのは一人、部隊は全滅。見た者が語ればその奇跡も消える。カツヤはマユの背中にその鳥の羽ばたきを幻視する。

容易ならざる構造的な力に囲繞されてきた沖縄という島。作者は、一九九五年に起きた米兵による「少女暴行事件」と交差させ、蝕まれ、歪んできた沖縄の人々の精神を冷めた筆致で描く。「事件」に異議申し立てするデモや集会の模様は、無意味な行動として語られ、無意味さを反転するには「米兵の子どもをさらってヤシの木に吊してやればいい」という暗い情念が発露する。

小説の後半、突然マユが目覚めたかのように自分を買った男を襲い、比嘉を殺し、幼い米国人の少女を殺害する。繭（まゆ）が〈テロリスト〉として孵ったかのように。だがカツヤはマユを連れ、「幻の鳥」を求めて逃避行を続ける。

テロリズムに向かうのでもなく、幻想でおおい隠すのでもない、力の構造を断ち切るもう一つの道が、読者に問われている。

（影書房　２００６年６月刊／２００６年８月24日　共同通信）

仲程《なかほど》 昌徳 『「ひめゆり」たちの声』

本書は仲宗根政善の『ひめゆりの塔をめぐる人々の手記』（略して「手記」）と『ひめゆりと生きて―仲宗根政善日記』（略して「日記」）を深く読み解いていくための〈同伴の書〉といえるだろう。「手記」は、一九五一年に『沖縄の悲劇』と題された初版から再版の実録『ああひめゆりの学徒』へ、そして初版と同名の三版、現在のタイトルになった四版と、少しずつ言葉遣いや内容を変えながら最終的に一九八二年の文庫本の形になった。

仲程はその変遷を三十九の項目を立てて丹念に追っていく。例えば「壕」では、沖縄戦がなぜ壕を「陣地」とする戦いになっていったのか。「ひめゆり」という言葉はいつ頃からどのように使われてきたのか。生徒の手記がどのような構想のもとで挿入されていったのか。一九五〇年代当時においては自明であっただろうが、現在では分かりにくい言葉の解説も、多くの文献に当たりつつなされている。学者としての仲程の面目躍如たるものがあり、まさに目からうろこの注釈である。

しかし本書の眼目は、仲宗根の反戦の思想を「手記」の構成や文学的表現から明らかにしたことにある。挿入された生徒たちの手記には、彼女たちの生への深い思いや平和への激しい渇望が存在すること。最初におかれた歌には凄惨な戦時下においても「珠玉」の「人情」を持った人がいたこと。比喩を多用した風景描写には、沖縄戦の推移と追い詰められていく人々の「こころの動き」が関連していること。「手記」を丁寧に読み込んでいくことで、仲宗根の反戦思想を的確に捉えていく。また初版の日本軍に対する「控えめ」な表現が、四版では残酷な行為として追加された変化を「日本の再軍備化に対する危惧の念が、抑えきれないほどに強くなっていた」ことにあると見なす。その危惧は一九五三年から八七年まで約三十五年にわたって書き続けられてきた「日記」でさらに深い憂いとなっているとも。

仲程は、「個人の体験に色濃く染められた言葉、命とつながる言葉、命を命たらしめている言葉、そのような言葉について考えていた人によって、『手記』は書かれ、編まれていた」と述べ、生徒たちの手記が寄せられる度に増補していった「開かれた書」とも言う。命を考える読書行為という意味で、仲程のこの本も「開かれた書」に連なる。そして次につながるのはもちろん読者である。

（出版舎Mugen　2012年6月刊／2012年9月9日『沖縄タイムス』）

池上　永一『黙示録』

琉球王国の滅亡を壮大なスケールで描いた池上の『テンペスト』は、小説の面白さを存分に味わわせてくれたが、歴史的事実と作者の豊かな想像力が縒《よ》り合わされた黙示録もまた、小説の魅力がぎっしりつまっている。

今回の舞台は、現在にも続く琉球文化が花開いた十八世紀前半。尚敬王《しょうけいおう》の教育係でもあり、清国への留学で得た知識を存分に発揮し、王国の政治・経済の安定に寄与した蔡温《さいおん》のいた時代である。本書での蔡温は清国で風水を学び、武力に拠らず風水によって「日中両属という個性」をもつ琉球を世界の中心に位置づけようと考想する。「美は大砲千門に値する武器」と考える蔡温は、「人の心を惹きつけてやまない芸術」にその活路を見る。物語は表の政治を司る「太陽《てだ》しろ」国王を、美を通して裏から支える「月《つき》しろ」の存在を追って展開する。

月しろの地位を巡って激しく闘うのは、江戸上りの途上や将軍の御前で、また清国冊封使の歓待のために舞を舞う楽童子に選ばれた美少年、了泉《りょうせん》と雲胡《くもこ》である。出自や性格など、すべてに対照的な二人は、大和の芸能に造詣が深く能の要素を取り入れ、踊奉行として琉球独自の音楽と舞踊、韻文のセリフから成る組踊を創った玉城朝薫《たまぐすくちょうくん》や、冊封副使として来琉し『中山伝信録』を著して広く琉球の文化を伝えた徐葆光《じょほこう》など支配層ばかりでなく、最下層のチョンダラー（門付け芸人）たちにも触れて芸を深化させていく。

全編にわたり奇怪だが魅力的な人物たちが織り成す池上ワールドは、命をかけて踊る舞の部分で頂点に達する。確かにそこには立ち上がってくる「美」が感受されるのだ。『テンペスト』には、国は滅んでも民がいる限り琉球の文化は土地の記憶と共に何度でも再生する、という作者の熱いメッセージが込められていた。**黙示録**は武力を超えた、二十一世紀に必要な芸術の力を幻視させる。まさに芸術の力である。

（角川書店　2013年9月刊／2013年11月17日『東京新聞』）

田場　美津子『さとうきび畑』

本書は、一九八五年に「仮眠室」で海燕新人文学賞を受賞し、八八年に第一創作集『仮眠室』を刊行した田場美津子の、エッセーも含めた二十五年後の第二創作集である。第二創作集ではあるけれど、最初に置かれた**さとうきび畑**は七十九年に新沖縄文学賞佳作となった小説（「砂糖黍《きび》」を改題）である。作家としての出発はここから始まっており、本書には書き手としての出発から二〇〇四年までの、二十五年間にわたる作家の精神の軌跡も織り込まれているように思う。

収録小説は他に**感応分析**、**インナーチャイルド**、**レーザー光**、**オクレと亜織のうまれ島**（「女狐コンコンなぜなくの？」を改題）、**インナーチャイルド**で、描かれるのは恋愛関係、親子問題、未来社会の男女関係など多様だが、全体に響き合って聞こえるのは「基地」と「男尊女卑」の島である「沖縄」、という強い声である。

さとうきび畑では特に男尊女卑の視点は強くないが、男親という存在への不信感は見える。沖縄の女性を孕ませて消えた米兵を「父親」ではなく「種親」（他の小説では沖縄男性もそう呼ばれる）といい、「父親はいなくても、母と子だけでも家族はなりたつ」という言葉に、「孕ませる性」と「孕む性」の非対照性を浮かび上がらせている。ここには作家の生育環境も投影されているだろう。

さらに「一つの根株」から何本も茎が生まれるサトウキビの特徴を「母胎」や「クローン」と重ね合わせて想像を羽ばたかせた**感応分析**では、生物学的な生命のつながりとしての母の優位性が語られている。**オクレと亜織のうまれ島**には、女児の誕生より男児の誕生を喜ぶ沖縄をイメージさせる島がある一方で、「抑圧する性」である男たちのいない「島」も描かれる。

八〇、九〇年代のフェミニズム批評を導入した小説の設定や構造には破綻の見られる箇所もあるが、男社会の痛烈な批判の書であることも確かだ。しかしそこには女と男の関係の変容を願う作者の夢が込められてもいる。（出版舎Ｍｕｇｅｎ　２０１３年10月刊／２０１４年1月4日『沖縄タイムス』）

原田 マハ『太陽の棘』

原田マハはひたむきに生きる人間の姿を、真っ直ぐに描く。とくに絵画をモチーフにした小説の、絵を愛する人間たちの狂気すれすれの情熱は、読者の胸にも強く響く。よく知っているはずのルソーやマティスの絵が、まったく異なる位相で立ち現れ、もう一度、きちんと接しなければという思いにもかられる。

本書もまた原田マハが得意とする絵を媒介にした「史実に基づいたフィクション」である。世界的に有名な作品が登場するわけではない。しかし読者はこの小説で、美術《アート》を愛する人と人との魂をつなぐ絵画の誕生を目の当たりにするだろう。

一九四八年、占領下の沖縄に軍医として派遣された二十四歳のエド。画家に憧れたこともある彼は偶然、首里の丘に建つ「ニシムイの美術村」に足を踏み入れる。そこで沖縄の「誇り高き芸術家たち」に出会う。彼らの絵が放つ「激しい色彩とほとばしる感性」、「荒々しさの中」の「不思議な安定感」に、一瞬にして魅了される。そして支配者、被支配者という関係、言葉の壁、米国・沖縄という境界線を超え、アートを愛するという一点で、ニシムイの画家たちと確かな友情を育んでいく。

人生に光をもたらした沖縄での出来事。小説は八十四歳になったエドの、満ち足りた午睡が紡ぎ出した青春のひとこまとして語られている。基地があるゆえに起こる、力を背景とした差別や暴力も描かれるが、それを忘れさせるような彼らの交流はあまりにも美しすぎる、という批判もあろう。沖縄出身の筆者も複雑な心境だ。だが、芸術が結ぶ個人と個人との絆に強い信頼を寄せる作者の、祈りにも似た信念を否定することはできない。

本のカバーは、ニシムイの玉那覇正吉が描いたエドのモデル、スタンレーの肖像画と正吉の自画像で構成されている。真摯な眼差しを向ける二つの肖像画は、奇跡のような物語を背後から支えるイコンともいえるだろう。

（文藝春秋　２０１４年4月刊／２０１４年5月25日　共同通信）

高橋　義夫『沖縄の殿様』

明治政府の琉球処分により、一八七九（明治十二）年、琉球は沖縄県となった。廃藩置県から八年後のことである。「沖縄の殿様」とは最後の米沢藩主であり、一八八一年に沖縄の二代目県令となった上杉茂憲《うえすぎもちのり》を指す。本書は、沖縄の民の窮状を救うべく奮闘した茂憲が、たったの二年で県令を解任された事跡を、日記や記録をもとに追う。岩倉具視や山県有朋など、明治政府の要人たちの微妙な関わりも興味深い。

茂憲は、在任中に沖縄本島をはじめ久米島・宮古・八重山などを視察。県民の困窮ぶりを目の当たりにした彼は、租税の軽減、教育の普及、旧弊の打破など、政府へ県政改革の意見書を上申する。だが当時、清との間で琉球の帰属問題を抱えていた政府は、旧士族層の反乱を押さえるために、彼らの権益を守る「旧慣習温存」を基本方針としていた。これに呼応した旧士族層の姦計に遭い、志半ばで沖縄を去ることになる。

茂憲の挫折は、置かれた大きな構図の中で起きたものであった。茂憲が沖縄を去って百三十年余。翻って現在の沖縄を見るに、基地問題も国際社会における日本政府の立ち位置と深く連動していることとがわかる。殿様が成し得なかったことを、民である私たちがどう決定していくのかを再考させる一冊である。

（中央公論新社　２０１５年５月刊／２０１５年７月５日『東京新聞』）

大城　立裕『レールの向こう』

一九二五年生まれの大城立裕は定年退職するまで公務員として働きつつ、五〇年代から六十年間にわたる作家活動を続けてきた。六七年に、統治する米軍と統治される住民との親善交流という欺瞞を見据えた「カクテル・パーティー」で芥川賞を受賞。大城は沖縄が抱える基地、経済、戦争、格差という問題ばかりでなく、歴史や文化を含んだ総体としての「沖縄」を表現し、沖縄文学を牽引してきた。

客観性、普遍性を目指してきた大城文学に私小説というさらなる広がりをもたらしたのが、今年の川端康成文学賞を受賞した、本短篇集の表題作**レールの向こう**である。脳梗塞で倒れた妻の快癒を願う「私」の心情が、理不尽と認識しつつ、友人の「追悼文」を断る意識と重ねて描かれる。モノレールを挟んで妻のいる病院のこちら側と、亡友の住んでいた向こう側への「私」の迷信的ともいえる拘り。死をめぐる「私」の個人的記憶も、作者が沖縄の地で体験してきたことと重なるようだ。作家「私」の客観性より夫「私」の呪術への感受性がより深まっていく。

「呪術」的な志向は、米軍基地に対抗する手段として琉球舞踊を対置させるという『普天間よ』でも顕著であった。本書にも世迷言とも思える庶民の声を掬《すく》い取ろうとする眼差しが溢れている。**四十九日のアカバナー**では、事故死した息子の安らかな「後生」を願う母と祖母の思いは、巫女《ユタ》の言葉から血筋や墓の問題にまで発展していく。迷妄な行動に、逝った者と残された者の魂の救済の在り処が浮かぶ。**天女の幽霊**では、再開発によって失われていく土地の記憶と巫女の真贋争いを通して沖縄という地の呪術性の喪失を予感させる。

沖縄で暮らす人々の日常は、土地の信仰や風習、歴史と深く関わっている。それは大城立裕も例外ではなかった。日常の営みの背後にある深層意識が多層に紡がれた作品集である。

（新潮社　２０１５年8月刊／２０１５年10月4日『東京新聞』）

あとがき

この書評集に収められた本たちは、私が選択したものではなく多くの編集者に薦められたものである。関心のあった作家の本も多くあるけれど、初めて出会った著者の書物も多い。硬直しがちな近代文学研究という場に身を置きはじめていた私にとって、研究とは異なる本たちとの出会いは、脳の活性化を促し、広い視野を与えてくれた。ここでお一人お一人お名前をあげることはできないけれど、感謝したい。

研究論文は長い時間をかけて書き上げる。それに対して「書評」は、短い時間で書物の声に耳を傾け書き上げるインプロヴィゼイション、つまり即興演奏のようなものである。時々本から聞こえてくる言葉だけではなく、ちょっとノイズを入れてみたこともある。だが、読み返してみると「こんな読みではダメだ」という思いに駆られることが多い。稚拙なところもあるが、時代の記録とみて、明らかな事実誤認や誤字・脱字を訂正するにとどめた。

書評を担当してもっとも身に沁みたことは、本を読むには「身体を鍛えなければならない」ということであった。丁度身体も弱っていた時期だったのかもしれない。強烈な個性を持った本たちと出会い、その言語の強度に身体がついていけなくて寝込んだ時もあった。とにかく書評は書き上げたが、その作家たちの本は何年も手にすることができなかった。きちんと本と向き合うには「体力」も必要なのである。

本書の出版をお引き受けくださった「めるくまーる」の梶原正弘氏、編集の労をとってくださった風日舎の吉村千穎氏、中島宏枝氏、カバー、表紙をデザインしてくださった重実生哉氏に心より感謝申し上げたい。

二〇一六年三月八日（「国際女性の日」に）

与那覇恵子

装幀　重実生哉

〈著者紹介〉

与那覇 恵子（よなは・けいこ）

東洋英和女学院大学国際社会学部教授。女性文学会・大庭みな子研究会代表。著・共・編著に『現代女流作家論』（審美社）、『大江からばななまで』（日外アソシエーツ）、『現代女性文学を読む』（双文社出版）、『戦後・小説・沖縄』（鼎書房）、『後期20世紀　女性文学論』（晶文社）など。他に、『女性作家シリーズ』（角川書店）、『テーマで読み解く日本の文学』（小学館）、『三枝和子選集』（鼎書房）、『大庭みな子全集』（日本経済新聞出版社）の監修・編集に関わる。

文芸的書評集

二〇一六年四月一日初版

著　者　与那覇恵子

発行所　株式会社めるくまーる

東京都千代田区神田神保町一－一－一

電話（〇三）三五一八－二〇〇三

URL http://www.merkmal.biz/

編集協力　風日舎

印刷・製本　モリモト印刷株式会社

ISBN978-4-8397-0166-6　Printed in Japan

めるくまーるの本

ヒプノタイジング・マリア　リチャード・バック著／天野惠梨香訳／和田穹男監訳

『かもめのジョナサン』で知られるリチャード・バックの最新作。「ジェイミー・フォーブスは飛行機乗りだ。」ではじまるこの物語は、飛ぶことを誰よりも愛するバック自身を描いたものなのかもしれない。ヒプノティズム（催眠術）をキーワードに物語は展開し、やがて世界の真実へと近づいていく。

四六判仮フランス装／ 208 頁／定価（1400 円＋税）

リトル・トリー　フォレスト・カーター著／和田穹男訳

美しい自然のなかチェロキー族の祖父母の愛情に包まれて「インディアンの生き方」を学んでゆく少年リトル・トリーの物語。世代を超えて読み継がれていく感動のロングセラー。

愛蔵版：四六判上製／ 360 頁／定価（本体 1800 円＋税）
普及版：B6 判変型並製／ 256 頁／定価（本体 1000 円＋税）

今日は死ぬのにもってこいの日　ナンシー・ウッド著／フランク・ハウエル画／金関寿夫訳

ナンシー・ウッドはすぐれた詩人である。タオス・プエブロのインディアンと 30 年以上交流を続けた彼女は、古老たちが語るインディアンの精神性や死生観に対する深い理解と敬愛の念から、うつくしい詩を紡いできた。インディアンの肖像画で知られるフランク・ハウエルの挿絵も美しい本書は、多くの読者の心をとらえ続けている。

四六判変型上製／ 160 頁／定価（本体 1700 円＋税）

それでもあなたの道を行け　ジョセフ・ブルチャック編／中沢新一・石川雄午訳

インディアン各部族の首長たちの言葉、生き方の教え、聖なる歌、合衆国憲法の基本理念となったイロコイ部族連盟の法など、近代合理主義が見失った知恵の言葉 110 篇を収録。

四六判変型上製／ 160 頁／定価（本体 1700 円＋税）

注目すべき人々との出会い　G・I・グルジェフ著／星川淳訳／棚橋一晃監修

本書は、グルジェフの主要三著作の第二作であり、もともと彼の弟子たちの朗読用に書かれた半自伝的回想録である。この魂の冒険譚は、後に生命の全的喚起という〈ワーク〉に結晶してゆくために彼が通過しなければならなかった熔鉱炉の火を、私たちに見せてくれる。

四六判上製／ 408 頁／定価（本体 2200 円＋税）

インテグラル・ヨーガ　スワミ・サッチダーナンダ著／伊藤久子訳

心とは何か？自分自身の内に向かい、探ることで、われわれはそれを理解し、制御することが出来るのだろうか？何千年にもわたる先達の探究と成果を系統づけたパタンジャリの『ヨーガ・スートラ』を現代に生かす、サッチダーナンダによる変容への手引き。

四六判並製／ 352 頁／定価（本体 1800 円＋税）